世界历史小辞典

文征明 编著

三环出版社

图书在版编目（CIP）数据

世界历史小辞典 / 文征明编著 . -- 海口：三环出版社（海南）有限公司，2025.3. -- ISBN 978-7-80773-529-8

I . K109

中国国家版本馆 CIP 数据核字第 2025HM9955 号

世界历史小辞典
SHIJIE LISHI XIAOCIDIAN

编　　著	文征明
责任编辑	宋佳昱
责任校对	付晓聪
封面设计	韩　立
责任印制	万　明
出版发行	三环出版社（海口市金盘开发区建设三横路 2 号）
	邮　编 570216　邮　箱 sanhuanbook@163.com
出 版 人	张秋林
印刷装订	河北松源印刷有限公司
书　　号	ISBN 978-7-80773-529-8
印　　张	13
字　　数	308 千字
版　　次	2025 年 3 月第 1 版
印　　次	2025 年 3 月第 1 次印刷
开　　本	720 mm×1000 mm　1/16
定　　价	49.80 元

版权所有，不得翻印、转载，违者必究
如有缺页、破损、倒装等印装质量问题，请寄回本社更换。
联系电话：0898-68602853　0791-86237063

前　言

英国哲人培根曾说："读史使人明智。"古往今来，有所成就的有识之士，大都是通古博今的人：二战时期久负盛名的英国首相丘吉尔精通各国历史，其过人的学识可与历史学家相媲美；马克思、恩格斯在史学领域更是颇有造诣，他们提出的很多理论被后世学者奉为圭臬。纵观当今世界，大凡发达的国家，都是在世界历史的探索中取其精华、去其糟粕进而发展壮大的。作为将要担当重任的中华儿女更应该从世界各民族的文化积淀中寻找到有利于我们自身的发展方式。

历史记录着人类过去的成功与缺失，蕴含着经验与真知，了解昨天才能更好地把握今天，开拓明天。所以，我们编著了这本《世界历史小辞典》，旨在向读者展开伟大的历史画卷，以重大历史事件的"点"串联起历史脉络，以解密的方式"复活"历史真颜，将人类历史上的里程碑和转折点、冲突和战争、创造和发现、崛起和衰落等，一一呈现在读者面前。

巴尔扎克曾说过，历史有两部：一部是官方的骗人的历史，是做教科书用的，给王太子念的；另一部是秘密的历史，可以看出国家大事的真正原因，那是一部可耻的历史。无论哪一种，都不利于我们根据真实的历史对现实及未来做出客观判断。故而，我们还精心为您准备了诸如未解之谜、历史探秘之类的内容，历史玄机、谍海迷踪、离奇巧合、古墓丽影充斥其间，意在传史之真，证史之实，辨史之误，在真实性、趣味性和启发性等方面达到一个全新的高度，给您一双穿过重重迷雾看透历史的慧眼，引导您亲身体味历史。

纵观全书，本书上起史前文明，下迄伊拉克战争，横跨五大洲，中外皆录，古今纵览，体例上以时间为经、空间为纬，严格依照时代地区全面记录世界历史的发展。每一个主题都用问话的形式设问，视角新颖，层面丰富，篇幅短小精悍，渗透了有关政治、军事、经济、文化、外交、科技、法律、宗教、艺术、民俗等各个领域，使读者对绵延百万年的人类历史有更感性、更直观的认识，从而指导我们的现实生活。

本书可"看"可"用"可"藏"，老少咸宜，雅俗共赏。通过阅读本书，读者朋友可以在紧张的学习和工作之余，轻松地行走于历史走廊之中，饱览浩瀚精彩的历史画卷，探索奥妙神秘的大千世界，收获无限精彩的智慧人生。

目 录

第一篇
文明的曙光与传承——古代社会

古代埃及

古埃及文明是怎样形成的? 2
古埃及人是白人还是黑人? 2
谁统一了埃及,建立了国家? 2
埃及帝国是怎样形成的? 2
古埃及历史上最长寿的法老是谁? 3
古埃及人为何要制作木乃伊? 3
为什么斯尼弗鲁被称为"圣王"? 3
古埃及图坦卡蒙法老是死于谋杀吗? 3
你知道喜克索斯人吗? 4
谁被后人誉为"古埃及的拿破仑"? 4
你知道埃及女王哈特谢普苏特吗? 4
你了解图特摩斯四世与"记梦碑"吗? 4
有文字记载的最早的战争发生于何时何地? ...4
托勒密王朝是何人建立?管辖哪里? 5
托勒密王朝统治下的社会状况是怎样的? ...5

亚洲文明古国

苏美尔人的祖先在哪里? 5
谁统一了两河流域? 5
关于闪米特人你知道多少? 6
关于苏美尔人你了解多少? 6

乌鲁卡基那改革是怎么回事? 6
乌尔城邦是如何从强盛走向灭亡的? 7
古巴比伦王国是怎样兴起的? 7
你知道阿卡德王国吗? 7
《汉谟拉比法典》的主要内容是什么? ..7
巴比伦遗址有怎样的历史渊源? 8
强大的亚述帝国是如何由盛转衰的? 8
赫梯帝国起源于哪里? 8
赫梯帝国是被哪个国家灭亡的? 9
铁烈平政治改革的主要内容是什么? 9
紫红色国度是指哪个王国? 9
腓尼基人为什么是"地中海上的马车夫"? ...9
罗马化的北非是怎么回事? 10
首创拼音文字的是哪个民族? 10
希伯来人为什么要去埃及? 10
所罗门王在犹太历史上有何功绩? 10
小亚细亚究竟在哪里? 11
谁宣布自己是"宇宙四方之王"? 11
居鲁士是怎样说服波斯人灭米底亚的? ...11
居鲁士是如何攻占巴比伦城的? 11
你知道阿契美尼德王朝吗? 12
波斯帝国从兴到衰经历了多长时间? 12
冈比西斯是怎么死的? 12

1

大流士是怎么得到王位的？ 12
大流士改革是怎么回事？ 13
你知道《贝希顿铭文》吗？ 13
希腊与波斯的战争是怎么爆发的？ 13
"温泉关血战"是怎么回事？ 13
高加米拉战役的真实情况是怎样的？ ... 14
塞琉古王朝是何人建立？ 14
塞琉古王朝统治时的社会状况是怎样的？ 14
安息帝国经历了怎样的兴衰史？ 15
你知道月氏民族吗？ 16
贵霜帝国是什么时候建立的？ 16
萨珊波斯兴于何时，衰于何时？ 16
阿提拉为什么被称为"上帝之鞭"？ 16
婆罗门教和印度教是什么关系？ 16
雅利安人的社会是怎样的？ 17
早期雅利安人的宗教是怎样的？ 17
印度远古文明为何称为"哈拉帕文化"？ ... 17
"哈拉帕文化"为什么会突然消失？ 17
你知道"艾哈文化"之谜吗？ 18
谁建立了难陀王朝？ 18
孔雀王朝是怎样兴盛起来的？ 18
孔雀王朝的军队是怎样的？ 19
印度的"种姓制度"是怎么一回事？ 19
阿育王是怎样基本统一南亚次大陆的？ 20
戒日王是怎样统治印度北部的？ 20
《摩奴法论》是一本什么样的法典？ 20

爱琴文明

什么是爱琴文明？ 21
克里特文明有什么特点？ 21
为什么会出现迈锡尼文明？ 21
迈锡尼文明的代表是什么？ 21
特洛伊战争爆发的背景是什么？ 22
什么是僭主政治？ 22

你知道德拉古的血腥立法吗？ 22
梭伦是怎样进行改革的？ 22
梭伦改革的意义是什么？ 22
古希腊人的住房有什么特点？ 23
古希腊人有怎样的饮食习惯？ 23
雅典海上同盟是怎么回事？ 23
什么是陶片放逐法？ 23
谁领导雅典进入"黄金时代"？ 23
伯里克利时代的经济文化发展是怎样的？ ... 24
当年雅典的瘟疫是怎样的？ 24
谁奠定了斯巴达国家的基础？ 24
斯巴达人为何勇猛无比？ 25
希腊方阵是如何作战的？ 25
马拉松战役是怎么回事？ 25
萨拉米海战是怎么回事？ 25
你知道伯罗奔尼撒战争吗？ 26
谁刺杀了腓力二世？ 26
马其顿是如何灭掉波斯的？ 26
波斯王宫是如何被烧毁的？ 27
亚历山大远征印度为何失败？ 27
奥林匹克运动是怎么来的？ 27

古代罗马

罗马在传播希腊文明中有怎样的作用？ ... 28
什么是罗马王政时代？ 28
古罗马的庇护制是一种什么制度？ 28
罗马人为何尚武？ 28
罗马共和国是怎样建立的？ 28
罗马元老院是怎样的？ 29
罗马时代的保民官是什么？ 29
古罗马"十二铜表法"是如何产生的？ 29
什么是伊达拉里亚文明？ 29
罗马军团的战术有何优越之处？ 30
什么是朱里亚·克劳狄王朝？ 30

罗马帝国的元首顾问会是怎么回事？...... 30
关于古罗马政治家苏拉你知道多少？...... 30
布匿战争是怎么回事？...... 31
"条条大道通罗马"的说法是怎么来的？...... 31
为什么格拉古兄弟要进行改革？...... 31
马略军事改革是怎么回事？...... 32
是谁第一次在罗马历史上建立了独裁统治？...... 32
为什么会爆发斯巴达克起义？...... 33
古罗马远征安息的大军流落何处？...... 33
谁获得了古罗马"祖国之父"的称号？...... 33
谁是"罗马之王"？...... 34
恺撒究竟是为何被刺杀？...... 34
什么是"后三头同盟"？...... 34
你知道罗马诗人维吉尔吗？...... 35
屋大维是怎么开创元首制的？...... 35
是谁把罗马帝国带到了辉煌的顶点？...... 36
条顿堡森林为何成了罗马军团的伤心地？...... 36
为什么说罗马皇帝提比略是一个暴君？...... 36
为什么说卡利古拉恶贯满盈？...... 37
克劳狄到底是一个怎样的皇帝？...... 37
尼禄为什么要杀死生母？...... 37
尼禄真的纵火烧毁罗马城了吗？...... 37
罗马人的公共浴池是怎样的？...... 38
涅尔瓦有什么政绩？...... 38
图拉真有什么政绩？...... 38
哈德良有什么政绩？...... 38

"哈德良长城"是什么样子？...... 39
安东尼·庇护有何政绩？...... 39
奥勒留为什么被称为"皇帝哲学家"？...... 39
君士坦丁大帝为何皈依基督教？...... 40
基督教是如何成为罗马国教的？...... 40
"3世纪危机"是怎么回事？...... 40
巴高达运动是怎么回事？...... 41
罗马帝国晚期为什么要"四帝共治"？...... 41
罗马帝国灭亡的过程是怎样的？...... 42
东罗马帝国存在于历史的哪个时间段？...... 42
罗马哪位皇后被东正教教会封为"圣人"？...... 42

美洲文明

南美的村落是怎样的？...... 43
特奥蒂瓦坎是谁建造的？...... 43
什么文化是中美洲的"母文化"？...... 43
什么是查文文化？...... 44
被称为"美洲的希腊"的古代文明是什么？...... 44
玛雅人的宗教是怎样的？...... 44
玛雅人的贸易是怎样的？...... 44
玛雅人的对外交往是怎样的？...... 45
玛雅文明是什么时候开始衰落的？...... 45
古代美洲的印第安人究竟来自何方？...... 45
印加文明起源于哪里？...... 45
什么是莫奇卡文化？...... 45

第二篇
宗教与封建的交织——中世纪

中世纪的欧洲国家

墨洛温王朝是谁开创的？...... 48
你知道《萨利克法典》吗？...... 48

汪达尔人为何得到"破坏者"的恶名？...... 48
哥特战争因何爆发？...... 49
查士丁尼是怎样征服意大利的？...... 49
拜占庭为何死争科尔奇斯？...... 50

什么是保罗派运动？ …………………… 50
日耳曼人有哪些分支？ ………………… 50
为什么日耳曼人要大迁徙？ …………… 51
哥特人是怎样建立自己的国家的？ …… 51
凯尔特人具有怎样的辉煌历史？ ……… 52
斯拉夫人有哪些分支？ ………………… 52
加洛林王朝是谁开创的？ ……………… 53
什么是采邑制？ ………………………… 53
"丕平献土"是怎么回事？ …………… 53
查理曼帝国是怎样建立的？ …………… 54
英格兰国家最初是怎样形成的？ ……… 55
英格兰是怎样击退维京人的？ ………… 55
古罗斯国家是什么时候建立的？ ……… 56
基辅罗斯对拜占庭的斗争是怎样的？ … 56
欧洲银行是怎么兴起的？ ……………… 56
欧洲中世纪的行会是怎样的？ ………… 56
中世纪的骑士制度是怎样形成的？ …… 56
历史上有几个著名的宗教骑士团？ …… 57
西欧的封建庄园为什么被称为"领主的天堂"？ … 57
西欧封建城市出现于什么时候？ ……… 58
北欧海盗是怎样扩张的？ ……………… 58
"诺曼征服"是怎么回事？ …………… 59
《自由大宪章》是怎么形成的？ ……… 60
诺曼王朝是怎样崩溃的？ ……………… 60
英国议会制是怎样形成的？ …………… 61
路易九世为何被称为"完美怪物"？ … 61
神圣罗马帝国的奠基人是谁？ ………… 61
什么是霍亨索伦王朝？ ………………… 62
什么是德意志骑士团？ ………………… 62
什么是骑士文学？ ……………………… 62
教皇制改革是怎么回事？ ……………… 62
卡诺莎事件是怎么回事？ ……………… 63
威尼斯人为什么要发动对拜占庭的战争？ … 63
哪次战役把英国纳入了欧洲的文明进程？ … 63

英法为什么会爆发一场持续百年的战争？ … 64
为什么说克勒西之战是英格兰长弓的胜利？ … 64
英法百年战争共分为几个阶段？ ……… 64
为什么贞德又被称为"奥尔良姑娘"？ … 64
什么是"红白玫瑰战争"？ …………… 65
威尼斯同盟是怎么回事？ ……………… 65
中世纪谁领导了英国最大的农民起义？ … 65
为什么会爆发胡斯战争？ ……………… 65
俄罗斯人是怎样摆脱金帐汗国统治的？ … 66

中世纪的亚非国家

关于苏莱曼大帝你知道多少？ ………… 67
阿克巴治理莫卧儿帝国有哪些措施？ … 67
6世纪时，哪个部落统一了朝鲜半岛？ … 67
日本圣德太子在哪些方面进行了改革？ … 67
日本的飞鸟时代指的是什么？ ………… 68
日本的大化改新是跟唐太宗学的吗？ … 68
日本的奈良时代指的是什么？ ………… 68
日本的平安时代指的是什么？ ………… 68
日本为什么要设天皇？ ………………… 69
什么是幕府统治？ ……………………… 69
镰仓幕府存于何时？ …………………… 69
"承久之乱"是怎么回事？ …………… 69
室町幕府存于何时？ …………………… 70
哪个王朝为阿拉伯的黄金时代？ ……… 70
阿拉伯人在科学领域有哪些贡献？ …… 70
谁是中世纪阿拉伯世界最伟大的探险家？ … 71
花剌子模王朝是怎么灭亡的？ ………… 71
谁建立了阿尤布王朝？ ………………… 71
帖木儿帝国是怎样由兴转衰的？ ……… 71

文艺复兴与新航路的开辟

什么叫文艺复兴？ ……………………… 72
文艺复兴的中心在哪里？ ……………… 72

新航路是怎样开辟的？.................... 73
"香料之路"又称"海上丝绸之路"吗？... 73
奴隶贸易是如何开始的？.................... 73
马铃薯是怎样在世界各地风靡的？............ 74
欧洲人是怎样掠夺印第安人的？.............. 74

第三篇
工业革命与殖民扩张——近代史

近代英国

英国是怎样打败"无敌舰队"的？............ 76
英国是如何成为"海上马车夫"的？.......... 76
是谁提出了君主专制理论？.................. 77
重商主义对英国资本主义发展有何影响？...... 77
什么是圈地运动？.......................... 78
血腥立法是怎么回事？...................... 78
短期国会和长期国会是怎么回事？............ 78
英国资产阶级革命的导火索是什么？.......... 78
查理一世是在哪里挑起英国内战的？.......... 79
纳西比会战有什么重要意义？................ 79
马斯顿荒原战役是怎么回事？................ 79
克伦威尔是如何建立军事独裁政权的？........ 79
什么是护国公制？.......................... 80
英国为什么爆发第二次内战？................ 80
英国独立派是如何掌握政权的？.............. 80
掘地派是怎么得名的？...................... 81
克伦威尔为什么解散长期国会？.............. 81
什么是"光荣革命"？...................... 81
英国为什么要"进口"国王？................ 81
英国为什么撤销东印度公司？................ 82
海盗头子摩根是怎样当上总督的？............ 82
维多利亚时代为什么是英国最强盛的时代？.... 82
为什么称英国为"日不落帝国"？............ 83
英国通过哪条公约实现了遏制俄国的愿望？.... 83
英国第一次国会改革的内容是什么？.......... 83

19世纪中叶英国奉行什么政策？.............. 84
英国首相狄斯累利有什么政绩？.............. 84
斯宾塞的政治理论是什么？.................. 84
什么是"费边主义"？...................... 84
英布战争的导火索是什么？.................. 85

近代法国

法国投石党运动是怎么回事？................ 85
谁自诩为"太阳王"？...................... 85
三级会议的构成是怎样的？.................. 86
什么是启蒙运动？.......................... 86
圣西门的设想是什么？...................... 87
谁被称为"启蒙运动的旗手"？.............. 87
谁是法国大革命的思想先驱？................ 87
谁提出了三权分立学说？.................... 87
你知道百科全书派代表狄德罗吗？............ 87
法国卡米撒起义是怎么回事？................ 88
法国大革命是怎样爆发的？.................. 88
法国大革命中是谁率先攻打巴士底狱的？...... 88
你知道法国国旗的由来吗？.................. 88
法国历史上第一部成文宪法是什么？.......... 89
法兰西第一共和国建立于哪一年？............ 89
瓦尔密战役胜利的真正原因是什么？.......... 89
什么是"十二人委员会"？.................. 89
什么是热月政变？.......................... 90
雅各宾派是如何倒台的？.................... 90
罗伯斯庇尔为什么被杀？.................... 90

谁与罗伯斯庇尔、库东结成"三头联盟"？... 90
谁被称为"里昂屠夫"？ ... 91
谁被称为"平民中的米拉波"？ ... 91
督政府是法国什么时期的政府？ ... 91
"X·Y·Z事件"是怎么回事？ ... 91
《海牙条约》有怎样的内容？ ... 92
哪次会战促使第一次反法联盟彻底瓦解？ ... 92
欧美许多国家制定民法的范本是什么？ ... 92
什么是大国沙文主义？ ... 92
什么是海尔维第共和国？ ... 93
拿破仑远征意大利是怎么回事？ ... 93
拿破仑远征埃及是怎么回事？ ... 93
阿布基尔海战是怎么回事？ ... 93
特拉法尔加角海战的重要结果是什么？ ... 93
"三皇会战"是指哪一次会战？ ... 94
奥斯特里茨战役的始末是怎样的？ ... 94
普鲁士何时成为法兰西第一帝国的附庸？ ... 94
拿破仑是怎样遭遇滑铁卢的？ ... 94
什么标志着拿破仑军事优势的最后丧失？ ... 95
波旁复辟王朝是怎么回事？ ... 95
法国为什么会发生七月革命？ ... 96
世界上最早的工人武装起义是什么起义？ ... 96
法国的"七月王朝"是如何结束的？ ... 96
法兰西第二共和国是怎么灭亡的？ ... 96
普法战争是怎样的？ ... 97
法国是怎样侵略越南的？ ... 97
"德雷福斯事件"是怎样一回事？ ... 97

俄国的发展

俄罗斯主体民族是怎样形成的？ ... 98
莫斯科公国是怎样兴起的？ ... 98
什么是罗曼诺夫王朝？ ... 98
伊凡四世为什么要采用"沙皇"的称号？ ... 99
你知道"乌格利奇奇案"吗？ ... 99

"北方同盟"是怎么形成的？ ... 99
俄国参议院是什么时候设立的？ ... 99
彼得一世为什么处死太子阿列克赛？ ... 100
彼得大帝为何要密访西欧？ ... 100
彼得一世"书信退敌"是怎么回事？ ... 100
俄国为什么迁都圣彼得堡？ ... 100
哪次战役是北方战争的转折点？ ... 101
俄国于何时吞并了中亚三汗国？ ... 101
为什么俄国执意要发动第四次俄土战争？ ... 101
叶卡捷琳娜是怎样登上沙皇宝座的？ ... 101
掀起反对叶卡捷琳娜二世大起义的人是谁？ ... 102
命运最悲惨的俄国沙皇是谁？ ... 102
沙皇彼得三世死于叶卡捷琳娜之手吗？ ... 102
"巴尔同盟"是个什么样的组织？ ... 103
为什么会爆发普加乔夫起义？ ... 103
《武装中立宣言》的基本内容是什么？ ... 103
哪次起义是俄国解放运动的起点？ ... 103
俄国农奴制是怎样废除的？ ... 104
华沙反俄起义是怎么回事？ ... 104
俄国是怎样成为土耳其的"保护者"的？ ... 104
"欧洲宪兵"指的是什么？ ... 104
普希金之死和沙皇尼古拉一世有关吗？ ... 105
俄国民粹派为什么发起"到民间去"运动？ ... 105
日俄战争是怎么回事？ ... 105

近代欧洲其他国家

西班牙是怎么成为欧洲最强大的国家的？ ... 106
尼德兰革命是怎么爆发的？ ... 106
荷兰为什么被称为"海上马车夫"？ ... 106
荷兰自何时直接统治了印度尼西亚？ ... 107
"三十年战争"的导火索是什么？ ... 107
"三十年战争"导致了什么结果？ ... 107
古斯塔夫二世为何被称为"北方雄狮"？ ... 107
瑞典两党之争是怎么回事？ ... 108

哪一次战役被誉为"德意志民族之光"？......108
腓特烈为什么被称为"战神"？.................108
什么是"逆转联盟"？..............................108
《阿亨和约》的主要内容是什么？...........109
什么是施泰因-哈登堡改革？..................109
德国"三月革命"是怎么回事？...............109
俾斯麦为什么被称为"铁血宰相"？........110
为什么普奥战争又称"七星期战争"？....110
《巴黎和约》的主要内容是什么？...........110
普法战争是由被窜改的电报引发的吗？...111
你知道色当战役吗？..............................111
德国统一后经济发展迅速的原因是什么？.111
为什么说西班牙有"黑暗的十年"？........111
匈牙利著名诗人裴多菲是怎么牺牲的？...111
谁统一了意大利北部诸邦？...................112
加里波第是怎样的一个人？...................112
芬尼运动是怎么回事？..........................112

近代美国

"五月花"号船与美利坚民族的形成有什么关系？...113
美国人为什么被称为"扬基佬"？...........113
美国独立战争爆发的导火索是什么？......113
美国第一届大陆会议通过了哪些措施？.....114
什么事件拉开了美国独立战争的序幕？.....114
北美独立战争的转折点是什么？...............114
美国为什么能够赢得独立战争的胜利？.....114
你了解美国《独立宣言》吗？..................114
西点军校是一所什么样的学校？...............115
是谁在美国提出了"三权分立"的思想？..115
美国爆发谢斯起义的原因是什么？............115
最早的一部成文宪法是什么？..................115
美国联邦制是怎样形成的？......................116
美国民主党与共和党是如何产生的？........116
美国何时迁都华盛顿？.............................116

哪次战争使美国彻底摆脱英国的控制？...117
杰克逊总统在政治上的重要贡献是什么？...117
美国何时开凿了伊利运河？......................117
美国自什么时候开始修筑铁路？...............117
美国反奴隶制协会是个什么样的团体？.....118
美国牛仔是在什么背景下出现的？............118
什么是西进运动？....................................118
美国是怎样合并得克萨斯的？..................119
为什么会出现加利福尼亚"淘金热"？.....119
什么使林肯在全美提高了政治声誉？........119
美国内战的前奏是什么？..........................119
在美国地图上为什么边界线都是笔直的？...119
美国首次提及建设太平洋铁路的是什么法案？...120
美国南北战争的经过是怎样的？...............120
谁被称为美国历史上的"常胜将军"？.....121
美国内战结束的标志是什么？..................121
林肯为何遇刺？..121
"三K党"是一个什么样的组织？.............121
美国颁布《黑人法典》的目的是什么？.....122
什么是"门罗主义"？.............................122
8小时工作制是怎样产生的？..................123
世界上第一部反垄断法是什么法？...........123

日本的发展

织田信长有哪些功绩？.............................123
丰臣秀吉是怎样的一个人？......................124
日本关原大战是怎么回事？......................124
德川家康是怎样崛起的？..........................124
江户幕府存在于何时？.............................124
日本的锁国体制是怎样的？......................124
日本朱印船制为什么被废除？..................125
福泽谕吉为什么被称为"日本的伏尔泰"？...125
日本的天保改革是怎么回事？..................125
什么是"黑船事件"？.............................126

你知道明治天皇吗？ ……………… 126
你知道"明治三杰"吗？ …………… 126

殖民地人民的抗争

大西洋奴隶贸易是怎样进行的？ … 126
帝国主义国家是怎样瓜分非洲的？ … 127
壬辰卫国战争是怎么回事？ ……… 127
澳大利亚的流刑者移民是怎么回事？ … 127
海地人民是怎样摆脱法国统治的？ … 127
"多洛雷斯呼声"标志着什么？ …… 128
墨西哥是怎样摆脱西班牙统治的？ … 128
谁被称为南美的"解放者"？ …… 128
委内瑞拉是怎样摆脱西班牙统治的？ … 128
巴西是怎样摆脱葡萄牙统治的？ … 129
阿亚库乔战役的经过是怎样的？ … 129
阿根廷是怎样独立的？ …………… 129
密拉特起义的原因是什么？ ……… 130
赛义德是怎样改革土地制度的？ … 130

新奥斯曼协会的主要奋斗目标是什么？ … 130
朝鲜东学党起义是怎么回事？ …… 130
哪个国家的资产阶级革命是亚洲觉醒的标志之一？ … 131

国际共产主义运动

卢德运动是怎么回事？ …………… 131
"正义者同盟"是个什么样的团体？ … 131
什么是宪章运动？ ………………… 131
德意志西里西亚纺织工为什么要起义？ … 132
马克思为什么要成立"共产主义者同盟"？ … 132
《反杜林论》反映了什么思想？ …… 132
"六月起义"是怎么回事？ ………… 133
《共产党宣言》的主要内容是什么？ … 133
无产阶级政治经济学诞生的标志是什么？ … 133
《国际歌》的歌词是谁创作的？ …… 133
巴黎公社的"五月流血周"是怎么回事？ … 134
为什么巴黎公社会失败？ ………… 134
国际妇女节是怎么来的？ ………… 134

第四篇
两次世界大战与全球格局的变革——现代史

第一次世界大战

三国同盟是怎样形成的？ ………… 136
三国协约是怎样形成的？ ………… 136
海牙国际和平会议有什么重要内容？ … 136
你知道德国施里芬计划吗？ ……… 136
巴尔干战争一共打了几次？ ……… 137
萨拉热窝事件是怎么回事？ ……… 137
马恩河战役是怎么回事？ ………… 137
德国巡洋舰"埃姆登"号在哪里被击沉？ … 137
凡尔登为何被称为"绞肉机"？ …… 137
谁被称为"凡尔登的救星"？ ……… 137

坦克首次在战场上亮相是在什么时候？ … 138
索姆河战役的经过是怎样的？ …… 138
第一次世界大战中美国为什么对德宣战？ … 139
谁击毙了"红色男爵"？ …………… 139
第一次世界大战给人类带来了哪些灾难？ … 139

"一战"后的政治经济形势

为什么会发生第三次英阿战争？ … 140
为什么要召开巴黎和会？ ………… 140
巴黎和会的主要内容是什么？ …… 140
苏俄为什么没有参加巴黎和会？ … 140
巴黎和会解决列强的矛盾了吗？ … 141

什么是国际联盟？ 141
什么是国联委任统治制度？ 141
洛桑会议是怎么回事？ 141
什么是鲁尔危机？ 142
什么是道威斯计划？ 142
第二次世界大战前美国有什么样的移民政策？ 142
哪个公约表明法国西欧霸主地位的丧失？ 142
什么是"柯立芝繁荣"？ 142
什么是杨格计划？ 143
1929年经济危机是怎么回事？ 143
1929年的经济危机对德国有何影响？ 143
德·里维拉军事独裁何时终结？ 143
谁有"加勒比狼狗"之称？ 144
谁提出了"睦邻政策"？ 144
什么叫"罗斯福新政"？ 144
美国《中立法案》的主要内容是什么？ 144

"一战"后的民族民主运动

墨西哥资产阶级革命是怎样爆发的？ 145
谁领导了墨西哥资产阶级革命？ 145
朝鲜哪些起义受十月革命影响？ 145
李熙的死因究竟是怎样的？ 145
匈牙利苏维埃共和国的建立有什么意义？ 146
阿根廷"一月流血周"是怎么回事？ 146
尼泊尔是什么时候独立的？ 146
美国进步党运动是怎么回事？ 146
谁被称为"土耳其之父"？ 147
土耳其共和国是如何成立的？ 147
英国"红色星期五"是怎么回事？ 147
反帝国主义同盟是怎么来的？ 147
古巴马查多独裁政权是怎么垮台的？ 147
桑地诺是怎样遇害的？ 148
墨西哥卡德纳斯改革的举措有哪些？ 148
"撤离印度"运动是怎么回事？ 148

法西斯的兴起

什么是纳粹党？ 148
希特勒为什么要发动啤酒馆政变？ 149
为什么把独裁统治称为"法西斯"？ 149
希特勒为什么称纳粹德国为第三帝国？ 149
国会纵火案是怎么回事？ 149
为什么盖世太保成了"杀人魔窟"的代名词？ ... 150
希特勒为什么要血洗冲锋队？ 150
德国开始扩张的标志是什么？ 150
纳粹德国是怎样扩军的？ 150
《柏林－罗马轴心协定》的内容是什么？ 150
德国是怎样吞并奥地利的？ 151
苏台德危机是怎么回事？ 151
什么是《慕尼黑协定》？ 151
德国是怎样占领捷克斯洛伐克的？ 152
日本"五一五事件"是怎么回事？ 152
日本为什么会形成军人法西斯政权？ 152
日本的"二二六事件"是怎么回事？ 152
五相会议是怎么回事？ 153
意大利为什么要侵略埃塞俄比亚？ 153
什么是"史汀生主义"？ 153
绥靖政策有哪些内容？ 153
苏联为什么会签订《苏德互不侵犯条约》？ ... 153

第二次世界大战

第二次世界大战是在什么时候全面爆发的？ ... 154
希特勒为何首先进攻波兰？ 154
德国最大的"杀人工厂"在哪里？ 154
犹太人如何逃到上海？ 154
丘吉尔为什么能顺利组阁？ 155
第二次世界大战中被称为"殉难的城市"在哪里？ ... 155
英法联军为什么从敦刻尔克大撤退？ 156
敦刻尔克大撤退败而不败的原因是什么？ 156

马其诺防线是怎么来的？ ……………… 156
第二次世界大战初期法国为什么会失败投降？ … 156
德国"海狮计划"是怎么回事？ ……………… 156
德、意、日法西斯轴心国是怎样形成的？ … 157
巴巴罗萨计划的内容是什么？ ……………… 157
巴巴罗萨计划的空战战果如何？ …………… 157
《大西洋宪章》的主要内容是什么？ ……… 157
是谁烧了"诺曼底"号？ …………………… 158
苏联卫国战争是怎么回事？ ………………… 158
国际反法西斯统一大联盟是怎样成立的？ … 158
"沙漠之鼠"对阵"沙漠之狐"结果如何？ … 159
谁被称为"德国装甲兵之父"？ …………… 159
哪次战役粉碎了德军的"闪击战"计划？ … 160
日本为什么要偷袭珍珠港？ ………………… 160
你知道"东京玫瑰"之谜吗？ ……………… 160
谁因为残暴而被称为"剃刀将军"？ ……… 160
谁被誉为"法国之父"？ …………………… 161
斯大林之子缘何死在纳粹集中营？ ………… 161
什么是太平洋战场的转折点？ ……………… 161
谁编制了神奇的"无敌密码"？ …………… 161
什么是曼哈顿计划？ ………………………… 162
哪次战役是北非战场的转折点？ …………… 162
日本为什么会在中途岛大海战中失败？ …… 162
哪次海战使日军的侵略锋芒首次受挫？ …… 163
第二次世界大战时期的"邮票战"是怎么回事？ … 163
究竟是谁击毙了山本五十六？ ……………… 163

哪次战役使美军开始了全面战略反攻？ …… 164
苏军何时完全掌握苏德战场的主动权？ …… 164
日本为什么召开大东亚会议？ ……………… 164
为什么丘吉尔迟迟不开辟第二战场？ ……… 164
第二次世界大战期间三巨头为什么要召开德兰会议？ … 164
第二次世界大战期间有人睡着进战场吗？ … 165
什么是诺曼底登陆？ ………………………… 165
诺曼底登陆成功的背后英雄有多少？ ……… 165
人类历史上规模最大的海战是哪一次战役？ … 166
你知道误击"海狼"号潜艇之谜吗？ ……… 166
"女神计划"是什么？ ……………………… 166
隆美尔是怎么死的？ ………………………… 166
美国对日使用原子弹的经过是怎么样的？ … 167
伯尔尼事件是怎么回事？ …………………… 167
苏联红军是怎样攻克柏林的？ ……………… 167
什么是"橡树计划"？ ……………………… 167
希特勒尸骸是如何被处理的？ ……………… 167
墨索里尼的下场如何？ ……………………… 168
德国何时无条件投降？ ……………………… 168
日本无条件投降的内幕是怎样的？ ………… 168
什么是纽伦堡大审判？ ……………………… 169
"东京大轰炸"造成了哪些严重的后果？ … 169
雅尔塔会议商定了什么内容？ ……………… 169
波茨坦会议商定了什么内容？ ……………… 170
美国为何没有元帅？ ………………………… 170

第五篇
多极化与全球化趋势——当代史

"二战"后的政治经济形势

联合国总部为什么设在纽约？ ……………… 172
国际货币基金组织是怎样成立的？ ………… 172

苏、美、英、法是如何分区占领德国的？ … 172
什么是东京审判？ …………………………… 172
战后日本为何仍保留天皇制？ ……………… 173
"新东方政策"是怎么回事？ ……………… 173

西班牙的大独裁者佛朗哥是什么样的人？…… 173
"铁托元帅"是谁？…… 173
美国第一起原子弹间谍案的主犯是谁？…… 174
"三环外交"是哪国的对外政策？…… 174
麦克阿瑟为什么被解职？…… 174
什么是"麦卡锡主义"？…… 174
战后日本自卫队是怎样建立起来的？…… 174
戴高乐主义的内容是什么？…… 175
蒙哥马利黑人为什么抵制乘坐公共汽车？…… 175
非洲"卡萨布兰卡集团"是如何形成的？…… 176
你知道阿波罗登月计划吗？…… 176
《禁止核试验条约》的主要内容有哪些？…… 176
"水门事件"是怎么回事？…… 176
在第四次中东战争中阿拉伯国家为什么实行石油禁运？… 177
什么是"裁军谈判会议"？…… 177
埃及总统萨达特是怎样遇刺身亡的？…… 177
法国总统密特朗有什么政治主张？…… 177
国际民主联盟的宗旨是什么？…… 178
为什么要建立联合国维持和平部队？…… 178
国与国之间建交的三个级别是什么？…… 178
"伊朗门事件"是怎么回事？…… 178
瑞典首相帕尔梅是怎么死的？…… 178
"铁娘子"是怎么进行改革的？…… 179
欧洲联盟的宗旨是什么？…… 179
东、西德是怎么统一的？…… 179
为什么德国国旗是三色旗？…… 180
什么事件后戈尔巴乔夫被迫下台？…… 180
亚太经济合作组织是怎么回事？…… 180

美苏争霸

"三八线"是怎样形成的？…… 180
"杜鲁门主义"是怎么出台的？…… 181
第二次世界大战后为什么会出现"冷战"的局面？… 181
什么是"北约"？…… 181

华沙条约组织是什么？…… 181
什么是"厨房辩论"？…… 181
什么是"古巴导弹危机"？…… 182
美苏之间为什么要建立热线？…… 182
苏联为什么要镇压"布拉格之春"？…… 182
尼克松主义的内容是什么？…… 183
"三和路线"是谁提出的外交路线？…… 183
"超越遏制"战略是谁提出的？…… 183
"东欧剧变"是怎么回事？…… 183
"柏林墙"什么时候被拆毁的？…… 184
苏联是如何解体的？…… 184
安理会为什么向索马里派出多国部队？…… 184

"二战"后的革命与战争

危地马拉政府为何被美国推翻？…… 184
哪一场战役是越南抗法战争的转折点？…… 185
纳赛尔是如何当选为埃及共和国总统的？…… 185
古巴革命胜利的纪念日是哪一天？…… 185
"猪湾事件"是美国中情局策划的吗？…… 185
首任刚果总理卢蒙巴为何被杀？…… 186
切·格瓦拉是什么人？…… 186
"老虎部队"越战期间犯了什么罪？…… 186
苏联为什么要入侵阿富汗？…… 186
马岛的烈焰是怎么回事？…… 187
关于纳尔逊·曼德拉你了解多少？…… 187
伊拉克入侵科威特的过程和结果是怎样的？… 187
什么是"沙漠军刀"行动？…… 187

第三世界的兴起

何谓"南北关系"？…… 188
何谓"南南合作"？…… 188
什么是"安第斯集团"？…… 188
什么是"东盟"？…… 188
"小球推动大球"指的是什么？…… 189

什么是"拉美经济体系"？........................ 189　　维也纳世界人权大会是什么时候召开的？..... 189
东盟第一次首脑会议的主要内容是什么？..... 189

第一篇
文明的曙光与传承
——古代社会

古代埃及

古埃及文明是怎样形成的？

从悠远的古代起，埃及人就劳动、生息于尼罗河的两岸。他们享受着尼罗河的恩泽，在近 6000 年前就已经形成了比较发达的农耕经济，并且踏入了文明时代的门槛，建立了国家。古埃及的文明主要包括三个方面：文字、宗教和度量衡。

古埃及文字的形体演变可分为四个阶段：象形文字、祭祀体文字、世俗体文字和科普特文字。

宗教是古埃及文明的重要组成部分，贯穿了古埃及历史的始终，其中有名的宗教中心是：赫利奥波利斯、孟菲斯、赫尔摩波利斯和底比斯。

古埃及最重要的长度单位是钦定的腕尺，长度是从肘至中指尖的距离。

古埃及人是白人还是黑人？

现代埃及人都是阿拉伯人，是白种人，那么当年创造金字塔文明的古埃及人是白种人还是黑种人呢？如果非要界定一下，可以大致推测，古埃及人是早期白人。

不能简单地从古埃及壁画描述的古埃及人外貌来判断古埃及人的肤色，因为人的肤色会随气候环境的变化而变化，而早期白人与现代白人的界定区分不尽相同。

古希腊神话中有一段故事，讲希腊英雄珀尔修斯娶了埃塞俄比亚的公主——安德洛墨达。由此可以推测，那个时代的人们在编撰神话时，已经将地中海、红海沿岸的国家及势力纳入一个体系来考虑。而现在的白人，在地中海文明时期，只是居于更北方的外族。他们被早期白人错误地认为是红种人，其实是因为他们皮肤更白，一旦毛细血管充血，皮肤就显得发红。

综上所述，大致可以认为古埃及人是早期白人。

谁统一了埃及，建立了国家？

埃及的传统史学认为，在早王朝时代第一王朝（公元前 3100—前 2890 年），美尼斯就建立了统一的国家。其实，那个时期的埃及还没有形成统一的国家。在第一王朝历代诸王的征服和扩张时期，只是出现了统一迹象。有材料表明，第二王朝（公元前 2890—前 2686 年）哈谢海姆威统治时，曾对努比亚和下埃及进行过征服。从希康拉坡里发现的文物（哈谢海姆威的两个雕塑）和记载被杀死的尸体数字来看，他对下埃及残酷的征伐取得了成功。所以说，埃及真正的统一事业在第二王朝最后一个国王哈谢海姆威统治时才得以完成，由此建立了统一的国家。

埃及帝国是怎样形成的？

公元前 3100 年前后，古埃及王国形成了世界上最早的文明，古埃及成为人类历史上最早的奴隶制国家。

埃及人在赶走喜克索斯人后，立即向外扩张。经历了约百年之久的南征北战，埃及逐渐扩张为一个地跨西亚、北非的奴隶制帝国。

阿蒙霍特普一世的女婿图特摩斯一世是埃及帝国的奠基者。他多年征战，不仅和叙利亚人、巴勒斯坦人，还同当时西亚强国米坦尼王国展开激烈的争夺。埃及帝国的完成者是著名的图特摩斯三世（公元前1514—前1425年）。他一生征战，击败了由米坦尼支持的叙利亚联军，进而打败了米坦尼王国，使其和埃及结为盟友，从而巩固了埃及在叙利亚的统治。

图特摩斯三世的后继者阿蒙霍特普二世也对西亚发动过大规模的战争，俘获人数达10万之众。从公元前3500年左右，埃及进入阶级社会，直至公元前1533年的新王国时期，埃及帝国终于形成了。

古埃及历史上最长寿的法老是谁？

拉美西斯二世是古埃及历史上最长寿的法老，他是伟大的领袖、勇敢强悍的斗士、杰出的建筑家，一生建了无数的宫殿、神庙、高塔和石像。他一直活到了90岁，然而，长寿也意味着他不断地经受着生离死别的痛苦，他的皇后、妃子以及很多子嗣都相继离他远去。在他即将逝世的时候，他的十三子继承了王位，这位新任法老当时已经60岁高龄了。资料显示，拉美西斯二世一生有8位皇后、100多位子女。

古埃及人为何要制作木乃伊？

木乃伊，即"人工干尸"。世界许多地区都有用防腐香料涂尸防腐的方法，而以古埃及的木乃伊最为著名。古埃及人用防腐的香料殓藏尸体，年久干瘪，即形成木乃伊。古埃及人笃信人死后其灵魂不会消亡，仍会依附在尸体或雕像上。所以，法老死后，均制成木乃伊，表示对死者永生的企盼和深切的缅怀。

此外，埃及法老还利用埃及流传的神话传说欺骗人民，说法老有神的帮助，因此活着是统治者，死后也是统治者。谁要是反对法老，那么，他活着时会受到惩罚，死后也不能顺利通过奥西里斯的阴间审判。就这样，每一个埃及法老死后，都要把奥西里斯的神话重复演绎一遍，人们制作"木乃伊"也渐渐成为一种习惯了。

为什么斯尼弗鲁被称为"圣王"？

斯尼弗鲁是古埃及第三王朝末代国王胡尼的儿子，是古埃及第四王朝的缔造者。他是一位奋发有为的君主，从他登基开始，古埃及的军事与建筑艺术都得到了长足的发展与进步。

他完成了古埃及从第一王朝阿哈王时代就开始的对努比亚的征服，这是古埃及历史上第一次真正意义上对这一地区的征服。《巴勒莫石碑》记载，他击破尼西人的境土，获男女俘房7000人、大小牲畜20万头。他进军西奈半岛，是这一地区绿松石开采业的开创者，被当地人视为神明崇拜。在其墓室中保留下的杉木木梁证明，他统治的时代，埃及已经开始和黎巴嫩、小亚细亚地区有了商业贸易活动。他对埃及做出了不可磨灭的功绩，因此有"圣王"的美称。

古埃及图坦卡蒙法老是死于谋杀吗？

埃及第十八王朝法老图坦卡蒙去世时仅19岁左右。20世纪20年代，他的狭小陵墓被发现。英国研究人员后来对他的木乃伊进行X射线扫描，发现死者脑颅中有碎骨，因此推断图坦卡蒙可能是遭到谋杀。这种猜测与图坦卡蒙时代政局不稳的历史背景相符。一些人猜测，图坦卡蒙逐渐成熟，为了谋求更多自主权，与其宰相发生冲突，遇害早亡。

但埃及放射学专家的新发现，推翻了这一论断。报告说，图坦卡蒙死前不久大腿骨折，虽并不致命，但感染是引起他死亡的重要原因。

有些专家猜测图坦卡蒙是在打猎时意外受伤而招致死亡的。

总之，关于图坦卡蒙法老死亡的原因众说纷纭，这就给他的死亡增添了更多神秘的色彩。

你知道喜克索斯人吗？

喜克索斯人是古代亚洲西部的一个混合民族，他们于公元前17世纪进入埃及东部，并在那里建立了第十五和第十六王朝（约公元前1674—前1548年），统治时间达一百多年。喜克索斯人的统治中心位于尼罗河三角洲的东部和中埃及地区，但他们的势力范围并未完全覆盖整个埃及。

喜克索斯人的统治引起了埃及人的不满和反抗。特别是当喜克索斯人以武力奴役埃及人民并向他们征收贡赋时，这种不满情绪更加加剧。最终，在底比斯第十七王朝的领导下，埃及人民发动了反抗喜克索斯人统治的战争。

尽管存在冲突，但喜克索斯人与埃及人之间也存在一定程度的融合。他们带来的新技术和战争方式不仅改变了埃及的军事实力格局，还促进了不同文化之间的交流和融合。

谁被后人誉为"古埃及的拿破仑"？

图特摩斯三世是一位杰出的军事统帅和政治家，后人称他为"古埃及的拿破仑"。公元前1482年，以叙利亚南部卡迭石王国为首的反埃及联盟正逐渐形成，一时间，埃及的形势相当严峻。图特摩斯三世是古埃及第十八王朝法老。在他幼年时，父亲图特摩斯二世去世，图特摩斯三世就开始和女王哈特谢普苏特共同执政。后来，他被放逐到卡尔纳克神庙，和僧侣们共同生活。女王去世后，他才重新执政。图特摩斯三世在军队的支持下，用短短几个月时间稳定了国内政局，随即向叙利亚和巴勒斯坦发动了第一次远征，最终攻陷麦吉杜城，大胜而归。

此后，图特摩斯三世陆续对西亚发动过17次远征。随着对外战争的节节胜利，古埃及的版图不断扩大。图特摩斯三世开拓的广阔疆域维持近两个世纪，而这一阶段也被称为"古埃及帝国时期"。图特摩斯自诩为"诸国之王""胜利之王"，卡纳克神庙的记功柱上、神庙壁上，均刻有他的远征纪事，以彰显其赫赫战功。

你知道埃及女王哈特谢普苏特吗？

哈特谢普苏特是开创古埃及一代盛世的第十八王朝法老图特摩斯一世与王后唯一的女儿，后来成为图特摩斯二世的王后。图特摩斯二世体弱多病且治国无方，哈特谢普苏特就在丈夫在位期间掌握了很多大权。她一直将妃子所生的图特摩斯三世视为私生子，认为他不可能成为真正的法老。但是图特摩斯二世和王后也并没有生下王子，因此，图特摩斯三世就成为合法的继承人。当图特摩斯二世去世后，12岁的图特摩斯三世便顺理成章地继承了王位。而这时哈特谢普苏特依然手握重权，图特摩斯三世虽然心怀不满，但是也无可奈何。直到哈特谢普苏特死后，他才真正掌握政权。

你了解图特摩斯四世与"记梦碑"吗？

图特摩斯四世，古埃及第十八王朝的第八位法老（约公元前1411—约前1391年在位），阿蒙霍特普二世之子。他是已知最早提出崇拜阿顿神的埃及法老。在他印章上的铭文中，提到至少有一次战争的胜利归功于阿顿神。图特摩斯四世死后，其子阿蒙霍特普三世继位。有关图特摩斯四世的统治，考古学家知之甚少。关于他的重要文物有"记梦碑"，上面记载了这位年轻的王子有一次在狮身人面像下睡着了，他梦见荷鲁斯神托梦给他，预示他将取得王位。这种托梦的说法使人们怀疑图特摩斯四世本来不是王位的合法继承人，故假借荷鲁斯神托梦的方法来表明自己王位继承的合法性。

有文字记载的最早的战争发生于何时何地？

在人类历史上，最早有文字记载的战

争发生在巴勒斯坦的麦吉多，时间为公元前1469年。当时，巴勒斯坦和叙利亚的一些部落举旗反抗年轻的埃及法老图特摩斯三世的统治。叛军集结于卡梅尔山北面的麦吉多，并派前哨部队驻守在麦吉多山口。没多久，图特摩斯三世就雄赳赳气昂昂地乘坐战车，率部强行突破封锁，越过山口，接着又迅速将部队组成新月状队形，向叛军发起突击。图特摩斯三世以其右翼部队牵制住慌乱中的叛军，又率左翼的部队向北包抄叛军的侧面，一举将其击溃，取得了决定性的胜利。

托勒密王朝是何人建立？管辖哪里？

托勒密王朝（公元前305—前30年），即希腊人在埃及建立的王朝，由亚历山大大帝部将、留驻埃及的总督托勒密·索特尔所建。公元前323年，亚历山大逝世，托勒密成为埃及的实际统治者。后与亚历山大的其他部将互相混战，最终领有埃及。公元前305年，托勒密正式称王，为托勒密一世，最后的君主是女王克娄巴特拉七世和其儿子托勒密十五世（小恺撒）。王朝的诸位君主都被认为是埃及的法老。

托勒密王朝繁盛的时期，领土包括埃及本土，地中海的一些岛屿，小亚细亚的一部分地区，叙利亚、巴勒斯坦的一些地区，首都为亚历山大里亚。

托勒密王朝统治下的社会状况是怎样的？

托勒密王朝的统治主要依靠希腊马其顿的殖民者，他们控制了整个国家的中央和地方政权。托勒密王朝时期，全埃及的土地属于国王。农民是主要耕种者，有人身自由，但在政治和生产上受到了巨大的束缚。

托勒密一世采取了一系列的举措：鼓励文化事业，发展工商业，在埃及推行希腊化。亚历山大里亚在希腊人和后来罗马人统治时期，成为地中海地区的商业、文化中心。托勒密王朝王族中，兄妹或姊弟通婚很多。男性后裔常称托勒密，女性的名称常有克娄巴特拉、贝勒尼基和阿尔西诺伊。其中世人比较熟悉的就是末代女王克娄巴特拉七世。

亚洲文明古国

苏美尔人的祖先在哪里？

古代西亚两河流域南部的苏美尔地区是人类最早的文明发源地之一。约公元前3500年，该地区就出现了王宫、神庙、文字，并且有了城市、国家。他们用牛耕种，用金属镰刀收割，用车子运输；他们发明了楔形文字，创作了美妙的神话和瑰丽的史诗，发明了计算重量和长度的方法，还发明了太阴历。

关于苏美尔人起源的问题，一直争论不断。有人认为他们是从东方山地来的，也有人认为他们来自两河流域北部草原和丘陵地区。20世纪50年代考古学家在埃尔—欧贝德（乌鲁克附近）和埃里都发现比乌鲁克时代还要早的居住地。他们的物质文化与乌鲁克所发现的苏美尔文化有所差异，但来自一个主流文化圈。还有一个说法来自苏美尔人自己的传说，他们最早的祖先住在第尔蒙岛，然后逐渐迁徙并教导后来的苏美尔人建城。

谁统一了两河流域？

从现在的历史资料来看，两河（幼发拉底河和底格里斯河）流域最早是由萨尔贡统一的。据说他出生后，被丢弃到幼发拉底河边，幸运的是，基什王乌尔扎巴巴的宫廷园丁收养了他。这位园丁还兼任"献杯者"等职，为乌尔扎巴巴的近臣。

当基什被乌玛王卢伽尔扎萨西击败，变得一蹶不振时，萨尔贡乘机夺取政权。萨尔贡夺权后仍用基什国号，称"基什王"。巩固好自己的政权后，他便自建新的都城阿卡德城。

萨尔贡通过34次亲征，俘获了卢伽尔扎萨西。他不断扩大战争规模，几乎摧毁了苏美尔的全部城市，给苏美尔旧贵族势力以沉重的打击。此后，萨尔贡还向东征服了埃兰，夺取了苏撒等城市；向北不仅征服了两河流域北部的苏巴尔图，还派兵攻打小亚细亚的陶鲁斯山区以及沿黎巴嫩山脉的地中海东岸一带。

萨尔贡的统治属于中央集权式的，他自称"天下四方之王"。萨尔贡的中央政府机构设置了众多官员。此外，他还组建了两河流域历史上的第一支常备军，人数达5400人。

关于闪米特人你知道多少？

闪米特人，又称闪族人、塞姆人，他们是起源于阿拉伯半岛的游牧民族，相传挪亚的儿子闪就是他们的祖先。阿拉伯人、犹太人也都是闪米特人，今天生活在中东、北非的大部分居民，就是阿拉伯化的古代闪米特人的后裔。

公元前24世纪，作为闪米特人一支的阿卡德人，在萨尔贡一世的率领下，征服了苏美尔人，这是游牧民族对定居的农业文明的第一次大规模入侵。后来的古巴比伦王国、新巴比伦王国、亚述帝国也都是闪米特人建立的。

闪米特人是中东印欧人语言和文化的一个分支。在今天，还有两个存续民族可以代表闪族，其一是阿拉比亚人，其二是犹太人，但是阿拉比亚人所保存的闪族特征，比犹太人要丰富得多。

关于苏美尔人你了解多少？

苏美尔文明可以追溯到约公元前4000年—约前2000年，被闪米特人建立的巴比伦所代替。苏美尔人是黄色人种，是历史上两河流域早期的定居民族，他们所建立的苏美尔文明是整个美索不达米亚文明中最早，同时也是全世界最早产生的文明之一。苏美尔文明主要位于美索不达米亚的南部。他们的语言、文化和外表，都与他们的闪族邻居和继承人不同。

苏美尔人建立的最后一个王国是乌尔王国，后来它的统治者变为阿卡德的萨尔贡一世。但是阿卡德王国不久就开始衰落，公元前2191年被另一支闪族游牧民族库提人所灭。此后，苏美尔人士气大振，恢复了对美索不达米亚南部的控制，但是仅维持了短暂的辉煌。公元前2007年，最后一个由苏美尔人建立的国家被来自东部的埃兰人所灭。自此，苏美尔人退出了历史的舞台，被闪族人所取代。

乌鲁卡基那改革是怎么回事？

乌鲁卡基那改革是苏美尔城市国家拉格什国王乌鲁卡基那于公元前2378年进行的改革。这次改革是迄今所知历史上最早的一次改革。改革目的是缓和内部矛盾，以加强城邦政权对奴隶实行专政的职能。改革的主要内容是：扩大公民权的范围，将公民人数由3600人增加到36000人；取消了王室派往牧场、渔场的监督，撤除了税吏；恢复庙产，减轻人民的宗教费用；禁止以人身保证作为借贷的条件；禁止暴利、盗窃、残杀、囤积居奇，防备饥馑；禁止欺凌孤寡；等等。这次改革对促进社会生产的发展起到了一定的积极作用，打击了贵族的寡头势力，有利于平民，但也存在向贵族妥协并维护其利益的弊端。公元前2371年，改革因外敌入侵而中止。

乌尔城邦是如何从强盛走向灭亡的？

自从库提人侵入古代两河流域南部以后，苏美尔人和库提人的战争便开始了。在此期间，各邦逐渐复兴。最后，乌鲁克人终于把库提人逐出境内。乌尔城邦也借机兴起，尤其是创建者统治时期，占领了苏美尔和阿卡德地区，实现了南部两河流域的统一，建立起了乌尔第三王朝。乌尔纳姆采用了"苏美尔和阿卡德国王"的称号，并且远征地中海东岸的广大地区，内部经济发展，集权政治强大。在舒尔吉统治期间，继续维持着国家的强盛，对外实行扩张，东南抵埃兰，西达叙利亚，北至亚述城，是西亚的一个强国。然而，国家内部阶级矛盾和社会矛盾不断激化，加上埃兰人、阿摩利人的入侵，乌尔城邦逐渐走向灭亡。

古巴比伦王国是怎样兴起的？

约公元前2006年，在居住于今天伊朗西南河谷地带的埃兰人和西部的阿摩利人的两面围攻下，乌尔第三王朝灭亡了。其后，埃兰人退回故地，而阿摩利人定居下来，在苏美尔地区建立起拉尔萨以及埃什努那、玛里等国家。这些国家为争夺两河流域的统治权展开了长期的混战。约公元前1894年，另一支以苏姆阿布姆为首领的阿摩利人占据了幼发拉底河中游的古巴比伦城，建立了古巴比伦第一王朝，也就是古巴比伦王国。公元前18世纪，在第六代国王汉谟拉比的统率下，巴比伦王国战胜了周围众多邦国，重新统一了苏美尔和阿卡德地区。至此，古巴比伦王国达到了鼎盛时期。

你知道阿卡德王国吗？

阿卡德王国是古代西亚两河流域南部塞姆语系的阿卡德人建立的奴隶制国家。统治区域位于美索不达米亚南部（今伊拉克），位于亚述东南。北部以古亚述城为中心，称为"西里西亚"，或简称"亚述"；南部以巴比伦城为中心，称为"巴比伦尼亚"，意思是"巴比伦的国土"。

巴比伦尼亚又划分成两个地区，南部靠近波斯湾口的地区为苏美尔，苏美尔以北地区为阿卡德。两地居民分别是苏美尔人和阿卡德人，其中的阿卡德人又是闪米特人中的一支。美索不达米亚文明最初就是由苏美尔人创造出来的。公元前3000年，苏美尔人就在两河流域建立了众多城邦。阿卡德人进入两河流域时，苏美尔城邦文明已经进入尾声，各城邦之间斗争异常激烈。约在公元前2371年，阿卡德王萨尔贡统一了苏美尔地区，建立了君主制的集权国家，定都阿卡德（即后来的巴比伦城），苏美尔城邦时代宣告结束。

《汉谟拉比法典》的主要内容是什么？

约公元前1792年—约前1750年，汉谟拉比成为古巴比伦王国的第六代王。在他的统治时期，巴比伦统一两河流域，并进行了一系列改革，汉谟拉比也成为独揽大权的专制君主。为了维护奴隶主阶级利益、加强中央集权，汉谟拉比制定并颁布了世界历史上第一部较为完善的法律——《汉谟拉比法典》。该法典旨在维护财产私有制，强调公民平等，巩固奴隶制度。

《汉谟拉比法典》分为前言、正文和结语三部分。前言和结语宣扬他的权力来自神授，赞颂自己统一两河流域的丰功伟绩，号称自己是"四方的庇护者"，同时也申明他制定法典是为了在世界上发扬正义，自己则是"公正之王"。法典正文几乎涵盖了当时社会生活的方方面面，包括诉讼程序、盗窃处理、军人份地、租佃、雇佣、商业高利贷、婚姻、继承、伤害、债务、奴隶等内容。虽然有些法令确实体现了汉谟拉比强调的公正，但是这样的公正具有很大的局限性，普通公民依然没有享受到真正的公平。

作为古巴比伦唯一的法律，《汉谟拉比法典》事实上兼有民法、刑法、婚姻法、继承法等诸多法律的作用。同时它也规定了自由民和奴隶的权利和义务，使得该法在一定程度上具有宪法的意义，对于本国法律的完善和其他国家法律的健全具有不可估量的意义。

巴比伦遗址有怎样的历史渊源？

世界著名的巴比伦古城遗址，位于伊拉克首都巴格达以南大约90公里的地方。相传，早在公元前2000多年，这里就拥有大约十几万人的密集手工业和商业城市。大约公元前18世纪中期，汉谟拉比开始统一两河流域，建立起中央集权的奴隶制国家，并且颁布了各种加强奴隶制的法典。

大约在公元前6世纪后半期时，尼布甲尼撒二世开始建造新巴比伦城，内有许多宫殿和神庙，不仅规模宏大，而且在艺术上也十分考究。众多庙宇中，被称为"崇高的住所"的"玛尔笃克神庙"最为著名。玛尔笃克是巴比伦人所崇奉的主神，形象十分生动。

从如今的巴比伦古城遗址中，我们还可以依稀窥见当年的各种盛况。这个遗址上还有座巴比伦博物馆，里面陈列着各种古城模型和巴比伦时代的文物。其中最引人瞩目的是一块大石碑，它的正面刻着站在太阳神面前做祷告的汉谟拉比国王，背面有楔形文字书写的法典，但是现在它仅仅是一个仿制品。

强大的亚述帝国是如何由盛转衰的？

亚述帝国是古代西亚的奴隶制国家，位于底格里斯河中游。公元前2000年左右，属于闪米特族的亚述人在此建立亚述城后逐渐形成贵族专制的奴隶制城邦。公元前19世纪到公元前18世纪发展成为王国。从亚述那西尔帕二世统治时期（公元前883—前859年）起，亚述开始了它的对外征服事业，版图不断扩大。

在伊萨尔哈东之后，亚述巴尼拔继承了王位。他兴建了巨大豪华的巴尼拔王宫，里面设置了著名的泥版图书馆，收集了当时亚述人所知的世界各地的书籍。这些泥版就是亚述人的图书，里面的内容囊括了语言、历史、文学、宗教、医学及天文等方面的知识，对于研究当时的历史具有重要的作用。

亚述帝国是依靠武力和军事征服建立起来的庞大帝国，这就决定了其根基的不稳定性，对许多地区，中央政权都鞭长莫及，无法进行有效的统治。此外，亚述人的残暴统治也激起了被压迫民族的反抗，而这样的反抗又反过来危及帝国的统治。最主要的是，王室内部勾心斗角、争权夺利，加速了帝国的灭亡。

公元前612年，新崛起的亚述强邻新巴比伦王国与伊朗高原的米底人联合起来攻陷了亚述首都尼尼微。传说在亚述巴尼拔统治亚述帝国的时候，就有了凶兆。那时，巴尼拔得了一种怪病，饱受折磨。他每天向神祈祷："神啊，求你怜悯我这个罪人，使我重见天日！"在他死后14年，亚述就灭亡了。

赫梯帝国起源于哪里？

赫梯帝国是亚细亚地区历史上一个非常重要的奴隶制国家。赫梯位于小亚细亚的卡帕多西亚，地处哈里斯河（今土耳其基齐尔·伊尔马克河）流域。小亚细亚大部分地区是山脉围绕的高原，在赫梯经济中占有重要地位的是畜牧业。农业则依靠河溪和水池灌溉，发展空间很小。境内有银、铜、铁等丰富矿藏，为金属冶炼提供了有利的条件。赫梯处于黑海、地中海和两河流域之间的要塞部位，很早就与外界发生贸易联系。最早的赫梯族部落出现在公元前2000年之初，赫梯国家就是由多个不同部落融合而成的。

公元前19世纪与前18世纪之交，赫梯人形成第一批部落联盟，另外还附有设防的城市，其中以库萨尔、涅萨和察尔帕最为重要。库萨尔王阿尼塔在各部落联盟的斗争中取得胜利后，便把首都建在这里，赫梯帝国初步形成。

赫梯帝国是被哪个国家灭亡的？

赫梯国家的鼎盛，一直从公元前15世纪末延至公元前13世纪初。国王苏庇路里乌玛利用米坦尼宫廷的政变和叛乱，席卷了米坦尼的大部分领土，并和埃及争夺叙利亚。当时，埃及正陷于内部宗教斗争中，无力顾及东部势力的干扰；叙利亚各地也想摆脱埃及的统治。赫梯因此能够顺利地征服叙利亚和腓尼基。此后，赫梯和埃及、亚述之间经常发生冲突。约公元前1312年，赫梯王穆瓦塔尔和埃及法老拉美西斯二世争夺叙利亚，在卡迭石进行会战，势均力敌。约公元前1296年，两国缔结合约，叙利亚大部分归赫梯所有。自埃及在叙利亚和腓尼基的势力削弱以后，赫梯是雄视西亚的一大霸主。

然而，赫梯国家是在征服过程中形成的军事联合，并没有稳固的经济基础。境内各部落之间的语言和生活方式也不尽相同，边疆和外藩地区的统治者握有行政、司法、军事大权，离心力很大。因此，国家的分合往往也极易受到某个国王军事成败的影响。在与埃及战争以后，赫梯国家就开始走向衰弱。到公元前13世纪末，海上民族从博斯普鲁斯海峡侵入赫梯，小亚细亚和叙利亚的各臣属国家也群起而攻之，赫梯国家便在内外交迫中崩溃了。

铁烈平政治改革的主要内容是什么？

铁烈平是赫梯帝国的一个国王。约在公元前16世纪后期，他为了有效地制止王室里的人因王权争夺而发生流血冲突事件，实行了大力度的改革。

首先，他确立了王位继承的原则。国王的嫡长子有优先继承王位的特权，如果没有嫡男，就依法由庶男递补。如果没有男性继承者，就让女婿为王，但是必须有长幼的次序。这样，就可以确立长子继承制，也减少了由于王位争夺而引起战争的问题，加强了统治集团内部的团结稳定。

其次，他确立了"一人犯罪一人当"的原则。不允许任何人杀死氏族中的任何人，没有经过贵族会议的通过，国王不能没有理由地暗杀任何一个集团内部成员。如此，也可以有效遏制集团内部的自相残杀。

最后，铁烈平还规定了贵族会议和民众会议的权限，明确民众会议有权审理一切罪犯，也加强了判案的集体法律效力。

总之，铁烈平改革在赫梯发展史上具有举足轻重的作用。

紫红色国度是指哪个王国？

腓尼基地处地中海东岸，是一个古国，大约在今天叙利亚和黎巴嫩沿海一带，因为盛产紫红色的染料而得名。公元前2000年，该地区产生若干城邦，比较著名的有西顿、推罗、比布洛斯等，各邦之间经常发生战争。大约在公元前15世纪，腓尼基还在埃及的控制之下；大约公元前14至公元前13世纪，腓尼基又成为埃及与赫梯争夺的对象，之后，又遭到海上民族的入侵，但最后各邦终于实现了统一独立。公元前8世纪后，腓尼基又遭到了亚述和新巴比伦的侵袭。总之，在腓尼基的整个发展过程中，都是灾难不断。公元前1000年初，开始大规模的商业殖民活动，然后又在地中海沿岸建立移民点，其中以迦太基的规模最大。

腓尼基人为什么是"地中海上的马车夫"？

腓尼基人不但是精明的商人，更是勇敢的航海家。他们泛舟地中海，穿越直布罗陀海峡，经常出没于波涛汹涌的大西洋，同西非的黑人进行交易。今天，直布罗陀海峡的两个坐标就是用腓尼基的神来命名的，被称为"美尔卡尔塔"。据说，腓尼基人驾驶的船只向北可以到达今天法国的大西洋海岸，到达不列颠，向南甚至远至好望角。

公元前10世纪至公元前8世纪是腓尼基城邦的繁荣时期。腓尼基人驾驶的船只遍及地中海的各个角落，不论是经济，还是文化，都给地中海沿岸造成了很大的影响，因此，腓尼基人被称为"地中海上的马车夫"。

罗马化的北非是怎么回事？

公元前146年，罗马人摧毁迦太基，并统治了这片土地，后来又兼并了一些邻近的国家。到1世纪末，西起摩洛哥，东到埃及的尼罗河三角洲，都成为北非罗马人的疆域。他们修建了一些新城市，贸易和农业也得到了迅速的发展。到了2世纪，罗马城市一年消费的谷物近三分之二都由北非供给。当出生于北非的骑士之子塞维鲁于193年当上罗马皇帝的时候，北非已经彻底罗马化了。他捐赠金钱发展城市，并且计划将帝国内的自由民变为罗马公民。

首创拼音文字的是哪个民族？

公元前13世纪，腓尼基人创造出了拼音字母，这是腓尼基文明中最杰出的成就。腓尼基航海和贸易的迅速发展，要求有一套普遍易懂的文字体系来快速编制商业文件以适应商业的发展。另一方面，由于腓尼基从事国际商业活动，广泛接触并熟悉古代各国的文字，这就使得创造新字母成为可能。于是腓尼基人利用古埃及象形文字和古巴比伦的楔形文字创造了世界上第一套拼音字母，这套字母共22个，只有辅音，没有元音。腓尼基字母系统的形成，对世界文化产生了极其深远的影响。后来的古代希腊字母和阿拉米亚字母都来源于腓尼基字母，同时腓尼基字母也是欧洲字母的渊源。可以说，腓尼

基字母是现今世界字母文字的共同祖先，对于世界文化的发展具有伟大的贡献。

希伯来人为什么要去埃及？

在西亚大沙漠的北方，有一块形状如新月的富饶土地，这里曾经是闪族人生活的地方。

闪族中有一支部落，叫希伯来。他们一直都想占有这块新月形沃土中的狭长地带，即今天的巴勒斯坦。他们听说那是一个流着奶和蜜的地方，但是已被迦南人的部落占领。为争夺这块土地，希伯来人同迦南人进行了持久的战争，但均以失败告终。

处境一直比较困顿的希伯来人聚集在一起，策划今后的出路。一位老人说，有一个遍地羊群、年年五谷丰登的"天堂"——埃及，如果想过上幸福的生活，就去那里。全族人最后一致同意老人的意见，离开巴勒斯坦，前往埃及。

大约在公元前1700年，族长以色列带领所有的希伯来人离开了巴勒斯坦，历经千难万险，终于来到了尼罗河三角洲东部的草原，并定居在那里。

所罗门王在犹太历史上有何功绩？

大卫，古以色列国第二代国王，公元前1000年左右建立统一的以色列王国。大卫死后，他的儿子所罗门即位，从此以色列犹太王国便进入了发展的全盛时期。

所罗门的主要成就在于他修建了辉煌的神殿。每年数以万计的朝圣者从世界各地赶来，虔诚地参加朝拜活动。神殿的主体建筑前有一个"门廊"，约55米高，梁上、柱上、门上、墙壁上一片金碧辉煌，殿内还有两个镀金的天使守卫着，除了黄金外，还镶嵌有大量的宝石。

所罗门统治期间，还教导人民遵守法律和秩序，劝导他们放弃争吵和战争，从事和

平的工商业建设。这样，首都就从环绕一口井建立起来的小镇，发展成为一座要塞，实现了财富的快速增长。此外，所罗门还利用贸易和外交把自己推向世界交易舞台的风口浪尖，非洲、小亚细亚地区等源源不断地给他送来金银财宝、雪松、檀香木、象牙、马匹、孔雀等物品。

小亚细亚究竟在哪里？

在世界历史上，小亚细亚是一个经常被提到的地方，它位于现在的土耳其，古代称它为"安纳托利亚"，希腊文意思是"太阳升起的地方"。腓尼基人开始将它叫作"亚细亚"，意为"东方"，后来人们就沿用了这个称呼。随着西方人对东方地域认识的日益扩大，凡是在他们东方的都叫亚细亚，这一称呼后来就演变成现在的亚洲。

谁宣布自己是"宇宙四方之王"？

波斯人原来生活在伊朗高原的南部，被北部的米底亚人统治着。公元前550年，波斯首领居鲁士大帝（约公元前550—前530年在位）统一了伊朗高原，建立起一个强大的帝国。

继位后的居鲁士用各种方法来巩固自己的统治。对内，他具有宽厚仁慈的统治特征：他击败了企图谋害他的外祖父，却仍让他和自己住在一起，颐养天年；他打败了与波斯有世仇的米底亚帝国，却仍把米底亚国王当作一个帝王对待，对国王的忠告言听计从；他征服了巴比伦，却严令自己的军队不许扰民，尊重当地的风俗习惯、宗教信仰。更难能可贵的是，他还把历代巴比伦国王掳掠来做奴隶的各民族的人释放，并派军队护送他们回故乡，以人力、物力支援他们重建自己的家乡和文明。居鲁士大帝是那个时代的奇迹，是一位令人佩服的君主。

对外，他显示了卓越的军事才能。十几年时间里，居鲁士便把地中海东岸至中亚的广阔地区、众多民族都统一到波斯帝国之中。居鲁士决定把巴比伦作为波斯帝国的首都，并且宣称自己是"宇宙四方之王"。

居鲁士立下了如此多的丰功伟绩，以至于在他死后波斯帝国还在继续扩张。事实上波斯帝国持续了大约200年，在这个时期的大部分时间里均太平无事，繁荣昌盛。

居鲁士是怎样说服波斯人灭米底亚的？

居鲁士为了说服波斯人反抗米底亚，命令全体波斯人带镰刀集合，让他们在一天之内将超过九平方公里的土地开垦出来。之后，居鲁士下达了第二道命令，让他们在次日沐浴更衣后集合。居鲁士宰杀了他父亲所有的绵羊、山羊和牛，并准备了酒和各种美食犒赏波斯军队。第二天，波斯人聚集在草地上，尽情饮宴。这时，居鲁士问他们是喜欢第一天的劳苦还是第二天的享乐。结果，大家都选择了后者。然后居鲁士便说："各位波斯人啊，如果你们听我的话，就会享受无数个类似今天的日子；如果你们不肯听我的，就会承受无数个如昨天一样的苦役。"这样，波斯人就奉居鲁士为领袖，起兵攻打米底亚。

居鲁士是如何攻占巴比伦城的？

米底亚王国灭亡之后，波斯帝国开始建立，这时，居鲁士开始了他称雄西亚的霸业。

年富力强的居鲁士并不满足自己已有的战果，他先派兵打败了在小亚细亚西部称霸的吕底亚，后又采取分化和征服的政策，使小亚细亚沿海各希腊城邦相继向他屈服。

公元前539年，居鲁士的大军兵临巴比伦城下，他知道攻克巴比伦城必须采取长期围困的战略。一天晚上，居鲁士亲自带领一部分士兵把幼发拉底河的河水引入另一个方向。然后，他命令一部分波斯士兵顺着低浅的河床，悄悄潜入巴比伦城。

彼时正逢巴比伦的一个宗教节日，巴比

伦人并没有在意城外的波斯人。波斯军队从天而降，巴比伦人来不及防备，因此很快失败，落入居鲁士之手。在居鲁士统治的时间里，他一直采取开明宽厚的政策，在赢得波斯人尊重的同时，也赢得了巴比伦人的尊重。

你知道阿契美尼德王朝吗？

公元前525年，在冈比西斯二世的统率下，强大的波斯帝国开始入侵埃及，最终埃及国都孟菲斯被攻陷，法老被掳至苏萨。尽管公元前5世纪有几次比较成功的反抗波斯的起义，但埃及并没有达到永久驱逐波斯人的目的。

在波斯的统治下，埃及和塞浦路斯、腓尼基被一同划入波斯阿契美尼德王朝下的第六总督区。波斯对埃及的第一次统治时期——第二十七王朝，结束于公元前402年。而最后的本土王朝、第三十王朝统治埃及的时间段为公元前380—前343年，结束于奈科坦尼布二世。到公元前343年，波斯人短暂地恢复了对埃及的统治，也就是第三十一王朝。但到了公元前332年，波斯统治者将埃及拱手让给了亚历山大大帝，阿契美尼德时期就此结束。

波斯帝国从兴到衰经历了多长时间？

公元前5世纪，大流士一世及其后继者发动了希波战争（公元前499—前449年），这是波斯帝国由盛而衰的转折点。希波战争历时半个世纪，看似强大的波斯帝国被英勇善战的希腊城邦击败。在希波战争期间，埃及、巴比伦也曾多次爆发反抗波斯统治的起义，使得波斯的军事力量进一步削弱。

经历了希波战争的波斯，其内部的矛盾更加突出，被征服人民的反抗斗争愈演愈烈。公元前404—前343年，埃及一度摆脱了波斯的羁绊。与此同时，波斯统治阶级内部也不断发生争夺王位的宫廷政变，中央集权日渐丧失，行省总督兼任军事首长，独揽军政大权。

此后的若干年间，波斯发生了多次叛乱。这些叛乱虽然最终被平定，却大大动摇了王国本身的基础。公元前330年，亚历山大带领部队攻入波斯，末代国王大流士三世被部下所杀，阿契美尼德王朝正式灭亡。整个波斯帝国前后共经历了约220年。

冈比西斯是怎么死的？

公元前522年，冈比西斯从埃及返回波斯，在途中突然身亡。古埃及人认为，冈比西斯是遭到神的"报复"死去的，因为他刺死了埃及的神牛阿庇斯。

在以农业为主的古埃及人心目中，阿庇斯是一位伟大的牛神，他们认为满足特定条件的牡牛属于阿庇斯神。在举行最隆重的节庆时，埃及人总要用洁净的牡牛和牡牛犊做牺牲来奉祀这位牛神。

另一种说法是，冈比西斯在埃及胡作非为的时候，波斯国内大乱，爆发了高墨达暴动。在冈比西斯急忙率领部队回国准备上马时，他的佩刀刀鞘的扣子松掉了，刀从鞘中滑了出来，锋利的刀刃正好刺伤了他过去刺伤埃及神牛阿庇斯的同一部位，冈比西斯从马上跌落下来。冈比西斯回到宫中后，由于天气炎热，伤口很快感染了，支撑了二十几天后便一命呜呼了。

大流士是怎么得到王位的？

公元前6世纪，位于伊朗高原的波斯，在其首领居鲁士的率领下，迅速崛起而成为一个强大的帝国，但是当冈比西斯接手的时候，帝国已面临着分崩离析的局面。

公元前522年，爆发了高墨达暴动。高墨达夺得王位，占有了前国王的全部妻妾。冈比西斯的皇妃帕伊杜美的父亲欧塔涅斯找到6名贵族同党，策划推翻这个伪国王，而大流士也参与了这个行动。大流士等人得知高墨达将离开京城，回到米底亚，于是也尾随到了米底亚。在9月的一个宗教节庆日上，大流士等人冲入宫内，将高墨达和他的亲信斩尽杀绝。

但是大流士等7人都想称王，互不相让。最后决定，除欧塔涅斯不参加外，其余6人乘马在市郊集合，看谁的马先嘶叫就由谁为王。

深夜，马夫选了一匹大流士所骑战马最喜欢的母马，拴在清晨将要比赛的地方。过了一段时间，再将马牵回。天明日出时，那精明的马夫随大流士乘马赴郊外。他左手插在裤子里，右手拉着马嚼子。待六人全到齐后，他迅速而自然地抽出左手，佯装抚弄马鼻子，那马激动不已，仰天嘶鸣。五人见状，连称大流士为"大王"。原来，马夫临行前曾让左手沾上了母马的气味，大流士所乘的马闻到了母马的气味，便嘶鸣起来。就这样，大流士成了国王。

大流士改革是怎么回事？

大流士刚上台时，政权并不稳固，先后进行了18次战役，他才平定了各地叛乱。之后，大流士很快走上了对外扩张的道路，从而使波斯帝国成为古代第一个地跨亚、非、欧三大洲的大帝国。但是，大流士很快认识到民族成分复杂，各地政治、经济、文化发展极不平衡，以及军事组织中存在的问题。为了巩固波斯帝国，大流士参照西亚等地奴隶制专制的经验，采取了一系列措施，进行改革。

政治上，大流士不断强化中央集权，确立了君主专制的统治形式，独揽政权、军权、司法权，并建立起王室经济。财政方面，大流士还致力于税制、固定税额和统一币值的改革。大流士针对被征服地区以前税收既无定制也无定额的情况，制定了行省的贡赋制度，并推行包税制，将各省的赋税交给富商或高利贷集团承包，由他们负责将各项税金上缴宫廷。为了适应商业发展需要，大流士还统一了铸币制度。他规定帝国中央铸造金币，行省铸造银币，自治市可铸造铜币。金币称为大流克，每枚重8.4克，全国通用。此外，大流士还大力改善交通状况。他在全国建立驿道，并开挖了一条由尼罗河到红海的运河，它就是现代苏伊士运河的前身。

大流士改革巩固了波斯帝国的统治，使波斯成为当时世界上首屈一指的奴隶制大帝国。

你知道《贝希顿铭文》吗？

公元前520年，大流士在贝希顿村的悬崖峭壁上刻石记功，这就是著名的《贝希顿铭文》。上面刻有大流士的形象，他昂首挺胸，左手按弓，右手指向天空中的阿胡拉马资达，表示向神敬礼。阿胡拉马资达手持象征王权的环，正授予大流士。铭文由古波斯语、埃兰语、阿卡德语三种语言组成，其主要内容是：证明大流士继承王位的合法性；夸耀"十九战，俘九王"的战绩；着重强调王权神授，君权不可侵犯。

希腊与波斯的战争是怎么爆发的？

公元前6世纪中叶，希腊人还处于波斯帝国的统治之下，忍受着巨大的折磨。于是，到公元前492年的夏天，希腊发动了战争。

初次进攻时，波斯遭到重创。次年，波斯国王大流士一世幻想不战而降服希腊，于是派出使者到希腊各城邦索要"水和土"，作为归顺波斯的象征。希腊最大的两个城邦——雅典和斯巴达——坚决拒绝了大流士一世的要求，于是一场大战不可避免地爆发了。

"温泉关血战"是怎么回事？

大流士一世，波斯帝国国王（在位时间为公元前522—前486年），出身于阿契美尼德家族支系。大流士一世曾随冈比西斯二世出征埃及，被任命为"万人不死军"的总指挥。

波斯王大流士一世死了以后，他的儿子薛西斯登上王位。薛西斯为实现父亲的遗

□ 世界历史小辞典

列奥尼达斯在温泉关战役中

愿，发誓要踏平雅典，征服希腊。为此，他精心准备了4年，动员了整个波斯帝国的军力，向希腊进军。参加远征的士兵来自臣服波斯的46个国家、100多个民族。他们浩浩荡荡地渡过了赫勒斯滂海峡，占领希腊北部之后，又来到了德摩彼勒的隘口。这是中希腊的门户。关前有两个硫黄温泉，就是所谓的"温泉关"。斯巴达国王列奥尼达斯率领300名斯巴达勇士扼守温泉关，依靠温泉关的险要地势，打退了薛西斯一次次的进攻。后来，由于叛徒的出卖，300人全部壮烈牺牲，温泉关失守，但是那些宁死不屈的斯巴达勇士深深地震撼了薛西斯。

高加米拉战役的真实情况是怎样的？

公元前333年的伊苏斯战役之后，亚历山大继续执行他的战略计划，进军腓尼基和埃及。公元前332年8月，推罗城陷落，波斯海军主力腓尼基舰队投降，这标志着波斯海军的瓦解和蒙农战略的失败。亚历山大给了大流士约两年的时间养精蓄锐，而后者充分利用这段时间重建波斯军队。

大流士尽管进行了周密的规划，并在各方面占据了优势，但最终还是输掉了高加米拉战役，也输掉了他的帝国。公元前331年10月1日，战役爆发。亚历山大利用马其顿军队的高机动性，抓住波斯军队防线的弱点，一举突破。波斯军队尽管在数量上占据优势，但在马其顿人的战术面前却显得力不从心。最终，波斯军队以惨败告终，大流士三世逃遁，后下落不明。近现代军事史学界对此战的研究，都把这场战役归结为亚历山大高明的指挥，但从20世纪80年代破译的一批古巴比伦泥版雕书（现存大英博物馆的"天文日记"）来看，却有着与西方古典史料大相径庭的记载。事实上，彪炳战史的高加米拉战役言过其实，并不能算作亚历山大最耀眼的杰作，因为早在开战以前，大流士就败局已定。

塞琉古王朝是何人建立？

亚历山大帝国分裂后，亚历山大大帝的部将塞琉古一世创建了自己的王朝，即塞琉古王朝（公元前312—前64年），它以叙利亚为中心，包括今伊朗和亚美尼亚在内（初期还包括印度的一部分），是希腊化时期最主要的国家之一。

塞琉古王朝是希腊化国家中拥有版图最大的国家，领土西起小亚细亚、叙利亚、美索不达米亚，东达印度的广大地区。因以叙利亚为统治中心，又称叙利亚王国，都城为安条克。塞琉古一世是马其顿人，公元前305年正式称王，进而向东扩张领土。自伊朗远至印度河，与印度孔雀王朝旃陀罗笈多（月护王）订立和约，转而西进叙利亚和小亚细亚。公元前281年，他渡赫勒斯滂（今达达尼尔海峡），企图占领马其顿，同年被刺身亡。

塞琉古王朝统治时的社会状况是怎样的？

公元前3世纪中叶以后，塞琉古王朝在

与埃及的托勒密王朝争夺巴勒斯坦的过程中，丧失了东部的大部分领土。于是塞琉古想通过城市移民的方式实现各民族在政治、经济、文化上的统一，从而加强对各地的控制。而叙利亚人、犹太人、波斯人和其他伊朗人则被完全排除在官僚阶层之外，这样的排除竟达两代之久。后来，塞琉古王朝接受了波斯的行省制，但是对于这方面的管制一直比较松弛。全国分为25个省、72个府。行省设总督，财政归财务使，财务使直接向安条克的财务大臣负责。地方有一定的自治权，也可以偶尔负担军事。但是这样的地方分权使国王的权力较为疏散，不利于有效地控制。

国内的城市基本上都保持希腊城市的外在特征：如部落、公民大会、议事会、行政官员、城市法令与财务规定等建制，以及体育馆、剧场、市场等公共设施。城市内有国王给予的土地，还有一些其他民族的人混杂其中。有的城市，由于有地理位置上的优势，所以发展较快，比如首都安条克就有居民50万，底格里斯河上的塞琉西亚居民也有60万。这些城市具有一定的自主权，且是希腊文化和当地文化的交汇之地。

安息帝国经历了怎样的兴衰史？

安息帝国即帕提亚王国。帕提亚地处伊朗高原东北部，原为波斯帝国属地。公元前3世纪中期建立起阿尔萨息王朝（中国史籍译为"安息帝国"）。经过百余年的扩张，一跃成为西亚大国。97年，汉西域都护班超派甘英出使大秦（罗马）就曾行抵安息西境。226年，安息为波斯萨珊王朝替代。

伊朗高原东北、里海东南一带在经历了波斯帝国、亚历山大帝国的统治以后，又成为塞琉古王国的属土。公元前3世纪中叶，一支伊朗语族的帕奈人游牧部落从北方的中亚草原来到这里，和当地人民一同发动了反对塞琉古王朝统治的斗争。正当塞琉古王朝与托勒密王朝在公元前247年发生纷争之际，帕提亚乘机独立，建立了阿尔萨息王朝，国王是帕奈人的部落首领阿尔萨息。

塞琉古王朝为恢复其统治，于公元前238年数次大举东侵，但因塞琉古王国内部的纠纷，安息基本得以维持独立。塞琉古王朝于公元前192—前189年，一再受挫于罗马，从此在东部也没有什么大的作为。

于公元前170年即位的安息王密特里达特一世于公元前155年乘此时机向西占领了米底亚，打开了通往两河流域的道路。底格里斯河上的塞琉西亚也于公元前141年被密特里达特一世攻占，这是塞琉古王朝在两河流域的最主要的城市。接着巴比伦尼亚归入安息版图，塞琉古王朝的势力被赶到幼发拉底河以西。密特里达特一世还向东攻取了大夏、木鹿等重要城市。至此，密特里达特一世将安息扩展为一个东起中亚西南部，西至两河流域的帝国，中间包括伊朗。

公元前123年，密特里达特二世即位，他统治初期，阻挡了东方塞人的西进。密特里达特二世又于公元前1世纪初，向西北方面扩展至亚美尼亚。西进中的安息和东进中的罗马不可避免地要发生冲突。

公元前64—前63年，罗马灭了塞琉古王国和犹太国，建立了叙利亚省和犹太省。公元前53年，罗马和安息的军队在两河流域北部的草原相遇，安息骑兵猛攻一阵以后就撤退了，随后将一支脱离了主力部队的罗马军队全部歼灭。克拉苏没有攻克亚美尼亚，自己战死，除少数残兵逃回叙利亚外，大部军队被歼灭。

公元前1世纪，安息联合前来投靠的罗马共和派分子一同攻占了叙利亚、巴勒斯坦等地。作为"后三头"之一的罗马将军安东尼统治罗马东方行省，他于公元前38年将双方国界又恢复到幼发拉底河一线。

1世纪时，安息和罗马基本上处于相持状态。1世纪末2世纪初，安息不断发生内乱，国势衰落。罗马皇帝图拉真于114—

116年大败安息人，占领了亚美尼亚和两河流域，在那里分别设立行省。但其继位者哈德良放弃了这些新的行省。161年，安息王又越过幼发拉底河侵入罗马统治下的叙利亚。后罗马人展开反击，夺取了亚美尼亚，并在164—165年占领了两河流域，但仍然没能守住这些新占领区。

公元前2世纪至前1世纪是安息帝国的盛世。1世纪时，贵霜国家形成，安息的东北国境不得不退出阿姆河一线地带。安息帝国在与罗马的长期斗争中严重地削弱了自己的力量。安息统治者内部于3世纪初又起纠纷，国势衰微。萨珊王朝于226年灭亡了安息王朝。

你知道月氏民族吗？

月氏是公元前3世纪至公元1世纪的一个民族名称。月氏民族早期以游牧为生，住在北亚，经常和匈奴发生冲突，后来便迁至中亚。这时，月氏开始发展，并慢慢形成了国家的雏形。月氏由于地处丝绸之路，控制着东西贸易，于是渐渐变得强大。后来，遭到了匈奴的攻击，一分为二：迁至今伊犁的被称为大月氏；迁至今甘肃及青海一带的，就是小月氏。

贵霜帝国是什么时候建立的？

贵霜帝国由被大月氏征服的大夏贵霜部落建立。大月氏属突厥游牧部落，刚开始居住在中国西部敦煌祁连山一带。公元前170年左右被匈奴击败，西迁至中亚阿姆河流域。公元前125年征服巴克特利亚（大夏），统治整个阿姆河、锡尔河流域，将大夏部族一分为五，迁往东部山区，设五部翕侯统治，贵霜是其中一支。1世纪中叶贵霜部翕侯丘就却（也被称为迦德菲塞斯一世）统一五部，建立贵霜帝国。2世纪中期，疆域西起咸海，东至葱岭，南包括印度河和恒河流域，形成连亘中亚和北印度的庞大帝国，定都布路沙布罗（今巴基斯坦白沙瓦）。帝国中心是"丝绸之路"的枢纽，也是佛教中心，中国高僧法显曾到此。贵霜地处东西方要塞，融合了希腊、印度文化形成犍陀罗艺术，并于魏晋时期传入中国。2世纪后，贵霜帝国开始衰落。

萨珊波斯兴于何时，衰于何时？

萨珊王朝（224—651年），被认为是第二个波斯帝国。萨珊王朝与中亚的贵霜王朝、东亚的中国东汉王朝及欧洲的罗马帝国并称，雄霸欧亚。萨珊王朝在最强盛的时候，威胁着毗邻的贵霜王朝和东罗马帝国。后来由于王朝连续两位国王被刺杀，帝国中心崩溃，末代国王伊嗣埃三世的儿子俾路斯逃亡至东土大唐，任右武卫将军，当时正值唐高宗当政时期。

阿提拉为什么被称为"上帝之鞭"？

5世纪中叶，匈奴帝国国王阿提拉率50万大军入侵欧洲，所到之处都让欧洲人有种魂飞魄散的感觉。许多人把匈奴人对欧洲的践踏，看作上帝对违背誓言的基督徒的惩罚，因此称施以惩罚的阿提拉为"上帝之鞭"。

古代罗马的一位历史学家曾经这样描写一段史实："他们是我们不知道的一种人，突然出现，好像从天而降，他们像一阵旋风，所到之地寸土不留。"到阿提拉统治时期，其势力范围东起咸海，西至莱茵河，南抵阿尔卑斯山，北到波罗的海，为匈奴帝国的鼎盛时期。

为了继续扩大疆域，掠夺更多的财富，阿提拉乘罗马分裂之机，首先发动了对东罗马的进攻，并于435年一举击溃东罗马。453年，在行军途中，阿提拉暴病身亡，年仅47岁。

婆罗门教和印度教是什么关系？

婆罗门教是古代印度宗教之一，相传约

形成于公元前7世纪，以崇拜梵天而得名（即婆罗贺摩）。公元前2500年左右，雅利安人由兴都库什山越过帕米尔高原涌入印度河流域，他们的宗教信仰主要是崇拜人格化了的自然神和祖先。在印度河流域定居后，他们便形成了吠陀教，崇拜多神，实行烦琐的祭祀。公元前10世纪中叶，雅利安征服者又从印度河上游向东推进至朱木拿河和恒河流域。在这个时期，出现了以"吠陀天启""祭祀万能"和"婆罗门至上"为三大纲领的婆罗门教。

婆罗门教以《吠陀》为最古的经典，信奉多神，主张善恶都有因果报应。公元前5世纪，因佛教和耆那教的广泛传播，婆罗门教呈现衰落之势。8世纪，婆罗门教经过改革，改称印度教，又称新婆罗门教。

雅利安人的社会是怎样的？

公元前2500年左右，带有先进技术的农民们从遥远的西方迁移到了肥沃的印度河流域。他们为了分流河水和防洪而修建了运河，沿河的部落不久都发展成为城市。公元前1500年左右，雅利安人入侵此地，城市迅速衰落。

早期的雅利安人拥有单一但规模巨大的畜牧经济。他们驯养的动物主要有绵羊、山羊、拉战车和赛车的马。所有的常见手工工艺，包括金属冶炼业在内，都已经存在。音乐则包括声乐和由长笛、乐鼓、钗钹、琵琶和竖琴组成的器乐，是人们喜闻乐见的娱乐方式；舞蹈亦然。社会基本由父系家庭构成，妇女处于从属地位。

早期雅利安人的宗教是怎样的？

早期雅利安人主要生活在印度次大陆和伊朗高原等地，他们信奉多神教，崇拜各种自然神灵。这些神灵通常与自然现象、动物或人类生活密切相关，如太阳神、月神、火神、风神、雨神等。他们通过祭祀、祈祷等方式与这些神灵沟通，祈求神灵保佑他们免受灾害，以及保佑他们五谷丰登、子孙满堂等。

早期雅利安人的宗教仪式和节日也是他们宗教信仰的重要组成部分。他们通过祭祀、祈祷、舞蹈、歌唱等方式来与神灵沟通，表达对神灵的敬畏和祈求。

印度远古文明为何称为"哈拉帕文化"？

1922年，印度的远古文明才被发现。由于它的遗址首先是在印度哈拉帕地区发掘出来的，所以通常称为"哈拉帕文化"，出现年代约为公元前2300年至前1750年。

哈拉帕文化是古代印度青铜时代的文化，它代表了一种城市文明。从已经发掘的城市遗址来看，城市的规划和建筑具有相当高的水平。如摩亨佐·达罗城，面积达260公顷，全城划分为12个街区，有整齐宽阔的街道和良好的排水系统，住宅也相当精美。然而，这一文明在延续了几百年之后突然消失了，时间为公元前18世纪。

"哈拉帕文化"为什么会突然消失？

关于"哈拉帕文化"突然消失的原因，印度的史学家根据遗址和遗物提出了种种假说，较有影响的有两种：

一是地质和生态变化说。印度河床的改造、地震以及由此而引起的一系列灾难，都给古城文化带来巨大的破坏。还有，河水的泛滥、沙漠的侵蚀、海水的后退也会给生态造成巨大的影响。二是外族入侵说。大约在公元前1750年，印度河流域的一些城市遭到了极大的破坏，特别明显地表现在摩亨佐·达罗的毁灭上。

其实，这些观点只是从最表面上来推断的。如果从深层次上挖掘，就可以把"哈拉帕"的衰亡看成是几个因素相互作用的结果。首先是内部矛盾，即当时异常残酷的阶级剥削和阶级压迫。同时，由于人们对自然规律缺乏正确的认识，便出现了生态破坏、水土流失、河流改道和雨量减少等问题，这都给外族侵入以可乘之机，进而导致了文明的衰落。由此也不难看出，文明的衰落是个渐进的过程。

你知道"艾哈文化"之谜吗？

早在20世纪中叶，印度的一些考古学家在印度西部的拉贾斯坦邦发现了一处庞大的古人类文化遗址群，面积达1万平方公里。考古学家认为，约4500年前，一个叫作"艾哈"的古人群迁移到这里，他们不仅成了梅瓦及邻近地区最早的居民，还创造了"艾哈文化"。

考古学家发现，"艾哈人"有着氏族社会的文明特征。遗址群分为90个主要居住地，每处面积约500平方米，均用泥砖围成堡垒模样。后来，南亚的考古学界在印度发掘了规模宏大的"哈拉帕文化"遗址，其文明特征和艾哈文化几乎一致。人们据此相信，艾哈文化是哈拉帕文化的一个分支，并将考古和研究的重点转移到哈拉帕地区。

尽管如此，一些细心的考古学家仍对艾哈文化提出了疑问。从1994年开始，在美国考古学家的参与下，印度考古界沿着不同的地质层，对艾哈文化进行了更大规模的发掘。终于，人们有了惊人的发现：这些古人死时的年龄均在35至50岁之间，其中4具遗骸是在公元前2000—前1800年的红铜时代地质层发现的。更为惊奇的是，这些遗骸分明有着被火化过的痕迹，与哈拉帕文化的土葬习俗不同，最后一具出土的遗骸保持着类似印度教持定三昧的姿势。一些考古学家提出：难道艾哈文化和哈拉帕文化并非同宗？果真如此，二者又有何关系？考古学家在艾哈文化遗址，还发现了布满牛粪的痕迹，并发掘出大量雕刻有牛图形的文物。起初发掘的文物上刻的均是公牛图形，这也和印度人历来奉牛为神明的传统相吻合。但之后又发现了刻有母牛图形的文物，这使考古学家大惑不解。考古学家深入分析后认为，不管是公牛还是母牛，艾哈文化与以雅利安人为代表的印度人种的文化，都存在很多共同点，比如对牛的崇拜。但艾哈文化与哈拉帕文化不存在同源的特性，因为哈拉帕文化根本没有对雌性动物崇拜的现象。

随着考古研究的深入，谜底一一解开。人们确信艾哈文化是一种较哈拉帕文化历史更为久远的文化。艾哈人在制作陶器时，不仅技术更为精湛，而且运用了比哈拉帕文化的"黑色陶器"更丰富的红黑色彩绘手法。此外，艾哈人在建筑工艺上也采用了较为先进的烧砖。考古学家相信，哈拉帕文化处于鼎盛时期时，艾哈人从哈拉帕文化中学到了不少先进的技术和知识，从而推动了艾哈文化的发展。

考古学家研究发现，艾哈文化在历史上形成了以农业、畜牧业、狩猎和捕鱼为特色的混合经济模式，只是到公元前1800年前后，因为气候变化和自然灾难，艾哈文化才逐渐消亡。哈拉帕文化在同期也开始没落，这也是艾哈文化灭绝的一个因素。

谁建立了难陀王朝？

难陀王朝的建立者是摩诃帕德摩·难陀（意译为"大红莲难陀"）。难陀王朝约建立于公元前364年（也有说法为公元前346年或公元前424年），是统治摩揭陀王国的一个王朝，其首都为华氏城（今比哈尔邦巴特那）。在难陀王朝统治时期，摩揭陀王国统一了恒河中上游流域，初步具备了帝国的规模，并建立了庞大的军队，国力强盛，成为当时印度最强大的王国之一。然而，难陀王朝的统治并未持续太久，公元前324年（也有说法为公元前321年），难陀王朝被新兴的孔雀王朝所取代。

孔雀王朝是怎样兴盛起来的？

公元前6世纪初，北印度有16个奴隶制小国，其中，摩揭陀国最为强盛。然后，

印度栏楯上的孔雀装饰

该国不断向外扩张，一直延伸到了恒河流域。公元前4世纪末，摩揭陀国建立起了孔雀王朝，因其创建者旃陀罗笈多出身于一个饲养孔雀的家族而得名。

公元前327年，亚历山大大帝灭亡波斯帝国后，侵入印度西北部，并在旁遮普地区设立总督和军队进行统治。旃陀罗笈多趁机揭竿而起，最终建立了孔雀王朝。

旃陀罗笈多为孔雀王朝的开国打下了稳定基础，他赶走了希腊人在旁遮普的残余力量，并逐渐征服北印度的大部分地区。

孔雀王朝是一个君主专制的帝国，国王掌握各方面的最高权力，包括最高行政权、立法权、军事权和司法权等。国王手下有一批顾问和官员作为辅佐，负责地方事务、城市管理、军事等方面的工作。

孔雀王朝时期，农业是社会经济的基础。统治者对农业非常重视，采取一系列措施推动农业发展，如兴建水利工程、推广铁制农具、实行精耕细作等。此外，手工业和商业也得到了较大的发展，铁器制造业、造币业、纺织业等都有所进步。

孔雀王朝的军队是怎样的？

孔雀王朝能够在很短时间内接连取得军事上的胜利，并占领了大片地区，和它强大的军事力量是密不可分的。当时的军队力量包括：62万步兵、3万骑兵和9000只战象。军队共分为6个部门：船队、后勤、步兵、骑兵、战车和战象。由总司令掌管军事事务。为了方便进兵，当时的孔雀王朝还修筑了四通八达的驰道。

印度的"种姓制度"是怎么一回事？

约公元前1500年，一支讲印欧语的游牧民族打破了印度次大陆的平静，这就是雅利安人。他们首先占领了印度"五河流域"（今巴基斯坦和印度的旁遮普地区），而后征服了当地的土著民族达罗毗荼人，并逐渐向东扩大版图，征服了整个北印度。入侵印度后，雅利安人逐渐脱离了游牧的生活方式，过起了农业定居生活，并且形成了森严的等级制度——种姓制度。

"种姓"即等级，雅利安人是白种人，达罗毗荼人是黑种人，因此雅利安人就想通过种姓制度体现种族的分别，加强自己的统治。随着雅利安人内部的逐渐分化，各种社会地位被世世代代地固定下来，种姓制度逐渐超出了种族压迫的范畴，进而演变为一种社会分层制度。

种姓制度把人分为四个等级：婆罗门、刹帝利、吠舍和首陀罗。婆罗门是第一种姓，由雅利安人中的祭司阶层组成，他们世代职掌祈祷和祭祀，有时也参与政权，是古代印度的精神统治者；刹帝利作为军事贵族，是第二种姓，他们是古代印度的世俗统治者，国王大多出于这个阶层；其余雅利安自由民称为吠舍，是第三种姓，从事农、商、手工业；被征服的土著居民属第四种姓，称首陀罗，其中一些人是奴隶，他们的职责就是给上种姓人提供服务。种姓制度形成之初，只强调社会分工，还没有严格的限制。公元前4世纪以后，种姓制度走向成熟。四大种姓在理论上皆为职业世袭、内部联姻、排斥外人的社会集团。相互之间界限严明，不能通婚、共食、交往，礼仪上也有严格规定。后来，种姓间地位差距进一步拉大。

随着社会经济的发展，社会分工更加细致，在吠舍和首陀罗种姓中出现了许多职业团体，并演化成独立集团，史称"迦提"，这也是种姓制度复杂化的标志。迦提的地位有高低之别，但大多属于被压迫阶层，其中的旃陀罗被称为"不可接触者"阶层，或叫贱民。他们被认为出生自地下，因此为不洁和有罪之人。他们不能用公共水井，不能入庙，不能在大路上行走，只能居住在与世隔绝的村庄或城镇外面的住房里，只可以使用他们自己的"资源"。他们说话的时候，必须言语谨慎，以防玷污到那些贵族。最为极端的方式，竟然是他们不可进入后者的视线。他们从事的行业，注定要与那些不洁之物永远勾连在一起，比如猎人、捕鱼人、屠夫、刽子手，或是掘墓人、承办丧葬者、制革工人、皮革工人、清道夫等。

古印度的种姓制度和贱民歧视，在整个印度历史上都有重大的影响。

阿育王是怎样基本统一南亚次大陆的？

阿育王（又称无忧王，约公元前303—前232年），印度孔雀王朝的第三代君主，频头婆罗王之子，是印度历史上著名的君王。

阿育王即位后，开始向外扩张，首先征服了湿婆萨国等地。阿育王最著名的军事行动是对羯陵伽的远征。羯陵伽是孟加拉湾沿岸的一个强国，拥有强大的军事和经济实力。阿育王在约公元前262年向羯陵伽大举进犯，最终征服了这个国家。这场战争规模巨大，据称牺牲了数十万人。通过领土扩张，除了半岛极南端的一部分地区外，整个南亚次大陆基本上归入了孔雀帝国的版图。而阿育王在征服羯陵伽后也深刻反思了战争的残酷性，并转而采取和平政策。

戒日王是怎样统治印度北部的？

戒日王是印度戒日王朝的建立者。自笈多王朝在白匈奴人打击下瓦解之后，印度又恢复了四分五裂的局面。在戒日王15岁的时候，国内政局发生了大变动，国外势力也不断进犯。此时已是606年，戒日王在重臣婆尼为首的群臣拥立下继承了王位，随即以倾国之力进攻曲女城。取得一系列胜利之后，戒日王更加英勇，在婆尼的辅助下，他在战争中取得了更大的胜利，赶跑了两个敌国军队，恢复了穆里克国。612年，戒日王任国王，迁都曲女城。

第一次征伐的胜利给了戒日王无穷的力量，此后，他建立了象、车、马、步四大兵种，以此为基础，开始了轰轰烈烈的统一印度的战争。东北印度的迦摩缕波王国和西印度的伐腊比王国先后承认了戒日王朝的宗主权，而宿敌高达王国则进行了顽强的抵抗。637年后，戒日王控制了这个地区。到戒日王去世之时，其帝国版图囊括除古吉拉特和西旁遮普之外的北印度地区，成为继孔雀王朝、笈多王朝之后又一个基本统一北印度的政权。

《摩奴法论》是一本什么样的法典？

《摩奴法论》是印度教伦理规范的权威法典。作者摩奴托名于传说中的人类始祖。全书分12章。前半部分以婆罗门为主要对象论述印度教徒一生4个阶段的行为规范；后半部分重点论述国王的行为规范及国家的职能，主要讲占全书四分之一篇幅的18个法律。当中的内容涉及个人、家庭和国家生活的方方面面，诸如礼仪、习俗、教育、道德、法律、宗教、哲学、政治、经济，乃至军事和外交，等等。《摩奴法论》一度是印度教社会的法制权威，对现代印度的社会生活仍然具有广泛而深刻的影响，近现代各国学者也把它当作研究古今印度社会的基本文献。

爱琴文明

什么是爱琴文明？

爱琴文明，又称克里特-迈锡尼文明，是发源于爱琴海一带的古代文明。它以克里特岛和希腊地区的迈锡尼为核心，后来传播到了希腊半岛和小亚细亚地区。

欧洲南部的希腊半岛，东邻爱琴海。这里层峦叠嶂，海岸线蜿蜒，海上岛屿星罗棋布，克里特岛就是其中的一个大岛。相传在远古时期，这里由一个叫米诺斯的国王统治。他修建了富丽堂皇的王宫，里面的通道错综复杂，暗藏玄机。19世纪的考古发掘证明，这并非神话。公元前2000年左右，爱琴文明发祥于克里特岛，后来文明中心移至希腊半岛，出现迈锡尼文明。爱琴文明是克里特岛文明和迈锡尼文明的合称，历时约800年，是古希腊文明的开端。

克里特文明有什么特点？

克里特文明是爱琴文明的开始。克里特最早的新石器文化遗址约始于公元前6000年，以后发展较平稳，居民多居于洞穴内。公元前2500年后，铜器、青铜器逐渐增多，匕首占了很大比例。手工业生产的发展导致进一步的劳动分工、商品交换和社会分化。从大量的私人印章、豪华的金银首饰和东克里特发现的大型L形建筑来看，在公元前2000年左右，私有制和贫富分化已相当发达。

克里特文明深受西亚和埃及的影响，但不是对外来文化的复制和模仿，而是在吸收借鉴的基础上形成自己的风格。约公元前2000年，克里特出现了最早的国家。

克里特文明的最大特征是宫殿的修筑，每个城市国家多围绕王宫而形成，宫廷是国家的经济、政治和文化的中心。

为什么会出现迈锡尼文明？

公元前2000年代后期，在希腊半岛的迈锡尼、泰伦斯和派罗斯等地出现了十分发达的青铜器文化，并且产生了奴隶制国家。其中迈锡尼的发展最为迅速，因此称之为迈锡尼文明。迈锡尼文明的创造者是亚加亚人。他们在公元前1650年前后或者更早，从巴尔干半岛北部南下从而进入希腊半岛中部和南部。

迈锡尼的文化中心，位于伯罗奔尼撒半岛，影响远达爱琴诸岛和小亚细亚，还有地中海西部的意大利，其中最著名的遗址是阿伽门农王的城堡迈锡尼。公元前1500年左右，在迈锡尼形成了奴隶制国家。在这一时期迈锡尼有了进一步的发展。公元前16世纪起，迈锡尼和克里特一直有相当激烈的竞争。直到公元前1450年左右，迈锡尼人渡海占领克里特岛额诺萨斯，从而获得最后的胜利。

迈锡尼文明的代表是什么？

华菲奥金杯是迈锡尼文明的代表，出土于希腊南部斯巴达附近的华菲奥村。金杯共有两个，外壁的浮雕呈环形，精美异常，引人注目。其中的一只金杯表现的是用绳网捕捉野牛的场面：一只野牛被绳网套住，一只跳跃着脱网而逃，还有一只被激怒的野牛用牛角撞倒两个猎人，具有强烈的节奏感，画面周围还有枝蔓和绳索的装饰物。而另一只金杯充满了和平的气氛，仿佛是故事的延续，表现了在人与牛的战斗中，最终还是人取得了胜利的事实。

特洛伊战争爆发的背景是什么？

公元前12世纪前后，在小亚细亚西北部，曾经爆发了一场长达10年的大战，也就是"特洛伊战争"。

《荷马史诗》记录了这场战争的经过：一次，特洛伊王子帕里斯渡海到斯巴达做客，正好赶上斯巴达王麦涅拉俄斯外出奔丧，王后海伦接待了他。海伦美艳动人，深深打动了帕里斯，帕里斯想尽了各种办法带走了海伦。麦涅拉俄斯闻讯赶回，但已经追不上了。他向自己的哥哥迈锡尼王阿伽门农求援，阿伽门农号令希腊盟友，组成一支拥有1186艘战舰和10万大军的联军，直奔特洛伊城下。就这样，特洛伊战争便爆发了。

什么是僭主政治？

僭主，指的是不合法的政权篡夺者。僭主政治是指用武力夺取政权而建立的个人独裁统治。公元前7世纪至前6世纪，希腊各城邦普遍实行这种政权形式。僭主在位期间，为了稳定社会秩序，巩固统治地位，一般都会实行专制独裁，与此同时，统治者还会实行鼓励工商业发展和奖掖文化的政策。早期希腊的僭主政治对于肃清氏族制度的残余起到了积极的作用，但这种政治形式在激荡的政治斗争潮流中却往往不能久存。

你知道德拉古的血腥立法吗？

公元前621年，雅典的执政官德拉古，对现行习惯法加以编纂，颁布了第一部成文法。德拉古法原文曾经在公元前409年重行石刻，但传世的碑文已经残缺不齐，只剩下了有关杀人行为的法律片段。

德拉古法以广泛采用重刑著称于世。例如，偷盗、纵火、故意杀人等罪同处死刑，即使是偷了蔬菜、水果也要处死。可笑的是，连某一无生命物倒塌压死人，也要将其"法办"。曾有人提出了这样的疑问："为何罪无大小，都一律处死呢？"德拉古回答："轻罪已值得这样处罚，至于重罪则想不出另外有什么刑罚了。"古希腊历史学家普鲁塔克曾经说："德拉古的法律不是用墨水写成的，而是用血写成的。"

梭伦是怎样进行改革的？

在希腊半岛上有200多个奴隶制城邦国家，其中最为著名的当数雅典。

当时，雅典的公民主要分为两大类：贵族和平民，其余的就是奴隶及异乡人。贵族享有特权，他们掌握着国家的最高统治权，并且占据着大量土地，还拥有经营商业及放高利贷的权力。对于大多数的平民来说，他们只能享有一小部分的土地。这就使得贵族和平民的矛盾日益尖锐。

公元前594年，梭伦出任执政官，他深知下层百姓的疾苦，于是就进行了一系列的改革，内容如下：

经济上，废除债务奴隶制，保护平民地位，鼓励发展工商业，稳定平民。

政治上，按照财产多寡划分四等级，改变出身定权利。公民大会权力最高，四百人会议打破贵族权垄断，平民直接管国事，为政治民主进一步开辟了道路。

梭伦改革的意义是什么？

梭伦改革是一场奴隶主贵族推行的平民改革，它促进了经济的繁荣发展，奠定了民主政治的基础（阶级结构、平民权利、权力划分、中庸和谐），在一定程度上缓和了社会矛盾。同时，它也有一定的局限性：财产与权力对应、中庸原则难彻底。不管怎样，雅典的国家政治基础因此而扩大，梭伦也因此被誉为古希腊"七贤"之一。

古希腊人的住房有什么特点？

古希腊人的房屋相当简陋，即使是富人也可能居住在土坯的大房子里。他们的屋子由四面墙和一个屋顶组成，有一扇通往街道的门，但没有窗户。厨房、起居室、卧室环绕着一个露天庭院，庭院里有一座喷泉或有一些小型雕塑，此外还有几株植物，给人以宽敞明亮、欣欣向荣的感觉。如果不下雨或者天气不太冷，一家人就生活在庭院里。在院子的一角，可能有厨师（是奴隶）在烹调食物；院子的另一角，则有家庭教师（也是奴隶）在教孩子们背诵希腊字母和乘法表；而另外一个角落，屋子的女主人和裁缝（也是奴隶）在为男主人缝补外套。女主人少有出门，因为在古希腊，一个已婚妇女经常出现在大街上，会被人们看作是不体面的事情。

古希腊人有怎样的饮食习惯？

公元前8世纪，希腊人的饮食很简单，他们不会花太多的时间去做饭。他们似乎把饮食当成一件无法避免的罪恶，不像娱乐，既能打发无聊的时光，又能使人愉悦心情。他们主要吃面包，喝葡萄酒，然后再加少许的肉类和蔬菜。只在没有别的饮料可喝时，古希腊人才会饮水，因为他们认为喝水不利于健康。他们喜欢和朋友一起进餐，然而他们又不喜欢像在现代家宴上那样纵情狂欢地吃喝，他们更喜欢那种欢聚一堂的感觉，可以进行更风趣的交谈，品味美酒和饮料。同时，他们也懂得节制的美德，喝得酩酊大醉会遭到别人的蔑视。

雅典海上同盟是怎么回事？

公元前478年底至前477年初，雅典组织中希腊、爱琴诸岛和小亚细亚的一些城邦形成同盟。它的目的原是继续对付波斯联合作战。最初入盟之邦有35个，后来成员越来越多，最后达到了约250个邦，几乎囊括了全部爱琴海和小亚细亚的城邦，这个同盟的军事外交都得听从雅典的指挥，实际上是雅典施行霸权的工具，亦称"雅典海上同盟"。雅典自组成海上同盟后，逐步加强了对同盟国的控制，发展其海上霸权。

什么是陶片放逐法？

陶片放逐法（亦称陶片流放法）是公元前5世纪雅典等若干古希腊城邦所实施的一项独特的政治法律制度。这种方法就是我们现在所说的公民投票法，它起源于民主领袖对独裁统治的恐惧。

陶片放逐法的主要内容是：每年春季召开一次非常的公民大会，用口头表决是否要举行陶片放逐，也就是说，就是看在公民之中是否存在危害公民自由的人。假如指出了其人，便再召开第二次公民大会，那时候每个公民便在陶片上写下他认为危害公民自由的人的名字。如果写有同一个人名的陶片数量超过6000个就表示多数通过。于是，那个被大多数投票判决有罪的人便离开雅典的国境，为期约10年。放逐期间不牵连家属并保留被放逐者的财产，期满之后他便可以再回到雅典来，同时也可以恢复他以前的一切公民权利。

陶片放逐制度设立的最初目的是对付政治上掌握大权并且意图恢复建立僭主政治的雅典政客。也有人认为这种方法是针对那些滥用权力、危害国家利益、侵犯公民权利的官员而实施的。

在古希腊乃至整个世界历史上，陶片放逐法都占据着重要地位。它是防止那种可能使雅典陷于党争并摧毁其国家的一个安全阀门，它的实施对当时雅典政治家的野心产生过相当的震慑作用。后来西方民主下的弹劾制度也与其有着紧密的联系。

谁领导雅典进入"黄金时代"？

伯里克利是古希腊奴隶主民主政治的杰

出代表。在他的领导下，雅典迎来了"黄金时代"。

伯里克利出身名门，是赞瑟珀斯的儿子，良好的成长环境和教育使他具备很多优点。在政治、音乐和文学方面，伯里克利都受过很好的训练。他沉着冷静、擅长演说、刚正不阿，具备了一个优秀政治家的品格。

当看到奴隶主贵族的统治已经不适应商品经济发展的时候，伯里克利就加入了雅典的人民党派。他给陪审员调整了报酬，还劝说政府每年给公民提供一定的福利，作为他们参观庆典节日中戏剧演出和运动会的报酬，这就大大扩展了平民的权利。伯里克利还通过建设大型的公共工程给失业者提供工作。为了让首都雅典成为希腊文化的王冠，伯里克利想以更大的规模重建这个古时圣地。他说服议会，将提洛同盟聚集的财富运到雅典，还用其中的一些基金，将首都装饰一新。在雅典，经济增长的刺激、自由民主统治以及开明的领导者，共同促成了雅典的黄金时代。

伯里克利时代的经济文化发展是怎样的？

公元前427年，伯里克利进入黑海，不仅完全控制了爱琴海，而且还在黑海扩张势力，和色雷斯、小亚细亚、北非和西部地中海地区建立了广泛的商业联系。他大力发展文化事业，大兴土木，装饰雅典，修建雄伟壮丽的帕特农神庙、忒修斯雕像和雅典卫城正门。公元前5世纪中期，希腊的政治、经济和文化发展达到了鼎盛，为后来的西方文明奠定了基础。

当年雅典的瘟疫是怎样的？

雅典的瘟疫发生在2400多年前，这一次的疾病几乎摧毁了整个城市。

在一年多的时间里，雅典的市民都生活在噩梦中：身体健壮的年轻人忽然发起了高烧，咽喉和舌头充血，并且散发着令人窒息的恶臭；不幸的患者喷嚏不断，声音嘶哑，强烈的咳嗽让他们胸部疼痛。然而，大家对于这场灾难没有任何办法，因为即使是药物都无济于事。恐慌面前，人们选择了放纵的生活方式，没有什么比现时的享乐更能使他们逃避现实的恐惧。于是，雅典城因为人们的绝望而土崩瓦解。

而这一切，都被一位灾难的幸存者看在眼里，他把这一切记录了下来，这个人就是修昔底德，瘟疫的编年史也就此打开。

对这种索命的疾病，人们唯恐避之不及，然而希腊北边马其顿王国的一位御医，却冒着生命危险前往雅典救治。他一面调查疫情，一面探寻病因及解救方法。不久，他发现全城只有一种人没有染上瘟疫，就是每天和火打交道的铁匠。他由此设想，或许火可以防疫，于是他就在全城各处燃起火堆来扑灭瘟疫。

虽然雅典城从此失去了往日的辉煌，但是雅典人还是一代一代地活了下来。

谁奠定了斯巴达国家的基础？

伯罗奔尼撒半岛位于巴尔干半岛的南端。大约在公元前2000年，一批由亚加亚人组成的希腊部落来到了伯罗奔尼撒。公元前1100年左右，另一批由多利亚人组成的希腊部落进入拉哥尼亚地区。公元前10世纪至前9世纪，5个多利亚人村落组成了新政治中心——斯巴达城，后来他们逐渐被人们称为斯巴达人。他们的势力逐渐强大，开始向周边地区扩张。公元前9世纪中叶，斯巴达人征服了美塞尼亚，然后又征服了希洛斯城。再后来，斯巴达人建立了斯巴达国家。

但是斯巴达国家的基础并不牢固，这时一个名叫来库古的政治家登上了斯巴达的历史舞台，并着手进行了一系列改革。来库古当政后进行了立法：斯巴达国家设立两位国王，他们和元老院共同执掌政权。另外，斯巴达人家庭分得的份地，由作为奴隶的希洛人来为他们耕种。史料记载，斯巴达的政治体制、立法制度、份地制度、教育制度、共餐制度以至社会生活方式的许多规定，几乎都是来库古规定的。因此，许多古希腊历史学家认为，斯巴达的国家基础就是来库古奠定的。

斯巴达人为何勇猛无比？

斯巴达人的勇猛在历史上是有名的，这主要是由于对男性公民的独特培养。

斯巴达的男性公民一出生就要过两道生死关：首先，母亲用烈酒给婴儿洗澡，如果他抽风或失去知觉，就证明他体质不坚强，任他死去；其次，抱到长老那里接受检查，如果长老认为他不健康，就将其弃之荒野。幼儿阶段，母亲要训练孩子不怕黑暗、不怕孤独、不计较食物、不啼哭喧闹。男孩7岁开始过集体生活，12岁起不许穿内衣，1年之内只能穿1件外衣，无论冬夏只能赤手光足。晚上必须睡在自己编制的草垫上。斯巴达少年从小就要锻炼忍受肉体痛苦、饥饿、寒冷、黑暗和孤独的能力。他们没必要学习过多的字，只要会记名姓、传军令即可。青年男子到20岁时，便正式成为军人。

这样，在当时希腊的各个城邦中，斯巴达军队就显示出了非同一般的战斗力。

希腊方阵是如何作战的？

无论中外，在古代的战争中都出现了列阵而战的步兵战术，即"阵"。真正意义上的方阵是希腊人仿效西亚人的实践而创造的一种8人并列的全副武装的步兵纵队战术，至公元前7世纪已推广到整个希腊。

在希腊，每个自由民必须参加重甲步兵，从事作战（奴隶和外邦人则从事仆役工作）。方阵战士装备有：一个圆盾牌，一副盔甲，两个胫甲，一柄长矛和一把双刃剑。方阵是密集队形，仅分中部和两翼，在笛声中齐步前进。一旦发出战争召唤，公民们便收拾好自己的装备，进入方阵，各就各位。荣誉地位最高的在第一排；荣誉地位最低的在最后一排。典型的打法是：两方方阵相向前进，直到交战，因此，要保持队形，必须有自由民的纪律和强壮的体力。为了避免方阵通过起伏地时有走乱的现象，战争一般在平地上进行。但是想增大机动性是不可能的，因为速度一快，队伍会散乱。另外，方阵作战的另外一个原因就是希腊的地形不适于骑马。

方阵的优点在于，其队形密集稳固，整个阵容犹如一堵布满长矛的墙，既能实施强有力的正面突击，又能有效地抗击敌人的冲锋。虽然方阵的最大弱点是受地形限制较大，缺乏机动性和灵活性，但是在战术上，它仍取得了巨大的进步，比起之前的蛮力的对抗，的确是多了几分智慧。

马拉松战役是怎么回事？

公元前490年，波斯大军横渡爱琴海，在雅典郊外的马拉松平原登陆。处境险恶的雅典，一面紧密动员，加强戒备，一面派当时的长跑能手菲利彼得斯日夜兼程赶往斯巴达城邦求助。但斯巴达人却找各种借口拒绝了雅典的请求。斯巴达人不出兵的消息并没有使雅典人丧失斗志，雅典统帅米太亚得在分析了敌强我弱的客观情况后，雅典全军出动至马拉松，在战斗中运用了巧妙的队形：军队排列成长方阵，主力集中于两翼。两军接触后，力量较弱的雅典中军在波斯军的压力下向后退却，而两翼迅速突袭波斯军的弓箭队伍，击退了波斯的两翼。一时间，波斯军大乱，全线溃败。雅典取得了胜利，马拉松战役成为历史上以少胜多的著名战役。

萨拉米海战是怎么回事？

波斯军攻占温泉关后，长驱直入希腊，占领雅典。公元前480年9月20日，希腊和波斯的海军在萨拉米湾展开决战，希腊海军重创波斯舰队。这样，战役就起了根本变化。希腊人乘胜追击，进一步解放爱琴海上和小亚细亚沿岸的希腊城邦，使得整个希腊摆脱了波斯的统治。公元前449年，波斯同意缔结和约，承认小亚细亚各希腊城邦的独立，于是希波战争正式宣告结束。

你知道伯罗奔尼撒战争吗？

伯罗奔尼撒战争是以雅典为首的提洛同盟和以斯巴达为首的伯罗奔尼撒联盟之间的一场战争。这场战争从公元前431年一直持续到公元前404年，中途双方几度停战，最后斯巴达获胜。几乎所有希腊的城邦都参加了这场战争，其战场几乎涉及了整个当时希腊语世界，有人将这次战争称为古代世界大战。这场战争结束了雅典的经典时代，结束了希腊的民主时代，强烈地改变了希腊的国家。

此次战争对古代希腊和历史学本身都产生了重要的影响，它深刻地影响了希腊，对整个人类社会具有积极的作用。

谁刺杀了腓力二世？

腓力二世（公元前382—前336年），马其顿国王，亚历山大之父。即位后施行币制和军事改革，政治上采用四处扩张政策，占领爱琴海北岸一带，继而南侵希腊，公元前338年取得希腊领导权。在准备进攻波斯期间被刺杀身亡。

一种观点认为，刺杀腓力二世的是马其顿贵族，因为腓力的中央集权政策损害了他们的利益，也有人怀疑波斯人也参与了这个阴谋，他们想杀害腓力来阻止远征波斯战争的进行。

美国学者富勒认为腓力的前妻奥林匹娅斯有很大的嫌疑。因为阿塔拉斯的侄女克罗巴特拉有惊人的美色，腓力二世决心舍弃奥林匹娅斯而立她为王后，这样也就会影响到亚历山大的继承权。

古希腊史学家普鲁塔克则怀疑亚历山大与此事有直接的关系。他还认为刺杀腓力二世的罪行最主要应该归咎于奥林匹娅斯，她被说成是鼓动并激励那愤怒的青年（亚历山大）去复仇的指使者。

马其顿是如何灭掉波斯的？

公元前336年，马其顿王腓力二世遇刺身亡，其子亚历山大继承王位，当时他年仅20岁。他决心继承父业，完成其称霸世界的宏图伟业。

亚历山大才智过人，骁勇善战。他继承王位之后，就着手仿效希腊人的制度，在政治、军事上进行改革，以此来削弱氏族贵族的势力，加强君主的权力；改革货币，奖励发展工商业；最重要的是军事改革，他创立了包括步兵、骑兵和海军在内的马其顿常备军，将步兵组成密集、纵深的作战队形，号称马其顿方阵。通过这一系列的改革，马其顿的军事实力日益壮大，随后便根据其父的战略计划，试图放开手脚攫取东方的财富。

公元前334年春，亚历山大率领马其顿及希腊各邦的联军，进军波斯。当时的波斯帝国十分衰弱，大流士三世昏庸无能，政治腐败，内部矛盾重重。亚历山大以快速的攻势轻易地征服了小亚细亚半岛。公元前333年，亚历山大的军队在伊苏斯大败波斯军队，波斯国王大流士三世落荒而逃，王室眷属被俘，损失步兵、骑兵约10万人，辎重尽失。

公元前332年，亚历山大又挥师南下，沿地中海东岸前进，攻占叙利亚，之后又进入埃及，被埃及祭司宣布为"阿蒙神（埃及太阳神）之子"，他自封为法老。联军在尼罗河口兴建亚历山大城，该城由亚历山大亲自勘察设计，作为继续东征的战略大后方。

公元前331年春，亚历山大回师西亚，寻波斯军主力决战。10月初，在底格里斯河东岸的高加米拉以西与波斯军主力对阵。亚历山大以不足5万的骑兵，将号称百万且配备战车、战象的波斯大军彻底击溃。大流士三世仓皇出逃,后被部将所杀,波斯帝国就此覆灭。

随后,马其顿军队征服了波斯的全部领土,一个横跨欧、亚、非三洲的亚历山大帝国建立起来了。

波斯王宫是如何被烧毁的?

有文字记载说,波斯的王宫雄伟辉煌,但很可惜毁于大火。

一般认为波斯波利斯王宫是马其顿国王亚历山大的军队毁灭的。公元前330年后,亚历山大一举击败大流士三世的军队,继而东进,迅速占领了巴比伦、苏撒和波斯波利斯。亚历山大洗劫了波斯波利斯的王宫,掠得12万塔兰特(古希腊货币单位)的财宝。还有的人认为亚历山大烧毁波斯王宫是为了报复。"波斯人在雅典曾大肆破坏,烧毁庙宇,对希腊人干下了数不清的残暴罪行。现在要叫他赔偿,以示惩罚。"这是古希腊史家阿里安在《亚历山大远征记》中的记述。

其实,亚历山大烧毁波斯王宫也有另外的版本。普鲁塔克在《希腊罗马名人传》中说,亚历山大在一次庆功宴上几乎喝得不省人事,他旁边的雅典名妓泰绮思开玩笑说,愿不愿意放一把火把波斯王宫烧掉?亚历山大当时酒醉冲动,真的就放起火来了,事后他非常后悔。古希腊史家狄阿多拉斯·冠提斯也认为,波斯王宫的毁灭就是因为那位雅典名妓的挑逗。

不管怎么说,波斯波利斯壮丽巍峨的王宫被焚是世界文明的损失。

亚历山大远征印度为何失败?

在征服波斯后,亚历山大显然有点洋洋自得,他不顾将士们的反对,执意进军印度。在印度西北部,他击败印度王公的联军,并计划继续向恒河流域进军。由于将士们常年在外征战,已经十分疲惫,有了返回故乡的想法。在他们看来,从波斯、埃及、巴比伦和印度的印度河流域所夺取的财富,可以供他们享受一辈子,而亚历山大却不这样认为。他自诩是阿喀琉斯的后代,必须完成征服东方的使命。但是,亚历山大发现,自己的威信正在日渐减弱,以前听话的将士们,都不买他的账。亚历山大软硬兼施都无济于事。他感到无助、失望和迷茫,整整三天,他都躲在帐篷里不愿出来。后来,他终于做出了撤退的决定,仅留一部分人驻守在战略要地。亚历山大的军队分两路撤退:一路由海军将领涅阿尔霍斯率领,从海上撤退;一路他自己亲自率领,从陆路撤退。公元前324年初,两路军队在巴比伦境内的奥波斯城再度会合。至此,为期10年的亚历山大东征结束,当年追随亚历山大东征的精兵强将也已所剩无几。

奥林匹克运动是怎么来的?

在古代希腊神话传说里,居住在奥林匹斯山上的天神宙斯主宰着天地万物。希腊人为了表达对宙斯的尊崇,在伯罗奔尼撒半岛西部的奥林匹亚举行盛大的祭祀,同时还要进行短跑竞赛活动。到公元前776年时,希腊规定每隔4年在奥林匹亚举行一次竞技大会,也就是运动会,这就是奥林匹克运动会(简称奥运会)的雏形。

实际上,奥运会的起源还和古希腊的社会情况有密切的关系。公元前9世纪至前8世纪,希腊氏族社会逐步瓦解,城邦制的奴隶社会逐渐形成,200多个城邦之间硝烟不断。而体育作为培养能征善战士兵的有力手段,也有了长足发展的空间。后来,斯巴达王和伊利斯王签订了"神圣休战月"条约。条约规定,奥林匹亚是神圣的无战争区,任何人不得将战火引入奥林匹亚;奥运会举行期间,所有作战方必须实行休战,如果违背了原则,就视为对神的背叛,各城邦均有权对背叛者进行制裁。于是,原本为准备兵源的军事训练和体育竞技,逐渐变为和平与友谊的运动会。

古代罗马

罗马在传播希腊文明中有怎样的作用？

罗马对后世发展的最重要的贡献是把希腊文明传到了欧洲西部。在罗马人到来之前，欧洲西北部（现今的法国、比利时、荷兰、卢森堡、德国西部和南部以及英格兰）的文化以部落为基础。正是罗马带来了城市生活的希腊思想，特别是随着高度分工的城市生活而来的人类自由和个人人身自由的概念才使得希腊文明得以传播。罗马历史是西方历史真正的开端。

什么是罗马王政时代？

罗马王政时代，即古罗马在公元前753时期或年至前509年这一时期，也称为罗马王国时期或伊特鲁里亚时期。它是罗马从原始社会的公社制度向国家制度过渡时期，当时的古罗马还未形成强大的帝国，不过是个微不足道的小镇，没有建立共和国，是一个传统的君主制国家。

古罗马的庇护制是一种什么制度？

"庇护制"是古代罗马的一种人身依附制度，约起源于公元前7世纪的"王政时代"。当时，随着氏族内部分化的加剧，一些贫困破产的氏族成员便依附于氏族贵族的门下，成为贵族的被保护人，而贵族成为保护人。被保护人与保护人的关系是世袭的。前者多为贫穷破产及无公民权者，托庇于后者门下，领取份地并为之服役。后者是有财势的贵族，对前者负"保护"之责。保护人通常拥有大批被保护人，作为猎取利禄的工具。帝国时代，尤其是3世纪以后，这种庇护制逐渐流行起来。随着奴隶制危机的加深，贫苦农民在捐税繁重、官府欺压、社会动乱的情况下难以维持独立经济，于是纷纷把土地献给大土地所有者，求得庇护。被庇护者虽失去自由，为庇护者服役，却可以终身使用原来的土地，免受国家税吏的欺凌。

罗马人为何尚武？

古罗马人的血液里果真掺入了狼性的成分吗？他们真的传承了战神的秉性吗？后世的人可能无法理解古罗马人为什么"嗜血成性"。

建城之初，罗马不过是一个巴掌大的小邦，罗马人感觉到自己在这个小国上不能自由自在地生活的时候，他们便有了更加强烈的生存意识。面对眼前凶悍的敌人，他们不得不学会用武力保护自己。

其实，罗马人从小就以弓马为游戏，学习骑马射箭掷标枪，因为他们有生存本能的驱使。也正因为此，使得他们对外扩张一发不可收，以至于整部罗马共和国史，成了一部没完没了的战争史。

就这样，罗马人一直都热衷于战争，尤其当后来国土越来越扩大，战场越来越远，战争持续时间越来越长的时候，他们俨然是征战疆场的专业军人。不管怎样，罗马之所以从一个名不见经传的小国发展成为世界性的大国，在很大程度上都是受益于罗马人的尚武精神，这一点是毋庸置疑的。

罗马共和国是怎样建立的？

公元前510年，罗马人驱逐了国王卢修

斯·塔克文·苏佩布,从而结束了罗马王政时代,建立了罗马共和国。国家由元老院、执政官、部族会议三权分立。贵族组成了掌握国家实权的元老院。执政官由百人队会议从贵族中选举产生,行使最高行政权力。部族大会由平民和贵族构成。

驱逐国王后的最初十六年,罗马陷入了长期的混乱之中。公元前494年,当时罗马同邻近部落发生战争,而罗马平民拒绝作战,带武器离开罗马。在这种情形下,贵族被迫承认了平民选举保民官和召开平民大会的权利。平民所选的保民官,负责保护平民的权利不受贵族侵犯。

公元前454年,罗马成立了一个十人立法委员会,由贵族和平民构成。公元前451年,十人立法委员会颁布了"十二铜表法",标志了罗马法的诞生。公元前367年,《李奇尼亚·塞克斯提亚法》规定每年必须有一位执政官由平民担任。公元前326年,取消了债务奴隶制。

刚建国时,罗马只是一个小国家。自公元前5世纪初开始,罗马先后战胜拉丁同盟中的一些城市和伊特鲁里亚人等近邻,成为地中海西部的大国。

罗马元老院是怎样的?

早在公元前6世纪罗马共和国建立时,元老院就产生了,以后就一直维持到罗马帝国灭亡。

在古罗马时期,元老院是兼有立法和管理权的国家机关,最初为氏族长者会议。共和时期,前任国家长官等其他大奴隶主也进入元老院。元老院有权批准、认可法律,并通过执政官掌管财政外交,统辖行省和实施重大宗教措施等,还有权给行政长官们分配任务、扩大其职能。帝国时期,政权日益集中于皇帝,元老院实权日益削弱,已失去其原来的统治地位,但仍然是贵族统治的支柱。到580年,罗马元老院被取消。

罗马时代的保民官是什么?

保民官是古罗马时期维护平民利益的一种特殊官职,产生于公元前5世纪初平民第一次分离运动获胜之后。保民官从平民会议中选出,最初为2人,后来增至10人。保民官人身不受侵犯,享有一种特殊权力——否决权。除独裁官外,对其他任何高级长官的决定,只要违背平民利益,都有权予以否决。但其权力只限于罗马的城区和近郊。保民官在罗马共和国时代的平民反对贵族的斗争中曾发挥过一定的作用,到了帝国时代,基本上没什么实质性的作用了。

古罗马"十二铜表法"是如何产生的?

公元前509年,罗马开始了共和时代,但是,真正的实权还是掌握在贵族手中。因此在罗马共和国建立之初,平民与贵族的斗争就不断进行。经过一系列的争斗,平民最后赢得了选举保民官的权利。这些保民官代表平民的利益,所以,当执政院的执政官违反了平民的意愿,保民官有权否决。

罗马最初实行的法律就是"习惯法",法律的解释权和司法权就掌握在贵族的手里。公元前454年,罗马元老院才决定将其定为成文的法律。此后,罗马诞生了第一部成文的法典,法典被刻在12块铜板上,因而被称为"十二铜表法"。后来,"十二铜表法"也成为欧洲大陆各法系的渊源。

什么是伊达拉里亚文明?

公元前800年,伊达拉里亚进入意大利半岛。到公元前7世纪时,伊达拉里亚的一些主要城市已经建立起来,农业和手工业也相当发达。公元前6世纪是伊达拉里亚的全盛时期,他们曾向外扩张势力,征服了罗马,建立起塔克文王朝的统治。伊达拉里亚人吸收古代东方国家和希腊文化,在当时创造了较高的文明，还在意大利进行传播，对罗马的文明影响重大。

罗马军团的战术有何优越之处？

罗马人之所以被冠以"伟大"的称号，首先是因为他们缔造了一个伟大的帝国。如果没有这个伟大的帝国，那么他们所有的伟大便无从谈起了。罗马之所以能建立伟大的帝国，其中一个主要的原因在于它拥有战无不胜的罗马军团。

罗马人是组成军团打仗的，他们的军团主要由三个战列组成：第一列是青年兵，也被称为"枪兵"，因为他们的武器一律是长枪。第二列是壮年兵，又称"主力兵"，是军团的核心。第三列则是"后备兵"，由老兵组成。此外，每个军团还配有其他一些轻装附属战斗部队和一定数量的骑兵，整个军团的人数约五千人。战斗中，先由附属轻装兵出击，以弓箭、投枪等攻击敌人，接着由第一列枪兵用重投枪发动第二波进攻。若枪兵进攻不果，则立即退入第二战列主力兵中间，由主力兵再进行第三波打击。军团的第三战列，即后备兵，一般是无须投入战斗的。若主力兵进攻失败，旗手就会用摇动旗帜的方法示意，给后备兵发出攻击信号。后者得令后迅即接纳枪兵和主力兵进入战列间隔，便可以投入战斗。由此便产生了罗马的一个谚语"事情发展到了后备兵"，用来表示形势已经到了很危急的关头。

上述罗马军团战术组织的优越性，在于可以向敌人发起连续不断的攻击，把攻击和防御都结合起来，就能进退自如了。

什么是朱里亚·克劳狄王朝？

朱里亚·克劳狄是早期罗马帝国的第一个王朝，从提比略开始，历经了四帝。提比略的统治基本上延续了屋大维的统治政策。克劳狄是这个王朝比较有作为的皇帝。在其统治时期，他把元首的皇家办事机构（管理皇室地产、金库、税收等）初步建成了一套官僚体系，对外则继续扩张，征服了非洲西北部的毛里塔尼亚和不列颠的南部。68年，人民起义推翻了尼禄的暴政，克劳狄王朝宣告结束。

罗马帝国的元首顾问会是怎么回事？

罗马帝国创建者奥古斯都为强化其个人的统治地位，设立了由效忠于元首的15名元老、2名执政官和亲属组成的20人委员会，为其决策起咨询的作用，但当时还未有固定的组织形式。这便是元首顾问会的前身。奥古斯都的继承者提比略统治时（14—37年），把元首顾问会变为较固定的机构，经常处理重要的案件，权力也逐渐增大。到哈德良统治的时候（117—138年），元首顾问会最终建成，正式成为中央政权的官僚机构。

关于古罗马政治家苏拉你知道多少？

谁都想拥有至高无上的权力，然而，古代罗马著名的政治家、军事家苏拉在夺得最高权力以后却又自愿放弃。至今，人们都把它当作是一个谜。

公元前138年，苏拉出生于古罗马的一个破落贵族家庭。50岁时，苏拉建立了他的独裁统治。为了终身掌握国家的最高权力，苏拉不惜践踏民主传统，威慑元老院。此外，他还进行了种种"宪政改革"，取消了民众大会的否决权，削减了保民官的权限，将自己的大量亲信安插在元老院。但是就在他取得终身独裁统治权的第三年，他突然宣布辞职。

据说，当他决定放弃权力时，曾在广场上发表过一次演说。但是在当时的情况下，没有人敢冒着生命危险去质问他。如果有人问，他也许会说明原因。

有人说他在三年独裁统治后还政于民是明智之举；有人说他是由于改革无望而急流勇退；还有人说是他在满足权力欲望后厌倦

战争、厌倦权力、厌倦罗马而向往田园生活；更有人认为是他患了严重的皮肤病，无法亲理朝政只好忍痛放弃政权。

布匿战争是怎么回事？

公元前3世纪早期，罗马人成为意大利的霸主之后，企图继续扩张，称霸地中海。与此同时，西部地中海上的强国，迦太基也在扩张海上势力。这两种势力的争夺就引发了一场持续很久的战争，时间长达100多年。因为罗马人称腓尼基人为"布匿人"，所以史称"布匿战争"。

第一次布匿战争（公元前264—前241年）缘起于"墨西拿事件"。公元前265年，西西里岛的墨西拿城邦发生雇佣兵起义，墨西拿向迦太基和罗马两方求救。迦太基率先出兵干预，占领了墨西拿。罗马统治者唯恐迦太基人独吞整个西西里，于是在次年派兵侵入西西里岛，由此第一次布匿战争的序幕被揭开了。

经过一系列的交战，罗马军队取得了陆上作战的一些胜利，但迦太基在海上一直处于优势。公元前241年3月，罗马的200艘战舰在伊干特群岛大败迦太基海军，迦太基不得不求和，赔款3200塔兰特，罗马取得了西西里及其他一些岛屿；嗣后又乘迦太基雇佣兵起义之机，出兵占领了科西嘉和撒丁尼亚两个岛屿。从此，罗马便取得第一次布匿战争的胜利，并掌握了地中海西部的制海权。

但是，此时的罗马人并不满足，而迦太基也不甘心于已有的失败。公元前219年，迦太基的卓越统帅汉尼拔发兵攻占了归附罗马的萨贡托城，罗马出兵干涉，次年第二次布匿战争（公元前218—前201年）爆发。汉尼拔审时度势，决定先发制人，于公元前218年春，率兵从西班牙出发到达意大利的波河平原，罗马人猝不及防，即使奋勇抗战，仍屡战屡败。

这一役后，罗马上下无不为之震动。即使已经过去了很长时间，但罗马人并不甘心。公元前149年，罗马向不设防的迦太基城和居民宣战，第三次布匿战争（公元前149—前146年）开始了。面对这突如其来的侵略，迦太基措手不及，只得俯首求和。到公元前146年，罗马围困迦太基，最后许多迦太基人和庙宇同归于尽。

罗马在征服迦太基之后，又把侵略的视线转移到了更广阔的地方。总之，布匿战争为罗马打开了通往称霸世界的大门。

"条条大道通罗马"的说法是怎么来的？

西方有一句闻名世界的谚语："条条大道通罗马。"这句谚语起源于古罗马大道的修建。在古代罗马的建筑奇迹中最著名的就是"罗马大道"——以首都罗马为中心面向全国的四通八达的公路网。

在古代，罗马是意大利中部的一个小城，后来逐步向外扩张，势力遍及整个地中海地区并扩展到大西洋方向和欧洲大陆内部。

1—2世纪，罗马帝国国势和人口达到顶峰，建立了规模宏大的古代交通运输网。罗马人共筑硬面公路8万公里，其中著名的有阿庇亚大道、波匹利亚大道、奥莱莉亚大道、弗拉米尼亚大道、埃米利亚大道、瓦莱里亚大道和拉丁大道等，另有无数条支线通往帝国各行省。这些道路四通八达，无怪乎会有"条条大道通罗马"之说。

为什么格拉古兄弟要进行改革？

格拉古兄弟改革是指古代罗马于公元前133年至前121年间先后由格拉古兄弟推行的以土地问题为中心的改革活动。

他们两人生活在罗马城邦扩张为地中海霸国的时代。当时罗马领土急剧膨胀，财富急剧增长，奴隶占有制迅速发展，导致土地集中和大批农民破产，使得社会矛盾日益尖锐。这为他们的改革提供了良好

31

的社会环境。

格拉古兄弟出身于豪门贵族，受过希腊启蒙主义思想教育，擅长演说。提比留青年时投身队伍，经历了对迦太基的战役和在西班牙的殖民战争，对时势分析得较为透彻，体察民情，锐意改革。他们设想在广阔的公有地上进行殖民，以此解决罗马人力资源的问题。公元前133年提比留当选为保民官，提出土地法案，规定公民每户所占公有地不得超过1000尤格；超过部分的土地由国家偿付地价，收归国有，并把每块30尤格的份地分给贫穷农民，由一个三人委员会负责分配土地。经过激烈斗争，法案终于在公民大会上通过了。元老贵族保守势力竭力反对改革法案的实施。提比留在竞选下一年（公元前132年）的保民官时，元老院贵族蓄意挑起械斗，提比留连同他的300名支持者被杀害。尽管他的改革计划失败了，但失地农民要求分配土地的斗争从未停止过，在他死后10年间仍有7.5万多公民分得份地，社会矛盾也得到了缓和，在古罗马的历史上起到了巨大的作用。

马略军事改革是怎么回事？

由于罗马的贵族们大量霸占土地，反对民主改革，反对分权给平民，从而使得小农纷纷破产，建立其上的罗马公民兵制度也趋于瓦解。罗马兵源日益减少、军心散漫、纪律败坏，导致罗马在对北非努米底亚国王朱古达的战争中屡次败北，雄风不再。这时，罗马著名的军事家盖约·马略果断地进行了一次改革。

就任执政官之后，马略放弃了征召有产公民服役的公民兵制，实行募兵制，凡自愿又符合服役条件的公民，不论财产等级如何，都可以应征入伍。服役期16年，国家负担武器装备并发薪饷，退伍后可分得土地。马略还把属于同盟者身份的意大利城市和农村的自由民征募入伍，并且那些无产贫民也可

参加军队。罗马兵源的问题解决之后，马略又开始整顿军纪，经过严格训练，军队的士气大振。公元前107年，马略以执政官身份率领新兵奔赴战场，扭转了战局，取得了战争的胜利。之后，他又挟朱古达战争胜利之余威，击败了侵入波河流域的森布里人、条顿人，并连任公元前104年至前101年的执政官。

在对日耳曼人战争期间，马略全面完成了军事改革。在迎击日耳曼人途中，马略毫不放松军队训练，让士兵背负行囊，长途行军；为了保证供应，他还组织军队修建运河，让士兵慢慢习惯土方工作。另外，马略改变了罗马军队历来相传的队形排列，扩大了战术单位，军团人数由4200人增加到6000人。

马略的军事改革结束了罗马公民兵制，解决了因小农衰微导致的兵源枯竭问题，使大量的无产贫民加入军队，既巩固了罗马政权，又稳定了罗马社会。但是马略的改革使原有的公民兵变成了长期服役的职业军队，士兵成了雇佣军人，对将领的依赖性就会更强。此后整个军队逐渐变为领导者实现自己政治目的的工具，为他们以后的军事独裁奠定了坚实的基础。

是谁第一次在罗马历史上建立了独裁统治？

当小亚细亚发生米特里达梯战争时，罗马的两个派别都想争得这次战争的统率权。后来苏拉中选。但是他还没有出意大利的时候，其东征职位就被马略代替了。此时，苏拉并未交出兵权，而是进军罗马。入城后，他大肆捕杀马略党人。

公元前87年，苏拉率军进入希腊。他向希腊人强征重税，慷慨地赏赐士兵，被士兵称为"幸福的苏拉"。苏拉对反罗马的城市（如雅典）施以无情的镇压，以防止更多的城市倒向米特里达梯。次年他打败本都王，从希腊追至小亚细亚。

在不满三年的时间里，苏拉屠杀了十几万人。公元前82年，苏拉军队开入罗马，苏拉被宣布为终身独裁官。他0的"公敌宣告"，使90名元老、15名高级长官和2600名骑士被杀或被放逐。元老院里塞满了苏拉党人，重要官职也都由苏拉亲信把持。

苏拉在罗马历史上第一次建立了独裁统治，在他病死的时候，连他的敌人也不敢反对他享受最隆重葬礼的权力。

为什么会爆发斯巴达克起义？

斯巴达克起义爆发于公元前73年，是世界古代史上最大的一次奴隶起义。斯巴达克起义是罗马共和国晚期奴隶反抗奴隶主阶级残酷压迫的一次壮举。

斯巴达克是巴尔干半岛东北部的色雷斯人。罗马进兵北希腊时，在一次战争中，斯巴达克被罗马人俘虏。因为他体格健壮，又有一定的军事天赋，于是被卖为角斗士奴隶。

角斗士们一般都是奴隶，多为色雷斯人、高卢人和日耳曼人，也有非洲人和其他地方来的战俘。在角斗士学校里，斯巴达克和他的伙伴们一直都是与野兽搏斗，要不就是自相残杀，后来他们不愿意继续受制于人，于是决定用起义的方式为自己赢得自由。

尽管斯巴达克起义失败了，但它沉重打击了奴隶主统治阶级，也使得罗马政治体制的弊端日益暴露出来，奴隶主统治集团内部民主派和元老派之间的斗争日益加剧，共和制度由此逐渐崩溃。

古罗马远征安息的大军流落何处？

公元前53年，古罗马"三巨头"之一的克拉苏率军远征安息（今伊朗），出师不利，兵败卡雷城，克拉苏本人被杀。他的儿子率领第一军团6000余人拼死突围，取得成功，然而突围后却杳无音信。

据《汉书·陈汤传》记载，北匈奴郅支单于部下有一支会结"鱼鳞阵"的军队。有人以为这可能就是罗马军团残部。20世纪50年代，英国汉学家德效骞提出，《汉书·地理志》中提到的骊靬城就是西汉政府为了安置罗马战俘而设。还有人猜测，古罗马人最后到了骊靬城，但是在对骊靬城的发掘过程中并无有价值的发现，人们认为骊靬城已深埋于地下。还有的人认为，这些外来人口比较复杂，很难做出准确的推测。

古罗马军队到底流落在什么地方，至今还是一个谜。

谁获得了古罗马"祖国之父"的称号？

西塞罗是古罗马的政治家和思想家，以雄辩著称于世，被称为古罗马"祖国之父"。他出生于意大利亚平南一骑士家庭。26岁的时候，开始在罗马的法律界崭露头角。公元前63年出任执政官，一举粉碎了喀提林预谋的暴乱，并有了"祖国之父"的称号。公元前51年任西里西亚总督，在"内战"中反对恺撒，支持庞培。恺撒遇刺后，西塞罗就成为元老院的代表，并且加入了"后三头同盟"的政治角逐中，进行了反对安东尼的政治运动，还力主恢复共和国制度，但是最终反被安东尼所杀。西塞罗政治思想的特点是：结合罗马的社会情况，运用浅显流畅的拉丁文和严谨清新的文笔，把希腊各学派的主张带到罗马，为挽救奴隶主贵族共和制度服务。他的著作是把希腊思想传播到整个西欧的重要媒介，由此也对西方文化的发展造成了很大的影响。他从现实出发，用历史演变的观念来理解国家，认为国家并非一时一地的创造，而是漫长历史变革的结果。针对罗马共和国末期金融贵族与旧贵族激烈的政治斗争，强调了奴隶主阶级内部各种势力的妥协和平衡，提出普遍抽象的国家定义：国家是人民的事业，是人民因服从共同的正义的法律和享受共同的利益而造成的整体结合。在西塞罗的意识里，最好的政体应该是君主、贵族、平民三种政体互相联合、纠正的混合体；而自然法应该成为人类法的准则。他一生的著作颇丰，比如《论共和国》《论演说家》和《论法律》。

谁是"罗马之王"？

在世界许多地区，盖乌斯·尤利乌斯·恺撒的名字可谓响当当的。他一生中的重大活动在深刻影响地中海沿岸广大地区的同时，也给后世留下了难以磨灭的痕迹。他于公元前46年创制的儒略历，一直在欧洲使用，直至16世纪。他的《高卢战记》《内战记》流传至今，以其清新典雅的风格和翔实丰富的史料受到了学者的高度重视。

年轻时的恺撒凭借自己的能力取得了一部分上层贵族与民众的支持。后来他又与两个政治巨头（庞培和克拉苏）达成了默契，当上了罗马执政官。不久，他又出任山南高卢总督，在此期间，他显示出了良好的军事才能，也为他日后政治生涯中的巨大成功奠定了基础，因此，也有了很好的群众基础。但是，恺撒不断上升的影响力却引起了庞培和克拉苏的不满。经历了内战的纷争后，恺撒仍然得到了元老院的推举，成为罗马共和国历史上从未有过的终身独裁官，集军政大权于一身，成为真正的无冕之王，也就是所谓的"罗马之王"。

恺撒究竟是为何被刺杀？

在庞培和克拉苏的扶持下，恺撒当选为公元前59年的执政官。恺撒上任后，为了让两位大将更好地追随自己，采取了一系列的措施。首先是批准了庞培在东方的全部决策，并实行土地法，分给庞培老兵和多子女公民以土地。另外，恺撒还减免在亚洲包税金的三分之一，以笼络克拉苏所代表的骑士包税商。

恺撒深知，要实现自己的政治野心，必须有实实在在的政绩。他看中了高卢行省，上任后，利用高卢本地各部落之间的矛盾，分化瓦解，步步蚕食，逐渐征服了高卢全境。

早在三头掌权之初，恺撒就和元老院发生过纷争。而且他在高卢的势力迅速膨胀，也引起了元老院的恐慌。于是元老院的一些旧元老利用传统势力把恺撒的一些亲信转变为共和派，而且他们还肆意谋杀恺撒，夺取政权。恺撒的疏忽、亲信的背叛以及残余势力的强势，都让恺撒这个一代天骄全无招架之力。公元前44年3月15日，恺撒的一名亲信布鲁图与同伙卡西乌斯在元老院会议厅向恺撒连刺23剑，恺撒就此倒下了。

什么是"后三头同盟"？

恺撒被刺身亡后，政局仍是动荡不安。这时的罗马政坛上又掀起了一场新的权力争夺战，一颗年轻有为的政治明星冉冉升起，这就是盖乌斯·屋大维。

屋大维是恺撒的养子，还是恺撒的指定继承人。屋大维当时仅是一个18岁的青年，没有军队，没有政治势力，但他志向远大，十分具有政治头脑。渐渐地，他依靠恺撒的财产和声望，逐步建立自己的地位。而此时，安东尼的势力也日渐强大，以"罗马散文泰斗"西塞罗为首的元老院的地位也有所增强，但是刚刚建立起来的屋大维政权并没有统一的夺权筹划。元老院力图使其成为与安东尼对抗的棋子，而屋大维也很聪明，他先和元老院合作，迫使元老院补选他为公元前43年的执政官。一旦羽翼丰满，他就转而和反元老院的势力联手。同年秋，屋大维与安东尼、雷必达结成历史上所谓的"后三头同盟"。三方协议分治天下5年：安东尼统治高卢；屋大维控制非洲、西西里与撒丁尼亚；雷必达得到西班牙；意大利和罗马则由三人共治。至于东方，由于还处于布鲁图和卡西乌斯的势力管辖范围内，归安东尼与屋大维处置。

与"前三头同盟"秘密结盟、共同对付

元老院不同的是,"后三头同盟"是公开结成,由元老院和公民大会认可,取得5年间处理国家事务的合法权力。后三头掌权后,以"为恺撒报仇"的名义,在罗马发布了公敌宣告。在这场报复的浪潮中,包括西塞罗在内的300名元老和2000名骑士丧生。公元前42年,安东尼和屋大维进军希腊,与共和派军队进行了腓力比战役,结果布鲁图和卡西乌斯兵败自杀,共和派的势力被彻底粉碎。

公元前40年,后三头在肃清政敌后再次划分势力范围:罗马东部地区由安东尼控制,意大利和高卢由屋大维统治,北非由雷必达统辖。屋大维坐镇罗马,逐渐和元老、骑士等上层统治分子取得妥协,又以公民领袖自居,渐渐积累了雄厚的实力。公元前36年,屋大维在肃清了庞培之子小庞培在西西里和撒丁尼亚的势力后,顺势兼并了北非,解除了雷必达的军权。至此,"三头同盟"变成了两强对峙。

这时的安东尼虽坐镇东方,但在政治上毫无建树。他与曾经迷倒恺撒的克娄巴特拉结婚,且宣称要把他统治的领土赐予克娄巴特拉之子,屋大维乘机借此丑闻反对安东尼。公元前32年,三头分治协议5年期满,屋大维和安东尼公开决裂。屋大维以武力迫使亲安东尼的两位执政官和300名元老东逃,怂恿元老院和公民大会宣布安东尼为"祖国之敌",并向埃及女王宣战。公元前31年9月,屋大维与安东尼大战于希腊的阿克兴海角。此役双方势均力敌,交战初期胜负难分,但督战的克娄巴特拉却在战斗最激烈时率埃及舰队撤退回国,安东尼跟踪而去,全军遂告瓦解。阿克兴的胜利使屋大维主宰帝国全境的实力进一步增强,也使他成为恺撒事业的真正继承人。公元前30年夏,屋大维率军抵达埃及,安东尼和克娄巴特拉双双自杀,从此托勒密王朝灭亡,埃及被并入罗马。

你知道罗马诗人维吉尔吗?

普布留斯·维吉留斯·马罗(公元前70—前19年),通称维吉尔,在5岁时便开始接受教育,后来到罗马学习修辞学、医学与天文学。不久,他专攻哲学,并在就读期间开始写诗。后来,他又成为盖乌斯·梅赛纳斯圈子内的一员。梅塞纳斯是屋大维的外交官,为人能干,他通过团结罗马的文学家,拉拢他们到屋大维的一边,以寻求反对安东尼的势力。公元前31年,屋大维在亚克提姆海战打败安东尼,4年后,屋大维被罗马元老院封为"奥古斯都",这使得维吉尔决心要写出歌颂其政权的诗篇。他的代表作有《牧歌集》《农事诗》《埃涅阿斯纪》三部杰作,其中的《埃涅阿斯纪》长达十二册,是代表着罗马帝国的史诗巨著。他被誉为古罗马最伟大的诗人。

屋大维是怎么开创元首制的?

盖乌斯·屋大维,罗马帝国的开国君主,元首政制的创始人,统治罗马长达44年,

罗马帝国皇帝屋大维 这是一位集行政、军事、司法、财政和宗教权力于一身的君主,其地位可谓至高无上。

是世界历史上最为重要的人物之一。他是恺撒的甥外孙,公元前44年被恺撒收为养子并指定为继承人。

公元前29年秋,屋大维返回罗马,揭开了罗马历史上新的一页——共和制走向覆亡,罗马建立帝制。

从公元前32至公元前23年,屋大维连任10年执政官。公元前30年,屋大维被授予终身保民官的职权。公元前29年,屋大维凯旋罗马后,又受封"元帅"称号,同年被赋予监察官权力。公元前28年,屋大维荣膺首席元老。公元前27年1月,屋大维在元老院发表演说,假意放弃权力,恢复共和,结果获得了元老院赠予的"奥古斯都"(拉丁语意为"至尊""神圣")尊号,并恳请他直接管辖高卢、西班牙和叙利亚3个行省,统率20个军团,为期10年,后来这个期限还得以延长。之后,屋大维又获得了最高宗教职务——大祭司长,并获得"祖国之父"的最高荣誉称号。从此,屋大维集罗马国家的政治、军事、宗教等一切大权于一身,人们不断将其神化,在意大利和行省建造了供奉他的祭坛和神庙。尽管共和国时期的各种官职和政治机构此时依然存在,但屋大维的权威已凌驾于元老院和其他所有官职之上。

是谁把罗马帝国带到了辉煌的顶点?

公元前29年,屋大维凭借军事力量重新统一了古罗马,先后被罗马元老院授予"奥古斯都""第一公民"的称号。从此,他集国家的重要职务于一身,掌握了至高无上的权力,这个现象被称为"元首政治"。

屋大维执政的日子里,帝国疆土逐渐扩大,东起幼发拉底河,西临大西洋,南至撒哈拉大沙漠,北以莱茵河和多瑙河为界,在屋大维掌握政权的44年时间里,罗马帝国的发展空前辉煌,这个时期也被称为"奥古斯都时代"。

条顿堡森林为何成了罗马军团的伤心地?

5年,罗马帝国在日耳曼尼亚建立了行省。但强悍的日耳曼人并不甘心屈服,他们不断反抗。9年,发生了著名的条顿堡森林之战。在这次战役中,日耳曼人在他们的杰出首领海尔曼的指挥下诱敌深入,在茂密的条顿堡森林中一举歼灭了由瓦卢斯率领的三个罗马军团,从而捍卫了日耳曼人的独立。据说当屋大维·奥古斯都得知罗马军团全军覆灭的消息时,伤心欲绝,他撕扯着自己的长袍,用头撞墙,高声喊道:"瓦卢斯!还我军团!"

从此,罗马帝国放弃了征服日耳曼尼亚的企图,只是与日耳曼人划莱茵河而治理。1800多年后,恩格斯写道:"同瓦卢斯的会战,是历史有决定性的转折点之一。这次会战使日耳曼尼亚永远摆脱罗马而取得了独立。"

为什么说罗马皇帝提比略是一个暴君?

对于罗马皇帝提比略来说,性和暴力两者相辅相成,缺一不可。14年,他开始执政,早期的统治还算睿智温和,但是当他再长大了一些时,他凶残的暴行便臭名远扬了。死难者的遗体被丢弃在罗马元老院和市中心广场之间的立法路上渐渐腐烂,或是用钩子拖着扔到台伯河里。提比略还喜欢坐在悬崖之上俯视那些饱受酷刑的犯人被扔下去的场景,他甚至特别派遣了一支小分队在下面专门负责用船桨或船钩猛打那些落水者,防止他们沉不下去。

在提比略看来,看别人慢慢被折磨致死的过程才更刺激。他的大部分狠招都留给了自家人。他的养子——日耳曼尼库斯,很可能是被他秘密下令毒死的。

此外,提比略还像玩弄老鼠的猫一样把日耳曼尼库斯的遗孀大阿格丽派娜当作玩具戏耍,让她一想到自己即将面对的命运就心生恐惧。最终,大阿格丽派娜绝食身亡。而她的3个儿子,也就是提比略的孙子,被提比略杀死了 2 个，只有卡利古拉活了下来。

为什么说卡利古拉恶贯满盈？

37 年，卡利古拉即位，在残暴方面，他远远超过了其祖父提比略。他最欣赏的杀人方法是在受害者身上弄出大量细小的伤口，然后等待这些小伤口积攒成致命伤。

在吃饭的时候，卡利古拉也不忘寻找施刑的乐趣，所以他总是随身带着一个刽子手以备不时之需。卡利古拉还喜欢强迫犯人的父母观看自己的孩子被处决的场面。另外，暴力的娱乐节目也让卡利古拉沉迷不已，他大力赞助角斗对抗和野兽表演。他组织了大量的类似活动，有时还亲自参与其中。

久而久之，传统的暴力娱乐节目已经不能满足卡利古拉的需求了，他便开始组织另类角斗，比如让老年人和老弱的野兽对垒，或让残疾人互相厮杀。他发现用买来的肉喂野兽花销太大，于是决定将罪犯切碎，用他们的肉做饲料。

基于以上种种劣迹，就不难看出卡利古拉实在是恶贯满盈。

克劳狄到底是一个怎样的皇帝？

古罗马皇帝克劳狄在位 13 年，是罗马历史上最具争议的君主之一。有人认为他是个智能低下、任人摆布的无用之辈，也有人认为他战功显赫，是一代明君。

生为罗马贵族的克劳狄，不足月而早产。他头脑迟钝，运动失调，看似痴呆，童年时饱受欺凌。直至 50 多岁才时来运转。41 年，罗马皇帝盖乌斯被近卫军杀于宫中，吓蒙了的克劳狄被近卫军从窗帘后拖出来。但他们看到他又老又丑，胆小怕事，便恶作剧地拥立他为皇帝。

谁料，克劳狄在学术与政治上却表现出极大的英明果断，不但对元老院宽大为怀，与其建立了和谐的关系，还完善了罗马帝国的政治机构，建立了一整套完整有序的政府机制。

因此，西方史学界在 20 世纪 50 年代对克劳狄有了新的评价，一致认为克劳狄是贤君明主，他在位时做出了丰功伟绩，表现出了聪明才智，他只是晚年时老朽糊涂，才不断为身边的人所左右。

那他到底是傻，还是英明呢？就要看你的评判了。

尼禄为什么要杀死生母？

37 年，尼禄降生于罗马行省高卢的首府，他是总督德鲁素斯的"傻儿子"克劳狄的儿子。此时的克劳狄已 47 岁，母亲亚格里皮娜野心勃勃，儿子的出生使她看到了飞黄腾达的希望。

年老的克劳狄在体力和智力等方面明显减退，皇后亚格里皮娜把全部的希望寄托在了儿子尼禄身上，为了让尼禄能早日当上皇帝，亚格里皮娜进行了一系列的操作。

亚格里皮娜企图用自己的意志来控制尼禄，她严格控制和监视尼禄的言行，甚至还干预尼禄的婚姻大事，这一切都激起了尼禄对她的反感。于是，尼禄用尽各种手段折磨自己的母亲，但是这仍不能使他解气，于是他就诬陷自己的母亲是刺杀自己的刺客，将其杀死。

尼禄真的纵火烧毁罗马城了吗？

1 世纪，古罗马城曾十分繁荣，一度成为欧洲的政治、文化、经济、贸易中心。然而后来，这座繁华的都市竟在一场大火中变为废墟。按照当时流行的说法，尼禄是"纵火犯"。

但尼禄到底是不是纵火者呢？古今史学家对此意见很不一致。

古罗马史学家塔西佗认为放火焚烧罗马城的的确是尼禄，尼禄想利用罗马大火的废墟来修造一座新的宫殿。他还说，因为火是从埃米里乌斯区提盖里努斯的房屋那里开始的，这表明尼禄是想获得建立一座以他的名字命名的新首都的荣誉。

苏联学者科瓦略夫则持反对意见。他认为，尼禄之所以烧毁罗马城，是因为不满意旧的罗马并想把它消灭以便建造一个新的罗马。另一个说法是，烧掉城市是为了使元首能够欣赏大火的场面，以此来鼓舞他创造一个伟大的艺术品。

显而易见，这些说法与事实不相吻合，毕竟火灾只是偶然发生的。

罗马人的公共浴池是怎样的？

公共浴池是有关皇帝和政治家们新闻评论的交流场所。公共浴池是一座巨大而复杂的建筑物，越到里面温度越高，有桑拿的干蒸汽浴，还有土耳其的湿蒸汽浴。此外，还有冷水、热水池，地板下，用加热器加热空气进行循环流通，作为加热浴室的装置。入浴后，浴场的中庭设有体育场，可以进行举重训练、球类游戏等，也可以享受按摩，买糕点吃，等等。

涅尔瓦有什么政绩？

涅尔瓦（30—98年），是古罗马帝国五贤帝时代的第一位君主，也是最后一位在意大利半岛出生的非罗马公民君主。

涅尔瓦即位不久就恢复了元老院的地位和权势，并且他还发誓，凡国之大事都得与元老院磋商，并且保证不任意杀害元老。此外，他又对罗马的一些制度做了必要的改革。他赦免了被图密善放逐的人，恢复了他们的财产，缓和了他们的矛盾；建立了救济贫困农民和穷人孩子的制度，并将价值6000万塞斯退斯的土地分配给贫民；同时，他还免除了许多苛捐杂税，降低了遗产税，解除了韦斯帕芗强加于犹太人的捐献；他还紧缩开支以弥补国库的亏损。

但是他在政治上的过分节约造成了军队的不满，而且他在军队中的威信越来越低，最后，终于导致了近卫军揭竿而起。

图拉真有什么政绩？

图拉真（53—117年），罗马帝国五贤帝之一。他出生于西班牙，是从外省贵族爬上元首宝座的第一人。98年年初，涅尔瓦因病去世，正在科隆戍守的图拉真奉召继位。

图拉真是一位优秀的统帅，同时也是一位颇具行政才能的执政官。鉴于前朝之失的教训，他采取了较有效的措施来缓和各方面的矛盾。他尊重元老院的政治地位，注意吸收东方各行省大奴隶主贵族参加元老院，扩大元老院的基础；他改革地方行政，任命一些忠于职守的亲信到行省去做总督，改善中央和行省的关系；他懂得亲民的重要性，于是施行轻徭薄赋的政策，减轻人民的负担，并用政府贷款的方式，帮助小农维持生计。此外，他还沿袭涅尔瓦创行的办法，即由政府拿出一部分税款在各地设立基金，以此来养育贫苦无依的孤儿。鉴于上面一系列的功绩，图拉真获得了元老院赠给他的"最佳元首"的称号。

在对外政策方面，图拉真则脱离了奥古斯都订立的早期帝国的传统，而是恢复了共和时期的侵略政策。经过他不断地对外扩张，罗马帝国的版图也达到了最大范围。它东起两河流域，西及不列颠的大部分地区，南包埃及、北非，北抵莱茵河和位于多瑙河以北的达西亚。

哈德良有什么政绩？

哈德良（76—138年），罗马帝国五贤帝之一。他也是西班牙人，原系图拉真的表侄。图拉真在弥留之际，将他收为养子。从早年起，他就跟随图拉真转战各地，深得皇帝的赏识，也不时地被委以重任。图拉真死后不久，哈德良便被叙利亚军团推为元首，后来，元老院也批准了这一决定。

哈德良继位后所做的第一件重要的事，就是停止东方战争，与帕提亚国王缔结和约他放弃了图拉真时期设立亚述省和美索不达米亚省的计划,把罗马帝国在东方的边界缩回到幼发拉底河。此外,为了防御外族的侵入,他又在不列颠岛北部建造了横贯东西的"哈德良长城"。

哈德良是一位博学多能的皇帝,在文学、艺术、数学和天文等方面都颇有造诣,在他统治时期,许多建筑都被保留了下来,著名的有哈德良长城和别墅等。此外,哈德良皇帝还喜爱旅游,他的足迹遍布帝国各行省。

"哈德良长城"是什么样子?

哈德良长城又被称为哈德良边墙,是罗马皇帝哈德良在位时修建的。它是一条由石头和泥土构成的横贯大不列颠岛的防御工事。

122年,为防御北部皮克特人的反攻,保护已控制的英格兰经济,哈德良开始在英格兰北面的边界修筑一系列防御工事,后人称为哈德良长城。哈德良长城的建立,标志着罗马帝国扩张的最北界。1987年,哈德良长城被列为"世界文化遗产"。

哈德良长城总长度约120公里,从泰恩河畔沃尔森德一直蜿蜒到索尔威湾,途经英国北部两个重要城市纽卡斯尔和卡莱尔。城墙高约4.6米,底宽约3米,用约75万立方米的石头砌成,上面筑有堡垒、瞭望塔等。这些防范用的堡垒个个坚不可摧,除了用来监视敌情用的瞭望口外,其他部分都密不透风。

如今,哈德良长城已经成为英格兰北部最为著名的旅游景点之一,当地旅游部门开发了古长城远足游、古罗马遗迹游等特色旅游线路。

安东尼·庇护有何政绩?

安东尼·庇护(86—161年),罗马帝国五贤帝的第四位,帝国在他统治的时候,发展到了鼎盛。因此,他统治的王朝又称为"安东尼王朝"。

138年,哈德良病逝,养子安东尼即位,他是第一位出生于高卢地区的元首。在安东尼统治的23年中,他继承了哈德良的政策,注意内部各方面关系的调整。即位后,又免除了人民的欠税,将大量私产捐入国库,承担全部的节日费用。同时,又购买酒、油、米、麦,免费将其分配给平民。他善于理财,勤俭治国,所以死后国库盈盈,结存达27亿塞斯退斯。他勤于朝政,关心平民的疾苦。他继续推行哈德良时期放宽的法律政策,禁止对奴隶使用刑具,如果主人无故杀害奴隶,他也会进行严惩。此外,他还奖励教育,供贫儿就学,扩大教师和哲学家的特权。在外交政策上,他还主张采取防御措施,但是他也会适度地进行一些军事活动,以此来保卫边疆。在不列颠,罗马人击退了苏格兰部落的侵扰,还把边界向北推进了100公里。在黑海北部,从北高加索向前推进的阿兰尼人,攻袭本都北岸的希腊城市,后又侵犯了奥力维亚;罗马军队赶来救援,并一举击退了阿兰尼人的入侵,使这一地区的人摆脱了阿兰尼的蹂躏。

在安东尼统治时期,他就是凭借着沉稳的作风实现了连接两代权力的平稳过渡。

奥勒留为什么被称为"皇帝哲学家"?

马可·奥勒留(121—180年)祖籍西班牙,出生于罗马的贵族家庭,幼年丧父,从小受到哈德良和安东尼两位皇帝的宠爱,并成为安东尼的养子。在优良的环境里,他受到良好的教育,学过语法、修辞、法律和哲学。在各门学科中,哲学对他的吸引力尤其巨大。奥勒留在生活中,并不刻意地追求奢华,一直衣着朴素,而且他还肩负了许多行政工作。很快地,他就受到整个帝国的欢迎,他们认为柏拉图的理想实现了:哲学家做了国王。

当罗马衰落的时候,奥勒留还是将全部精力投入国事和战争中。在多瑙河畔参加战役的间隙,奥勒留写了一本书,并且自己命名为《沉思录》，对于我们研究当时的哲学思想提供了参考。奥勒留的哲学思想始终流露着悲观的情绪，即使是死亡，他也能坦然接受。

奥勒留的思想，一方面反映出他在面临帝国衰亡时的消极心理，另一方面也反映了他企图用这些说教维护统治。总的说来，他的哲学思想更唯心，更神秘，也更加充满了悲观情绪。此外，他的哲学思想对基督教思想的形成产生过一定影响。

君士坦丁大帝为何皈依基督教？

欧洲历史上强盛一时的罗马帝国本来是一个笃信多神的国家。从尼禄开始，罗马的统治者就不断对信奉一神论的基督教进行压制，迫害基督徒的事件时有发生。然而，罗马帝国鼎盛时期的统治者君士坦丁大帝却一改前人作风，皈依了基督教。这是为什么呢？其实君士坦丁大帝皈依基督教这一影响到人类文明史的大事竟然源于他做过的一个梦。

基督教神学家、教会史家优西比乌斯在《君士坦丁生平》一书中讲述了这个神奇的故事。

312年10月，君士坦丁率领4万高卢士兵向罗马发起进攻。君士坦丁此战是为了消灭心腹大患——马克森提乌斯。

宽阔的台伯河成为罗马的天然屏障，君士坦丁的军队只能取道米尔维亚桥才能渡河。就在这时，君士坦丁忧心忡忡，担心自己是在对未来做一场有勇无谋的赌博。突然，不可思议的一幕发生了。君士坦丁亲眼看见一个闪闪发光的十字架形状的东西出现在天空中，闪烁在太阳之上，上面还刻着一行字——"凭此获胜"。

君士坦丁和士兵们简直不敢相信，晚上在半睡半醒之间，他进入了奇怪的梦境，基督出现了，并出示了他在天空中看到的标记，告诉他如果采用这个标记作为军队的标识，就可以在和敌人的战争中得到保佑。于是君士坦丁就按照基督的指示命令金石工匠在自己和所有士兵的头盔盾牌上印上自己看到的那个标记。

后来，士兵们受此鼓舞，士气高涨，君士坦丁大获全胜，顺利进入罗马城，成为名副其实的西部"奥古斯都"。他将这次至关重要的胜利归功于基督在梦中的指点，于是，他决定以基督教为信仰，皈依基督教。

基督教是如何成为罗马国教的？

基督教在各地广为流传以后，罗马帝国便加大了对它的迫害力度。在多达十次的迫害中，较重大的两次发生在尼禄和多米提安在位期间，前者始于64年，后者发生于94年。最初，基督教在罗马帝国境内还处于非法地位，但仍可以购置教产，进行传教活动。而那些后来出现的几次全国性迫害都发生在3世纪。

由于基督教对各地的渗透不断加剧，就使得有钱人和知识分子信徒不断增多，有些教会开始拥有更多的财富，教会上层的阶级成分因而发生变化。120至220年间，教会中出现了一些后来被称为"护教士"的知识分子和思想家，他们起初抗议和谴责基督教，但后来承认基督教礼仪的合理性，他们向皇帝建言，说基督教对于帝国是无害的，企图消除反教者的误解，博取宽容和同情。

313年2月，罗马帝国西部皇帝君士坦丁和战败的东部皇帝李锡尼在米兰达成协议，此后，便结束了对基督教的迫害，联名发表"宽容敕令"，即"米兰敕令"，宣布帝国境内所有宗教共享自由，不受歧视。

"3世纪危机"是怎么回事？

从3世纪开始，奴隶制经济走向了衰落，罗马帝国陷入严重的危机之中。农村萎靡，城市衰落，内战不断，帝国政府全面瘫痪。

这种混乱不堪的现象，历史上称作"3世纪危机"。

3世纪危机的根源就在于生产力和生产关系之间的尖锐矛盾。帝国的上层建筑也使得衰退的奴隶制经济不堪忍受。到了第三世纪，皇帝的宫廷、官僚体系、军队也已经扩展到了前所未有的程度。为了维持这套膨胀中的国家机构，帝国政府不得不支出巨额经费，公共庆典挥霍无度。在这种情况下，不仅物价上涨，而且出现了物物交换的现象，城市经济普遍衰落。

城市经济和农业经济的衰落是互相影响的。在奴隶制大田庄繁盛的时期，各地的农业曾有过较高的商品生产率。粮食、葡萄、橄榄都有过较大的市场。3世纪以后，大农庄生产日趋萧条，市场供应也日益减少，加上城市商业的衰落，就加速了萎缩的趋势，结果是大农庄日益变成了自给自足的整体。缺少奴隶劳动的大农庄，只得放弃大规模耕作的方式，把大农庄的土地分成许多小块，分租给隶农耕种。

巴高达运动是怎么回事？

269年，巴高达运动首先在高卢爆发，它是罗马帝国后期下层人民的反抗运动。起义者围攻高卢重镇奥登，进行了为期7个月的英勇斗争，终于攻克此城，杀死了一部分奴隶主贵族，剥夺了他们的财产，但是巴高达运动并未停止。283年，卢革登、高卢一带的奴隶、隶农再次举行了起义，这一次，罗马在高卢的统治瘫痪了。后来，巴高达运动的中心又转移到了西班牙。449年，在首领瓦西里乌斯率领下攻陷杜里阿梭，后来为当地贵族所败，但仍坚持斗争，直至5世纪末。总的来说，巴高达运动是罗马帝国末期人民起义中规模最大、坚持最久的一次战争，长达200多年，给罗马帝国以沉重的打击，也加速了整个西罗马帝国的灭亡。

罗马的强劲对手——一位高卢将领，在杀死妻子后，宁可自杀也不愿向敌人投降。

罗马帝国晚期为什么要"四帝共治"？

在3世纪末，面对巨大的危机，罗马的戴克里先皇帝出来重振国威，稳定了内外局势，在他的改革措施当中，有一项为"四帝共治"。就是把帝国分为两部分，分别由东西两位皇帝"奥古斯都"来统治，这两位皇帝之下，各有一位"恺撒"，即助手、副统帅兼法定继承人。

戴克里先实行"四帝共治"是鉴于"3世纪之乱"期间军阀们滥用军权而不断引发宫廷之变的惨痛教训。另外也是由于帝国四境外族不断入侵，只有通过分权才能有效抵御外乱。戴克里先自管帝国东部，任命他的好友马克西米安为西部奥古斯都，分管意大利和北非，任命君士坦为西部恺撒，作为西部皇帝的副手，主管高卢、英吉利、西班牙，任命加莱里乌斯为东部恺撒，主管多瑙河及莱茵河流域。两位恺撒都与曾经的妻子离婚，娶了两位奥古斯都的女儿，试图通过血缘关系来巩固皇权传承。

四帝共治的好处是显而易见的，任何军阀如若想篡权，就要跨越四座不可逾越的大山。而且马克西米安是一介武夫，对于政治几乎没有概念，他唯戴克里先马首是瞻，皇权因此得到了巩固。这就为罗马帝国重新找回稳定奠定了坚实的基础。

四帝共治的弊端很快就暴露了出来，四帝建了四套相同的官僚班子，庞大的行政开支只有通过增加税收才能得到维持。罗马帝国的税收很高，即使到了查士丁尼时代依然流害很深，他的大将贝利撒留以区区几千人马征服了意大利和北非，但大军一走，当地人民就在收税官的胁迫下造反，使得查士丁尼的统一梦化为泡影。

四帝共治的初衷是为了维护政权稳定，这一设计也被很快从内部攻破。戴克里先和马克西米安退位后，他们继承人并未选择接班人，而是马克西米安和君士坦丁各自选了他们的儿子，于是便招致了君士坦丁和其余三帝间的夺权大战。

在戴克里先59岁的时候因身体不适而退位，后回到他的故乡达尔马尼（现在的克罗地亚）以园艺为乐，与古罗马帝国时期军事统帅战争结束后即解甲归田的传统有几分相似。数十年以后，君士坦丁大帝集四帝为一身，迁都新罗马—君士坦丁堡，揭开了东罗马帝国一千多年的辉煌篇章。

罗马帝国灭亡的过程是怎样的？

1至2世纪，是罗马帝国的强盛时期，它雄踞于地中海一带，俨然一个不可一世的大帝国的形象。然而，随着"3世纪危机"的爆发，罗马帝国逐渐走向了没落。

395年，罗马帝国终于分裂为东西两部，即以君士坦丁为首都的东罗马帝国和以罗马城为首都的西罗马帝国。千疮百孔的罗马帝国民怨沸腾，奴隶起义更是风起云涌，其中最著名的是高卢人掀起的"巴高达"（意为战士）运动，起义者以农民当步兵，牧人当骑兵，转战各地，使统治者胆战心惊。罗马已经呈现出不可挽回的局面。

罗马帝国陷入一片混乱之时，又遭到了新的危机：东方日耳曼人中的哥特人开进了意大利。统率这支大军的，是哥特人中最有名的勇士阿拉里克。他出征前对妻子许愿说：我要打进罗马，把城里的贵妇给你做奴婢，把他们的财宝给你做礼物。他们占领了罗马的港口，断绝了罗马城内的粮食来源。罗马城外"得得得"的马蹄声令统治者惊恐万状，这个庞大的帝国也处于风雨飘摇之中。476年，西罗马帝国年仅6岁的末代皇帝也被废除。罗马，这个曾经称霸地中海12个世纪的奴隶制大帝国，终于在奴隶起义和外族入侵的双重夹击下走向灭亡。从此，欧洲的奴隶制便结束了。西欧也由此揭开了历史新的一页，进入了封建社会历史时期。

东罗马帝国存在于历史的哪个时间段？

4世纪初，罗马帝国政治经济危机全面爆发。作为都城，罗马逐渐失去了作为政治中心的作用。395年，东、西两个帝国正式分裂，东罗马帝国作为一个独立的国家在法理上得到了认可。476年，西罗马帝国灭亡，但是东罗马帝国却继续存在了1000年。

到了6世纪查士丁尼做皇帝时，东罗马帝国达到鼎盛时期，疆域也十分辽阔。

7世纪初，阿拉伯帝国兴起，东罗马帝国的版图日益缩小，到12世纪末时已经变得岌岌可危，这时，奥斯曼土耳其人不断向其发起进攻。1453年4月，土耳其军队攻陷了君士坦丁堡。没多久，土耳其苏丹便在那里建都，并将其改名为伊斯坦布尔，东罗马帝国终于宣告结束。

罗马哪位皇后被东正教教会封为"圣人"？

在拜占庭时期，妇女有很高的地位，她们没有法律和风俗的约束。拜占庭皇后狄奥多拉就是这种风俗影响下的受益者，据说她曾经是个妓女，最后却当上了罗马皇后。

查士丁尼一世爱上她后，她先是做了一

个情妇，之后，狄奥多拉在政治上表现出了一定的胆识和谋略。她有天生过人的智慧，与查士丁尼共同为保守古旧的政权加上新动力。532年的尼卡暴动中，城堡大火，乱军逼近皇宫之际，查士丁尼差点要弃皇宫逃命，狄奥多拉令他恢复勇气。她拒绝逃命——宣布准备殉身与皇宫共存亡。因为她的坚定，暴乱终结，使查士丁尼的政权得以保存。

此外，狄奥多拉还缓和了查士丁尼惯常的无耐性，向教皇制度发起挑战，暗中鼓励东方成立一个独立的"基督一元论"的教堂。狄奥多拉不愧为一个敢作敢为的女性，她的这种性格正好与查士丁尼的性格形成互补，这正是查士丁尼为什么始终迷恋她的最主要的原因。548年，狄奥多拉死后，查士丁尼失去贤内助，变得优柔寡断，毫无建树，人们曾一度猜测查士丁尼晚年的政策转变可能跟狄奥多拉之死有关。

美洲文明

南美的村落是怎样的？

公元前6000年左右，南美安第斯山区出现了狩猎兼采集的生活方式。到公元前3500年左右，秘鲁沿海一带兴起许多村落。内陆地区的其他部落则从事农耕，先是种上了棉花，然后又种玉米，并在安第斯山上采石盖屋、制造首饰。他们的灌溉技术使得耕地面积进一步扩大，到了公元前2000年前后就出现了很多大的部落，此外，还有一些大的建筑物、宗教礼仪中心或重要市政工程。公元前1800年左右，利马附近的埃尔帕拉伊索居民用附近山上的岩石修建了宏伟的金字塔。

特奥蒂瓦坎是谁建造的？

早在阿兹特克人时期，古代墨西哥大都市特奥蒂瓦坎就已经是一片废墟。人们只知道它始建于公元前1000年左右，但并不知道它是谁建的。

古代印第安人认为古城是巨人之手缔造的，但主神克察尔夸特的出走却导致了它的衰亡。为了揭开它的真相，墨西哥政府从20世纪开始拨款巨万，花了几十年时间进行发掘、整理。

大多数学者认为特奥蒂瓦坎文化是托尔特克人创建的。墨西哥本国的历史学家如丹·科·比列加斯提出特奥蒂瓦坎文化是在奥尔梅克文化基础上形成的，它的鼎盛时期为350至650年。后因外族入侵和当地居民破坏，变为一片废墟。

美国的派克斯则认为，特奥蒂瓦坎文化的繁荣时期在9至10世纪。到13世纪因战事、瘟疫、灾荒，托尔特克人被迫丢弃古城。而艾·巴·托马斯则提出，托尔特克人在8世纪迁入，先在墨西哥城北面的图拉，之后向南推进到河谷一带，以特奥蒂瓦坎为中心，到10世纪后逐渐消亡。

什么文化是中美洲的"母文化"？

奥尔梅克文化是墨西哥古代文明形成期的一种重要文化，大约存在于公元前12世纪至公元前5世纪。奥尔梅克文化的陶器上多有刻纹，器皿精致，玉雕人像更是细腻优美。

从圣地亚哥·图斯特拉镇出发，向西南方行驶25公里，穿过苍翠的原野，就到了崔斯萨波特。这座古城兴起于公元前500年到公元100年之间，是奥尔梅克文化晚期的一个中心。1939年到1940年间，美国考古学家马休·史特林在这里展开大规模的挖掘。

最令人惊叹的是，崔斯萨波特古城根本不是玛雅文化的遗址，它完全属于奥尔梅克文化。史特林发现的石碑证明，创造历法的是奥尔梅克人，不是玛雅人，而奥尔梅克文化才是真正的中美洲"母文化"。他们发明用点线符号标出日期的历法，用神秘的日期——公元前3114年8月13日为纪元的开始。

什么是查文文化？

查文文化是世界最伟大的早期文化之一，和美索不达米亚的苏美尔文化、中美洲的奥尔梅克文化、中国的殷商文化并驾齐驱。同时它还是秘鲁古代文明的一种重要文化，在安第斯山脉的东侧的溪谷城市查文德万塔尔建造了各边都有200米的四方形祭祀中心。查文文化为安第斯山区长久以来虚无缥缈的历史提供了有力的证明，而且也用不同的方式诠释着自己。在宗教信仰方面，它具有今世和来世两种思想，并将金银和神圣联系在一起，从而在世界上留下了深刻的印记。查文文化有着高水平的石头加工技术，并且有力地向外推广，直到这种文化神秘枯竭。

被称为"美洲的希腊"的古代文明是什么？

中美洲丛林发现古城的消息传开后，立即掀起一股寻找古文明遗址的浪潮。20世纪以来，一批又一批的考古人员深入世界各地进行探索。随着探险范围的不断扩大，一个古老的文明——玛雅文明的图景逐渐呈现在人们眼前。玛雅文化的遗迹位于墨西哥尤卡坦半岛上，被称为"美洲的希腊"，他们所创造的很多文明奇迹与古希腊人相比毫不逊色。

据统计，各国考古人员在南美洲的丛林和荒原上发现废弃的玛雅时代的城市遗址共170多处。这些遗址，为人们展示了一幅自公元前1000年至8世纪玛雅人在北至墨西哥南部的尤卡坦半岛，南达危地马拉、洪都拉斯以及秘鲁的安第斯山脉这个广阔区域内的活动坐标。它告诉人们，3000年前玛雅人就曾在这块土地上过着安定的生活。在这块土地上，他们创造了一系列惊人的奇迹：不可思议的天文和数学知识，古老的宇航图，构思奇特的金字塔建筑……

玛雅人的宗教是怎样的？

对于玛雅人来说，宗教具有极端重要性。他们人口密集的中心不是城市，而是神庙位居顶端的金字塔所在地。神圣仪式在此举行。玛雅人的主要神是森林和天空中的神灵以及对确保作物收成至关紧要的雨神。他们有时甚至会将人祭献给雨神，具有代表性的事件是把一个处女扔进井里。十分受人尊敬的是有翼的或带有羽毛的蛇神，它是天和雷神，在托尔特克和阿兹特克人中被称为"魁扎尔科亚特尔"，但在玛雅人中被称为"库库尔坎"。他们认为这位神是仁慈的，根据玛雅人的传说，库库尔坎曾作为一个人在世界上生活，传授给其先祖文明的技艺，将来有一天会降临人间，拯救他的子民。

玛雅人的贸易是怎样的？

玛雅贸易主要是奇珍异宝的交易，如从奥梅克时期开始只产于玛雅东边的翡翠碧玉就是中美洲各地最受欢迎的宝物，产于玛雅山区的奎特查尔凤鸟羽毛，不但被玛雅人当作天地奇珍，在墨西哥各地也有很高的价值。由于这种鸟在玛雅古典时期已经是濒危物种，因而奇货可居，其价值甚至超过了碧玉。可可豆原来盛产于玛雅山区，古典时期已在中央低地东部沿海地带移植成功。可可豆在玛雅、墨西哥乃至整个中美洲都是最抢手的餐饮珍品，不管是贵族还是平民都离不开它。在交易的时候，可可豆甚至可以充当货币的角色。可可豆使玛雅商业如虎添翼，玛雅商人凭此便能深入异国他乡，而且可以立于不败之地。

玛雅人的对外交往是怎样的？

玛雅人虽然定居于密林深处，不过并不是与世隔绝，也不像其他荒谬的说法那样——刻意躲避与其他地球人的交往。事实上，玛雅人的活动范围十分广阔。早在前古典时期，奥尔梅克人就深入玛雅地区的东南部以获取玉石和奎特查尔鸟羽，以此开拓了最初的商路。也正是因为这一贸易网的存在，才使得"美索亚米利加文化圈"的古文化具有极大的相似性。所以说，贸易是这一地区文化发展最主要的推动力。民族之间的冲突和交往与商业有着紧密的联系。也许是为了占据紧缺物资的产地，也许是为了保持商路的畅通，战争的俘虏成为最好的商品奴隶。战争以最激烈的方式进行着文化的交流和融合，北方的托尔特克、阿兹特克都是十分好战的民族，南方的玛雅诸城邦也是连年烽火不断。

玛雅文明是什么时候开始衰落的？

为了揭开玛雅南部低地文明突然衰落之谜，人们做出了种种猜测：农业歉收、人口过多、肆虐的疾病、外来入侵、社会变革和日趋失控的战争。至900年，这一地区的建设突然停止了。位于北部尤卡坦地区的一些城市则继续维持了玛雅古典文化的繁荣，以华丽的建筑风格为显著特征的乌克斯玛尔、卡巴尔、萨伊尔和拉伯那位于浦克地区，直至1000年才开始衰落。

古代美洲的印第安人究竟来自何方？

印第安人是对除因纽特人外的所有美洲原住居民的总称。美洲土著居民中的绝大多数是印第安人，他们分布于南北美洲各国，传统将其划归蒙古人种美洲支系。美洲大陆最初没有人类居住，印第安人的祖先是从亚洲迁移过来的。四五万年前，他们从亚洲北方进入美洲，然后逐步向南迁移，终于占据了整个美洲大陆。在长期的发展中，印第安人中一些比较发达的民族，如玛雅人、阿兹特克人和印加人，已经进入了阶级社会。印第安人的种族很多，分布极其广泛，现在美洲各国基本上都有印第安人的分布。印第安人人口最多的国家是墨西哥，大约有56个印第安民族单位。

印加文明起源于哪里？

印加文明的发源地是南美洲的安第斯高原。"印加"在印第安人语言中为"太阳之子"的意思。位于玻利维亚首府拉巴斯西60公里的蒂亚瓦纳科遗址是印加文明的代表。蒂亚瓦纳科是5至10世纪的建筑遗迹，巨大的石头建筑是其表征，巨石雕就的太阳门举世闻名。太阳神头戴美洲狮的面具，双手拿着权杖，被雕刻在太阳门楣的正中。在蒂亚瓦纳科，巨石砌成的神坛方方正正，它和太阳门同样是印加文明的代表作。

黄金制成的印加人饰品

什么是莫奇卡文化？

莫奇卡文化是南美洲古代印第安人的文化，存在的时间为公元前200年至公元700年，分布于秘鲁北部沿海地区，中心地区在莫奇卡和奇卡马两河谷，属于古典期的文化。

莫奇卡文化的陶器以马镫壶为主，此外还有漏斗形的钵和浅碗。许多器形塑成精巧的塑像，如水果、房屋、青蛙、鱼、猴子、人物等。其中最多的是人像，有统治者、战士、俘虏等，形象栩栩如生，装饰也十分丰富。

莫奇卡文化以写实风格著称，是安第斯山文化中的一朵奇葩。有关战斗、宗教、农业、音乐、刑罚等日常生活的现实题材成为最主要的表现主体。尤其是用人像装饰的各种陶器，写实性很强，细致入微，生动有趣。

第二篇
宗教与封建的交织
——中世纪

中世纪的欧洲国家

墨洛温王朝是谁开创的?

法兰克人的彪悍在众多入侵者中都是数一数二的。486年,年仅20岁的法兰克国王克洛维打败了罗马帝国在高卢的最后一个统治者西阿哥利乌斯,占领了索姆河和卢瓦尔河之间的所有土地,罗马帝国对高卢长达500多年的统治就此终结了。486年,克洛维在兰斯大教堂接受洗礼,皈依基督教,正式建立起了法国历史上第一个王朝,史称墨洛温王朝。

法兰克人征服高卢的秘诀,不在于其人数众多的军队,关键在于他们善于利用宗教。对于克洛维和他的士兵来说,他们得胜的保证就是他们接受并皈依基督教,克洛维得到了教会的支持,教会遍及他的整个王国,这样法兰克人就能和平地统治那些其子民听命于主教的附属国。534年,克洛维的儿子们征服了勃艮第王国和普罗旺斯。于是,墨洛温王朝就成为这个包括曾被西哥特人占据的阿基塔尼在内的广阔地域的统治者。今天的"法兰西"一词就是来自拉丁语"法兰西亚",它的意思是"法兰克人的地方"。

当时主要的财富是土地,因此在克洛维死后,法兰克王国的土地也按照"日耳曼人的方式"被克洛维的几个儿子分成了小块。国王这样做的目的就是进一步赢得贵族的忠诚,加强自己的统治。显然,这样划分土地的方式,就使国王丧失了土地和权力,而贵族们就要向国王分享政权了,这和我国周朝划分土地的方法极其相似。墨洛温王朝的几个末代国王十分软弱,他们通常都不理朝政,没有实权,是名副其实的"懒王"。这样,王朝的大权就逐步落到朝中几位大臣的手中,而这中间最出名的莫过于732年大败阿拉伯人的查理·马特了。

你知道《萨利克法典》吗?

《萨利克法典》,是墨洛温王朝的创始人克洛维统治后期(约507—511年)颁布的。它发源于法兰克人萨利克部族中通行的各种习惯法,并因此而得名。6世纪初,这些习惯法被法兰克国王克洛维一世汇编为法律,它是查理曼帝国法律的基础。

萨利克法典主要是一部刑法典和程序法典,详细地列举了各种违法犯罪应科处的赔偿金,其中对于人身伤害、财产损害、偷盗和侮辱的赔偿规定尤为详细,里面还规定受害者所得到的赔偿金的三分之一应交给王室。《萨利克法典》也包括一些民法的法令,其中包括女性后裔不得继承土地的条款。但6世纪下半叶,法兰克国王希尔伯利克曾经颁布过一道修改《萨利克法典》的敕令,规定死者如无子嗣,土地由其女儿继承,而不再交还公社。

《萨利克法典》中有关女性继承权的规定随着法兰克帝国的分裂和联姻扩散到大多数欧洲的天主教国家中,女性无权继承土地的规定逐渐演变为对女性继承权的剥夺,对中世纪和近代欧洲历史也产生了重要的影响。

汪达尔人为何得到"破坏者"的恶名?

汪达尔人是日耳曼人的一支。429年,汪达尔军政领袖该萨里克在合理分析局势的基础上,率8万汪达尔人和阿兰人前往北非，于439年以迦太基为都建立了汪达尔王国。迦太基的陷落对西罗马的打击十分沉重，因为它切断了自己在非洲的财政来源。442年，罗马终于承认汪达尔王国对北非大部地区的统治。455年，该萨里克乘罗马混乱之机，率舰队渡海，攻陷罗马，焚烧掠夺持续了两星期之久。罗马古文物遭到严重破坏，毁灭文化的"汪达尔主义"由此而得名。

461年后，汪达尔人不断侵袭西西里和意大利，罗马猝不及防。拜占庭皇帝查士丁尼力图在西方恢复罗马帝国的统治，于533年派贝利撒留远征北非。汪达尔人被击败，迦太基陷落。汪达尔人的残余部队又坚持了三年，终于在534年灭亡。拜占庭军队依靠曾被汪达尔人剥夺土地和财富的奴隶主和教士的支持，在北非重建行政机构，恢复了罗马的统治。

哥特战争因何爆发？

查士丁尼是东罗马帝国一位有作为的皇帝。他出生于托莱索的农民家庭，早年投奔充当高级将领的叔父查士丁，在那里接受了良好的教育。518年，查士丁做了皇帝，因年迈无嗣，便收查士丁尼为养子，并授予其要职。

525年，查士丁尼获得"恺撒"称号，并于527年和叔父共同执掌政权，称"奥古斯都"。同年，查士丁去世，查士丁尼成为唯一的君主，这也使得他在拜占庭帝国的舞台上能一展身手，充分展示他鲜明的个性和卓越的才华。

534年时，阿特拉里克病故，阿拉马松塔也渐渐感到自己地位不稳固，于是就秘密派人和查士丁尼联系。

没想到，狄奥达特即位后先是囚禁了阿拉马松塔，而后又将其处死。这便给了查士丁尼兴师问罪的借口，于是历时20年之久的"哥特战争"爆发了。

查士丁尼是怎样征服意大利的？

535年，查士丁尼派遣贝利撒留出征，收复意大利本土。当年12月，贝利撒留统率8000人登陆西西里岛，很快占领全岛。第二年6月，贝利撒留开始进攻意大利本土，很快便攻占了那不勒斯。东哥特国王狄奥达特闻讯惊慌失措，企图投降，结果却被东哥特贵族所杀。

战士出身的维蒂吉斯被推举为王。维蒂吉斯上任后，率领主力部队离开罗马，集结到北方的拉温那，以对付与东罗马结盟的法兰克人。536年12月，贝利撒留进军罗马，罗马教皇和居民献城投降，不多的守军不战而走。

537年2月，维蒂吉斯率东哥特军队返回来围攻罗马。贝利撒留对此早有准备，他贮粮修城，等待决战，东哥特人久攻不克。这时，东罗马又来援助，维蒂吉斯只得弃甲曳兵而走。

540年，贝利撒留攻占东哥特的都城拉温那，活捉了维蒂吉斯。

东罗马人在意大利刚刚站稳脚跟时，就对当地人进行了一系列的剥削。查士丁尼将贝利撒留召回国，又向意大利派去了财政专使。这位专使向当地人征收极重的赋税，一时间人心尽失。

这种形势正好被东哥特的新国王托提拉所利用，他率军南下，节节胜利，很快便拿下了那不勒斯。545年，东哥特军重新包围了罗马城，东罗马统治下的意大利变得岌岌可危。

托提拉是外族国王中很有作为的一位。他对查士丁尼复辟罗马帝国的野心有着清醒的认识。在他看来，在这场战争中，意大利境内的罗马人同样是查士丁尼奴役的对象。

为了取得意大利罗马人的同情和支持，托提拉整顿军队，严禁士兵抢掠财物，伤人性命。此外，托提拉还宣布，免除隶农对主人、自由农民对东罗马的义务，隶农和自由农民的租税转交东哥特。

这种做法，一方面使他得到了军队的给养，另一方面又承认了下层农民乘乱取得土地的事实，因此很快便得到群众的拥护。东哥特对罗马的围困历时一年，扫清了城周围的敌军，使得罗马城内人心涣散，人民生活也更加穷困潦倒。546年的12月，东哥特人彻底拿下了罗马城。

本来东哥特军在与东罗马军的斗争中已占据绝对的主动地位，但托提拉却写信向查士丁尼求和，这无疑给本军的士气以沉重的打击，同时也给了东罗马喘息的机会，查士丁尼很快又招募了40000名新军，使其作为意大利东罗马军队中的增援。

552年，东罗马在意大利中部击败了东哥特军队，托提拉也在此次战斗中阵亡。554年，东罗马军又消灭了东哥特人的残余势力，并一直驱逐法兰克人到阿尔卑斯山以北，通过一系列的军事活动，查士丁尼征服意大利的梦想终于实现了。

拜占庭为何死争科尔奇斯？

科尔奇斯是黑海东岸的一个小国，不仅位置优越，而且物产富饶，尤其黄金储量很大，历来是大国争夺的目标。

522年，科尔奇斯为免遭外族入侵，向拜占庭帝国求救，并与拜占庭结成同盟。开始，科尔奇斯人还认为拜占庭是保护自己的，可事实是拜占庭军纪涣散，他们到处惹是生非，劫掠当地人。到后来，连科尔奇斯的国王也成了他们的傀儡，这大大伤害了科尔奇斯人的民族自尊心。科尔奇斯人便向波斯国王库斯鲁一世求援，波斯军队很快就赶走了拜占庭军队。科尔奇斯人本以为波斯会保护自己，但是后来波斯人却把他们视为奴隶，科尔奇斯人对波斯人又开始产生敌意。于是，549年，他们再次向拜占庭的皇帝查士丁尼求救。查士丁尼认为收复科尔奇斯的机会来了，立即派兵向波斯军队发起了进攻。最终，拜占庭军队获胜，真正控制了科尔奇斯。

什么是保罗派运动？

在亚美尼亚有一个基督教外教派别——保罗派，它产生于6至7世纪。该派接受了摩尼教的二元论思想，这两个神就是善神（上帝）和恶神（魔鬼）。反对正统教会，要求废除教阶制和修道士制，简化宗教仪式，重建成员平等的早期基督教公社，支持圣像破坏运动。7至9世纪，保罗派在小亚细亚和亚美尼亚农民和城市平民中传播，成为他们反封建的组织手段。9世纪中叶，部分保罗教派越境进入阿拉伯帝国的小亚细亚东部，修筑了城堡，成立公社，以泰夫里斯为中心武装自立，并且多次给拜占庭军队以沉重的打击。872年，拜占庭皇帝巴西尔一世发动进攻，彻底打败了保罗派，幸存者被迁移到色雷斯并逐渐和波高美尔运动合并在一起。

日耳曼人有哪些分支？

日耳曼人是欧洲的古代民族之一，公元前5世纪起，日耳曼人以部落集团的形式分布于北海和波罗的海周边的北欧地区。条顿人是古代日耳曼人中的一支。公元前4世纪时分布在易北河下游的沿海地带。公元前2世纪下半叶，条顿人与日耳曼人中的另一支森布里人组成部落联盟，越过阿尔卑斯山脉侵入罗马帝国境内，从而揭开了日耳曼人与罗马人矛盾的序幕，这也是日耳曼人登上历史舞台的标志。此后，条顿人大举进攻亚平宁半岛北部，公元前102年被罗马军队击溃，条顿人从此退出了历史舞台，但日耳曼人却在继续发展。4至6世纪的民族大迁移时期，日耳曼人分为南北两大支系。北支系在北欧地区扩充领域，他们是现代瑞典人、挪威人和丹麦人的祖先。南支系又分为东西两支。东支包括哥特人、汪达尔人以及勃艮第人，在漫长的历史长河中，其族体和语言都融化在地中海沿岸各民族中。西支分为三个区域性集团：一是北海沿岸集团，包括巴塔维人、弗里斯人、考肯人、盎格鲁人和朱特人等。前两者是现代荷兰人的祖先，后三者融合成盎格鲁－撒克逊人。二是易北河集团，其主体是斯维比人，斯维人后演进为施瓦本人，这个集团的马科曼尼人和夸迪人最终成为巴伐利亚人。三是莱茵－威悉河集团，其中的卡狄人为黑森人的祖先，另外的部落在3世纪融合成法兰克人。

为什么日耳曼人要大迁徙？

日耳曼人居住在古罗马帝国的北部地区。纪元初年，这些日耳曼人散居于多瑙河以北、北海和波罗的海以南、莱茵河以东、维斯瓦河以西的大约50万平方公里的土地上。

大约从公元前4世纪下半期开始，日耳曼人就开始进入罗马帝国的境内，掀起了民族大迁移的浪潮，这次迁移运动波及中欧、西欧、南欧和北非等广大地区，前后绵延200多年。

其实，日耳曼人迁移的真正原因，还要从中国谈起。秦汉之际，匈奴首领单于统一了匈奴各部落，势力逐渐强盛，并且统一了大漠南北的广大地区。到了西汉后期，匈奴内部分裂，分为南北匈奴。东汉和帝时，窦宪带兵出塞，次年击败匈奴，部分北匈奴被迫向西迁徙。因此，引起了历史上一连串的民族大迁徙。

西迁的匈奴人途经中亚，进入欧洲。后来，他们占领了黑海北岸地区，将原来定居于此的日耳曼人中的东哥特人和西哥特人击败，东哥特人归附匈奴，而西哥特人只好西迁，并向罗马帝国皇帝求援。

而当时的罗马皇帝正在为帝国人口减少、兵力缺乏而忧心忡忡，于是欣然答应过河之后给西哥特人以土地和粮食，而且西哥特人必须交出武器，以他们的妻子和子女作为人质，去充当罗马帝国的雇佣军。被迫无奈，西哥特人必须接受这个条件。但事实上，罗马皇帝并未兑现最初的承诺。相反，他们把大量西哥特人贩卖为奴，这就激起了西哥特人的反抗。378年，双方在阿德里亚堡展开决战，罗马军队遭到惨败，皇帝阵亡。

哥特人是怎样建立自己的国家的？

哥特人是日耳曼人中人数最多、发展最快、影响最大的一支。早在公元前1000年，日耳曼人便已居住在波罗的海西岸。

直到1至2世纪，大部分日耳曼人才在莱茵河以东、维斯瓦河以西、北海和波罗的海以南、多瑙河以北的广大地区定居下来，成为罗马帝国的北方邻居。

374年，约在300年前被中国的汉王朝击败的北匈奴人几经辗转迁徙，出现在东哥特人面前。东哥特人听说有一支新的部落前来攻打，便急忙率兵应战，但最终以失败而告终。

当西哥特人听到东哥特人被征服的消息后，他们预感到大祸临头，因而赶紧在德涅斯特河西岸营建堡垒，企图阻止匈奴人渡河。匈奴领袖巴兰勃探知此事，便不做正面进攻，只在西哥特人布阵的上游渡河，进行包抄。西哥特人措手不及，被打得落荒而逃。

有一个名叫弗利提吉尔恩的西哥特人，率领部将，集中在多瑙河畔，请求罗马皇帝准其入居罗马帝国境内。西罗马皇帝答应了他，并提出了一系列的交换条件。但是最后，罗马帝国却出尔反尔没有兑现诺言，这就激起了哥特人的深仇大恨，西哥特人忍无可忍，终于开始了反抗。

412年，亚尔多夫率领西哥特的全部人马进入高卢南部，得到当地"巴高达"运动的强大支援，很快占领了几个重要城市。419年，西哥特的新领袖狄奥多里克，以土鲁斯为首都，建立了西哥特王国。

476 年，日耳曼人出身的罗马军队的将领奥多阿克，推翻了西罗马帝国政权，在意大利建立奥多阿克王国。东罗马皇帝吉诺坐卧不安，他唆使东哥特军事首领提奥多里克进攻奥多阿克王国，以尽快让自己脱离险境。

489 年，提奥多里克联合罗马贵族，利用罗马人敌视奥多阿克政权的情绪而取得支持，仅用 3 年时间就征服了意大利，杀死奥多阿克，并且以拉温那为都城，建立东哥特王国。从此，东哥特人便在意大利定居下来。

凯尔特人具有怎样的辉煌历史？

凯尔特是欧洲古代文明之一，它与古希腊、罗马文明圈相对应而存在。在罗马帝国时代，北方的日耳曼人和凯尔特人被称为"蛮族"，他们之间不断发生冲突和碰撞。而且现代欧洲的各民族在很大程度上源于他们，其中还包括斯拉夫人和维京人。

公元前 10 世纪初，凯尔特人就在法国东部的塞纳河、罗亚尔河上游、德国西南部莱茵河、多瑙河上游地区经常出现。随后的几世纪中，凯尔特人以武装的部落联盟为单位，向周围地区扩散、迁徙，进行军事移民。他们是欧洲最早学会制造和使用铁器与金制装饰品的民族，他们凭借铁制武器战胜了尚处于青铜时代的部落，公元前 7 世纪便在法国东部、中部各地定居。从公元前 5 世纪起，他们就开始向全欧洲渗透和扩张。

大约从公元前 500 年开始，凯尔特人从欧洲大陆进犯并占领了不列颠诸岛，一部分凯尔特人在今天的爱尔兰和苏格兰定居下来，另外的一部分占领了今天的英格兰的南部和东部。凯尔特人讲凯尔特语，今天居住在苏格兰北部和西部山地的盖尔人仍使用这种语言。在英语形成之前，凯尔特语是不列颠岛上所能发现的具有史料记载的最早的语言。

在进犯不列颠岛的同时，一部分凯尔特人越过莱茵河进入法国东北部，在塞纳河以北，阿登山区以西和以南的地区定居。公元前 500 年以后，凯尔特人主要的居住地区转移到了法国。古罗马人把居住在今天法国、比利时、瑞士、荷兰、德国南部和意大利北部的凯尔特人统称为高卢人，把高卢人居住的地区称为高卢，面积约 60 万平方公里。之后他们曾经一度广泛分布在欧洲大陆上，并且先后征服了今天的法国、西班牙、葡萄牙、意大利等地区。

公元前 387 年和公元前 279 年，凯尔特人分别入侵和洗劫了罗马和希腊，一些部落甚至深入到今天土耳其的安纳托利亚地区。鼎盛时期的凯尔特人占领着从葡萄牙到黑海之间的大片土地，可以与后来强大的罗马帝国相媲美。然而，他们最终没能形成统一的国家。

斯拉夫人有哪些分支？

斯拉夫人就是指使用斯拉夫诸语言的居民，他们主要分布在中欧、东欧和东南欧。此外，还有少数居民分布在世界各地，属于欧罗巴人种东欧类型和巴尔干类型。

斯拉夫人共有三大支系：西斯拉夫人（包括卢日支人、波兰人、捷克人和斯洛伐克人）、东斯拉夫人（包括乌克兰人、俄罗斯人和白俄罗斯人）、南部斯拉夫人（包括保加利亚人、塞尔维亚人、克罗地亚人、马其顿人和斯洛文尼亚人）。现代斯拉夫人的语言文字、风俗习惯、宗教信仰和体质特征都很相近，他们都是古代斯拉夫人的后裔。斯拉夫语属于印欧语系，自成一个语族。9 世纪后半期，在借鉴希腊字母的基础上，创造了斯拉夫文字。后来，一部分斯拉夫人在古斯拉夫字母的基础上创制了本民族文字，如乌克兰文、俄罗斯文、白俄罗斯文、保加利亚文、塞尔维亚文和马其顿文。而另一部分斯拉夫语言的文字则采用拉丁字母，如波兰文、捷克文、斯洛伐克文、克罗地亚文、斯洛文尼亚文和卢日支文。

加洛林王朝是谁开创的？

查理·马特是基督教世界的英雄。虽然，他登上国王宝座的条件已经成熟，但像中国的曹操一样，他只是把这个任务交给了儿子——丕平。

但丕平与曹丕的不同之处就在于，他还有一个有实力的哥哥——卡洛曼。丕平兄弟俩瓜分了父亲的领地之后，曾一度在政治上亲密合作，拥立了墨洛温家族后裔的一个隐士成为末代"懒王"，并一同清除了忠于墨洛温王朝的大贵族。但兄弟二人的合作并非出于手足情深，而是因为他们有共同的利益结合点。最后，两人都想独自享有对国家的统治权，在746年的决斗中，弟弟大获全胜，而卡洛曼则被迫遁入修道院。

至此，独揽大权的丕平下一步想做什么已经是"丕平之心，路人皆知"了。但欧洲的篡位并不是一件简单的事，不是国王一纸"禅让书"就可以解决的，必须经过罗马教皇这一关。不过，丕平显然赶上了好时机，当时的罗马教皇正被北方的外族伦巴第人（日耳曼人的一支，起源于斯堪的纳维亚半岛）侵扰，急需一位世俗统治者强有力的支持。而丕平需要的则是只有教皇才能给予的名分，双方一拍即合，很快便结成了联盟。

751年，丕平遣使晋见教皇札哈里亚斯，说："法兰克国王虽属王族和称王，可除在公文上签名外实际没有任何权力。换言之，他们无权，只会照宫相的吩咐办事。"教皇心领神会，为赢得法兰克的支持以反对伦巴第人的威胁，便回答道："有实权的人应当称王，比徒有国王虚名的人称王更好。"于是，丕平在苏瓦松召开大会，隆重宣布教皇的"决定"，正式篡位称王，加洛林王朝便由此建立了。

贵族们把丕平高举在盾上，显示出对他的极力拥护，红衣大主教卜尼法斯为丕平涂膏油、戴王冠，将墨洛温王朝末代国王希尔德里克三世囚禁在修道院。

什么是采邑制？

采邑制是中古西欧封建土地所有制的一种形式，由法兰克王国宫相查理·马特率先实行。在拉丁文中，"采邑"的原意为"恩赐"，指封主赐给封臣的土地或其他财产。墨洛温王朝末期由于大土地所有制的发展，自由农大量破产，国家的兵源日益匮乏，中央的政治、经济、军事力量衰落。赫斯塔尔·丕平死后，争夺最高权力的斗争立即开始。丕平的妻子监禁查理（即查理·马特），把持政权。纽斯特里亚、勃艮第、阿奎丹和弗里斯兰独立，撒克逊人、阿瓦尔人，特别是阿拉伯人乘势发动进攻。查理在奥斯特拉西亚贵族支持下平定叛乱，又于732年在普瓦提埃粉碎阿拉伯人的进攻，从此声名鹊起，被称为"马特"（锤子）。

查理·马特是法兰克封建统治阶级中一位有眼光的政治家，他有一种预感，如果不改变墨洛温王朝无条件封赐土地的方法，就不能长治久安。他没收叛乱贵族和部分教会土地封给官员和将领，受封者必须服兵役和履行封臣义务（如缴纳捐税，交出盗匪），而且只限本人，不可世袭。双方如有一方死亡，或封臣不履行义务，分封关系终止。若想继续以前的关系，必须重新分封。加洛林王朝时期，分封礼正式形成：封主赐给封臣以象征土地的树枝、泥土和茅草，封臣跪下双手合掌放在封主手里，并按着《圣经》向上帝宣誓忠于封主。

"丕平献土"是怎么回事？

753年，罗马又一次遭到了伦巴第人的威胁，新教皇斯蒂芬二世冒着风雪，翻过阿尔卑斯山脉前往法国，亲往基尔西向丕平求援，并且亲手为丕平涂圣油、加冕，并宣布禁止任何人从别的家族中选立教皇，违者将被剥夺神权，并被逐出教门。作为回报，在

754 和 756 年，丕平两次出兵意大利打败伦巴第人，将夺得的拉文纳到罗马之间的"五城区"赠给教皇。于是，这就是被基督教世界称颂了千余年的"丕平献土"，从此在意大利的中部，就有了一个教皇国，一直存在至今。

中世纪罗马教皇的权力很大，为影响欧洲政治力量平衡的重要一极，甚至还出现了"卡诺莎雪地求饶"这样的事件。除了教皇身上的一层神光之外，"教皇国"这个物质基础更为重要。而且，由于丕平献土缔造了教皇国，此后历代法国君主都以教皇的世俗庇护人自居（当然，这也有丕平的儿子查理曼的一部分"功劳"），于是便有了后来的阿维尼翁之囚，还有以法国为后台的教皇国，这就阻碍了意大利的统一。

查理曼帝国是怎样建立的？

768 年，丕平去世，其儿子查理曼和弟弟卡罗曼遵照丕平的遗嘱平分了法兰克王国，实行共治。卡罗曼死后，查理曼成为法兰克王国唯一的国王。在位的 46 年间，查理曼共进行了 50 多次战争，使得加洛林王朝达到鼎盛。

查理曼当政后，继续打击伦巴第王国，把占领的意大利中部土地奉献给罗马教皇，并且获得了教皇给他的"罗马人长老"的称号。从此，查理曼便开始控制意大利的北部和中部。

查理曼一生中进行的最长战争，是对北方撒克逊人的征服。从 772 年开始，查理曼亲率大军发动对撒克逊人的战争，对于撒克逊人的反抗，他一直采取的措施就是残酷镇压。他还残忍地将 4500 名撒克逊人质全部处死，所有撒克逊儿童都要用刀剑量过，凡超过规定高度者，都将接受被砍头的命运。然而查理曼的残暴并没有吓倒撒克逊人，爱好自由的撒克逊人顽强不屈，英勇抗争，与查理曼展开了不屈不挠的持久战。双方持续了 33 年的战争，查理曼在撒克逊地区建立了大批教堂，强迫所有撒克逊人信仰基督教，不守教规、保留异教习惯者均被处死。各地居民都必须给教会提供土地、房屋、劳役和交纳什一税。这样，法兰克王国的国境线推到了易北河一带。

在与撒克逊人作战的同时，查理曼还征集了一支庞大的军队进攻西班牙。778 年，查理曼的军队越过比利牛斯山，攻打当地的阿拉伯人。回师途中，当后卫部队经过比利牛斯山隘口的时候，突然，山顶上喊杀声如潮，两侧的树林里冲出密密麻麻的人群，原来他们是当地的巴斯克人，因反对查理曼侵入自己的家园，特地在森林茂密的山顶上布置了伏兵。在夜色的掩护下，巴斯克人把查理曼的后卫官兵杀得片甲不留，查理曼的部将罗兰英勇战死。这一事迹后来被文学家加工成法兰西最早的民族史诗《罗兰之歌》，诗中把罗兰当作中古骑士的楷模，查理曼为封建君主的典范。23 年后，查理曼又一次远征西班牙，吞并山南广大地区，建立了西班牙边防区。

查理曼占领伦巴第国，触怒了伦巴第国王的女婿巴伐利亚公爵塔西洛。他决定向查理曼发起挑战，替岳父报仇。787 年，查理

800 年圣诞日，教皇立奥三世在罗马圣彼得教堂为查理曼加冕称帝。

曼出兵巴伐利亚，废黜了巴伐利亚公爵，并且直接统治了这个地区。

在对外侵略扩张的过程中，查理曼仍然与罗马教皇保持着相互勾结和利用的关系。教皇与法兰克人的勾结招来了罗马大贵族的不满。795年圣诞节，教皇阿德连一世去世，新任教皇立奥三世继位没多久，贵族们就编织罪名把立奥三世逮捕入狱，并扬言要挖掉他的眼睛，割掉他的舌头。立奥三世秘密派人向查理曼求救，查理曼立即率兵前往罗马，将罗马贵族或处以死刑，或者终身监禁。第二年又亲自送立奥三世回罗马复位，立奥三世感激涕零，于800年封查理曼为"罗马人皇帝"，查理曼成为古罗马帝国的合法继承人和基督教世界的保护者。从此，查理曼国王变成了"查理大帝"，法兰克王国成为"查理曼帝国"。

不过，查理曼帝国持续的时间并不长。查理曼死后不久，他的三个孙子在843年三分帝国，也就是后来法兰西、德意志和意大利的前身。

英格兰国家最初是怎样形成的？

远古时期，不列颠岛附着在欧洲大陆的边缘上，还不是被海洋包围的岛屿。岛上的泰晤士河，曾经也属于欧洲大陆上的莱茵河水系，两河水脉相通，本为一体。后来，地壳变迁，海水上涨，不列颠与大陆分离，便自成一岛。

在公元前4000年，遥远的地中海的伊比利亚人来到了大不列颠岛。他们在岛上开始了艰苦的创业史，并用大而笨的石器种植粮食和狩猎。

此后，高特尔人、凯尔特人、比格尔人，也先后来过该岛，经过民族大融合，征服者与被征服者形成了统一的民族——不列颠人。

从公元前53年起，不列颠人就遭到了罗马人的侵略，罗马人对大不列颠岛的统治大约有400年。但罗马帝国和大不列颠岛的距离太远，所以它对大不列颠岛的干涉并不太多。不列颠人幸运地把自己的传统保留下来。

在罗马结束对大不列颠岛的统治后，日耳曼人来了。进入大不列颠岛的日耳曼人主要是盎格鲁、撒克逊和朱提三个部落。而撒克逊人和朱提人又被称为盎格鲁人。盎格鲁人早就盯上了大不列颠岛，但一直苦于无理由动手。直到一个不列颠部落与其他部落打仗，请盎格鲁人前来帮忙，盎格鲁人求之不得，他们利用这个机会，对不列颠人大开杀戒，一举夺得不列颠人世代生存的东南沿海、内地地区，开始掌管大不列颠岛。

退到西部山区的不列颠人始终没有放下手中的武器，他们团结奋战，绝不向盎格鲁人低头。盎格鲁人对他们也没有办法，这些不列颠人被盎格鲁人称为威尔士人，他们的地区也就被称作威尔士。

进入大不列颠岛的盎格鲁人内部矛盾重重，征战不断。直到在后来的很长一段时间里，他们才形成了平衡的格局，分成了7个小国。英国人称这个时间段为"七国时代"。

英格兰是怎样击退维京人的？

丹麦维京人入侵的规模逐渐扩大，由海盗掠夺发展为攻城略地的行为，控制了英国的东北部地区，并按照丹麦人法律制度统治，成为英格兰的"国中之国"。871年，英格兰国王阿尔弗雷德在威尔顿抗击丹麦人的战役中失利。于是他一方面用纳贡赎买的办法削弱了丹麦人的控制，另一方面精修内政，建立了贵族学校培养人才，编制了法令，巩固了统治秩序，整饬军队，建造战船和要塞，然后发起反攻。878年，在伊盛丹尼战役中重创丹麦军，取得了决定性的胜利；次年迫使丹麦人媾和，并与之缔结了《威德摩尔和约》。

古罗斯国家是什么时候建立的？

862年，北欧瓦良格人首领留里克率领亲兵夺取了罗斯北方的诺夫哥罗德，建立了最早的罗斯人国家。当时，生活在东欧广大地区的东斯拉夫人虽然已经有了先进的生产方式，不过仍处于部落的征战阶段，尚未建立统一的国家。瓦良格人则是经常穿越东欧南路（"瓦希商路"），从事征战和贸易的北欧民族。879年，留克里的继承者奥列格大公率军沿"瓦希商路"南下，于882年占领基辅，建立了基辅公国，这是最早的古罗斯国家。

基辅罗斯对拜占庭的斗争是怎样的？

9至10世纪，新兴的基辅罗斯人多次沿"瓦希商路"南下，向君士坦丁堡发起进攻，争取在拜占庭的贸易权利。860年，罗斯人第一次进攻君士坦丁堡。907年，基辅大公奥列格再次率军抵达君士坦丁堡城下，迫使拜占庭与之签订贸易协定。957年，罗斯女大公奥丽加出访君士坦丁堡，受到了隆重的礼遇，双方建立了亲切友好的关系。一些罗斯贵族还接受了基督教。

欧洲银行是怎么兴起的？

11世纪初，欧洲城市逐渐兴起后，形成了以意大利为中心和波罗的海和北海两个主要的商业区，世界上最早的银行出现在意大利的城市，后来银行业又以上述欧洲南北的两大商业区为中心逐渐扩展开来。

当时的欧洲货币种类繁多，国与国之间、各个封建领地之间，甚至城市之间的货币都不同，而且铸造货币还成为攫取暴利的一种手段。一些人在货币中掺杂了很多杂质，使得市场上的币值低劣、伪币横行。于是商人在做生意的时候必须分辨清货币的真伪和质量，市场就有了专门以鉴定、估量、兑换货币为职业的钱商，即兑换人。

随着贸易的发展，有的兑换人开展了借款业务，借款人出具期票给兑换人，按规定的日期归还，并付利息。这样，兑换人通过经营汇兑和借贷业务就会获得高额利润，慢慢地就变为了银行家，兑换业逐渐发展为银行。

欧洲中世纪的行会是怎样的？

11世纪，欧洲农业经济的发展，促进了作为手工业和商业中心的城市兴起。与此同时，手工业行会也已出现。它是由手工业者组成的同业联盟，其成员被称为"行东"。行会通过会员大会选出会长和若干职员负责行会的管理。为了杜绝行会的内部竞争，维护本行业的产品信誉，行会制定了严格的章程，对学员和帮工的定员、生产工具和劳动时间乃至原料及产品的数量、质量都做出了统一的规定。

中世纪的骑士制度是怎样形成的？

欧洲中世纪最小的封建主是骑士，其身份是军人。当时军人形象极受社会尊敬，因为那时战事频繁，人们把战争当成是一种生活的常态。在经济领域中，骑士又是封建体制的组成部分，效忠于领主，并通过宣誓等仪式来加强这种纽带关系。从社会阶层来说，贵族可以是作战的骑士，但骑士并不一定是贵族。骑士的主要职责是作战，而不具备贵族所具有的司法权和世袭权，他们是贵族的随从，是贵族、农民的中间阶层。

当时，出身于贵族家庭是成为骑士的重要条件，同时骑士还必须从小接受训练，到领主家充当侍从学文习武，向女主人学习礼仪，21岁时必须经过"授甲式"方能被正式授予"骑士"称号。仪式很隆重：在第一天中要进行沐浴和祈祷两个仪式，目的是净化肉体和灵魂。第二天正式授封，当事人必须单膝跪地，宣誓效忠于主人，捍卫宗教、保护妇女、行侠仗义。宣誓完毕后，主人把剑挂在骑士身上，并用另一出鞘剑的剑背在他背上轻击两下，表示认可。从此，当事人就正式获得了"骑士"称号。

获得称号的年轻骑士常常以马上比武的方式，来显示自己无愧于"骑士"这一光荣称号。不过，骑士无论是参加马上比武还是进行实战，都要遵守某些成文规则和惯例。如，一个骑士不能对另一个毫无戒备的骑士发起攻击，必须等待其做好战前准备。对真正的骑士来说，搞突然袭击是一种可鄙的行为。另外，当一名骑士俘虏了另一名骑士后，必须将俘虏待如上宾。

除了交战的惯例外，骑士制度还有许多其他的内容。基督教会教导骑士应该遵守基督教的戒律。如骑士应该帮助穷人，保护教堂、妇女和所有无防卫能力的人，等等。虽然并不是所有骑士都遵守这些准则，但是随着时间的推移，基督教会和贵妇人会竭尽所能把一个鲁莽、好斗的骑士变为有教养、懂礼貌的骑士。

骑士的优势就是拥有马匹和重武器。势力大的骑士，还拥有高墙与深沟环绕的城堡，统治着附近的农村。中世纪早期，国王和中央政府几乎没有任何实权，权力旁落到最出名的骑士手中。他们甚至目无法纪，盲目自大，还蓄意发动战争的倾向。

历史上有几个著名的宗教骑士团？

西欧天主教会与封建主为保卫其在东方侵占的领地组织了宗教性封建军事团体，或称僧侣骑士团，直属教皇，不受各级教会机构、世俗政权的管辖和干预。骑士团成员为修道士，须遵守一般修道士的三大誓约，即守贫、守贞和服从。同时又须接受军事训练，使自身具有攻城略地、据守城池的能力。此外，骑士团内部分为三个等级，即骑士、随军神父和侍从。医院骑士团、圣殿骑士团与条顿骑士团是当时的三大骑士团。

医院骑士团，因奉施洗者约翰为守护神，也称圣约翰骑士团，以前是11世纪受意大利商人资助，由本笃派修道士经营的医院或慈善团体负责医治、照料贫病的朝圣者。后来，又开始参加军事活动。12世纪初期，仿效圣殿骑士团建立宗教骑士团，但继续从事医护工作。

圣殿骑士团约于1119年由几个法国落魄骑士以武装保卫圣地与朝圣者为宗旨发起组织，亦称基督贫穷骑士团。

条顿骑士团，全称为圣玛丽医院的条顿骑士团。1198年成立，成员均为德意志骑士。1291年以前，总部设于阿克。但从1211年起，在大团长萨尔扎领导下，骑士团的活动中心就自中东移往东欧。1237年，条顿骑士团与侵入波罗的海的立窝尼亚宝剑骑士团（1202年成立）合并，势力壮大。他们压迫、奴役当地居民，邻近的地区也遭受着他们的威胁。1804年，该骑士团被拿破仑解散。

后来，还有几个较小的宗教骑士团先后出现，他们活动的范围主要集中在西班牙、葡萄牙和东欧等地。

西欧的封建庄园为什么被称为"领主的天堂"？

封建庄园是封建主经营的大地产，在各国的封建社会中普遍存在，西欧的封建庄园盛行于中世纪早期，也就是9至11世纪。这段时间，作为封建统治阶级的国王、贵族、高级僧侣兼并农民的土地和农村的公有土地，成为大土地所有者，而广大丧失土地的人却沦为农奴。

西欧的封建庄园是一种典型的自然经济。领主与农奴的生活必需品基本上都是靠自己生产，只有少数的产品才到庄园以外去交换，货币用的也较少。耕地分为春播、秋播、休耕三部分，每年轮换一次，休耕地在当年作为牧场。

领主会对农奴施以种种残酷的剥削，领主还利用设立的酒坊、油坊和面包房吸吮农奴的膏血。此外，在繁重的苛捐杂税之外，还有所谓的军器税，领主通常会以这个为名义，索取农民最好的马匹和其他牲口，如若没有，他们就会取走一件最值钱的东西。

除了领主的剥削外，天主教对农奴的剥削也十分残酷。农奴终年劳动，为领主当牛做马，生活十分困苦。领主饱食终日、挥霍无度，想尽方法寻欢作乐，而农奴却要遭受如此大的剥削，领主的快乐完全是建立在农奴的辛勤劳动之上的。可怜的农奴却是有理无处诉说，有冤无处申。

也正因为此，西欧的封建庄园被称为领主的天堂。

西欧封建城市出现于什么时候？

11世纪，农业的生产发展为城市的出现奠定了必需的原料与销售市场，随后，城市就出现了。城市发展最迅速的地方莫过于意大利和法国南部的地区。当中的一些城市是罗马时代留下来的一些古城，慢慢地就变为繁荣的经济中心。此外，还有从事商业贸易的商业城市，如威尼斯、热那亚等。城市的兴起标志着西欧封建社会进入一个新的历史时期，它推动了生产力的发展，也促进了科学、文化的发展。总之，城市的兴起为封建制度的解体和资本主义的发展开辟了道路。

北欧海盗是怎样扩张的？

北欧海盗起源于8世纪末，维京人是其主体民族，也被叫作诺曼人，为日耳曼人的北支，生活在北海沿岸及斯堪的纳维亚半岛。北欧居民在部族首领的带领下，组成船队，在不列颠岛及欧洲大陆沿岸一带，开始抢掠财物的活动，后又登上陆地，攻城略地，杀人如麻。因为这些海盗的航行路线多是南下，故被称为北欧海盗。后来在法兰克国王查理大帝"以夷治夷"的策略下，大批海盗定居诺曼底平原。

8世纪末，挪威人开始出海冒险进行海盗活动，不过他们的实力和规模与丹麦人相差甚远。他们先占领了北海西部的奥克尼群岛和法罗群岛，并且把两个群岛作为基地向不列颠进发。

从839年起，挪威人不像以前那样把劫掠的范围设定在爱尔兰沿海地带，他们长驱直入，烧杀抢劫，一直攻打到都柏林城下。与此同时，有一支丹麦军队也从英格兰进攻爱尔兰。挪威人和丹麦人在都柏林城下进行火拼，战斗进行得激烈而残酷，挪威人击溃了丹麦人。

852年，挪威重兵进攻爱尔兰，血洗都柏林，并且在爱尔兰建立起挪威人的王朝。挪威人又以爱尔兰为基地，大举讨伐苏格兰，由此便占领了苏格兰的大部分土地。

由于地理位置偏僻，气候寒冷，瑞典比丹麦和挪威开化得更晚。它虽然有很长的海岸线，但是最富庶的南部斯堪尼亚一带从8世纪起就一直为丹麦人所掌控。当时瑞典南部人烟较稠密，而中部和北部则地广人稀，农业生产异常低下，不可能同丹麦和挪威进行较量，于是瑞典人就设法去东面的俄罗斯和芬兰进行冒险。

瑞典人进行的大规模冒险活动主要在东面，他们构成了北欧海盗的东支。瑞典人是在862年到达俄罗斯的，因为当时瑞典东海岸上有个地方原叫罗登，后来又叫罗斯拉根。瑞典人向东进行冒险活动大多要从这里出海，因而瑞典人被称作"罗斯人"。

当时的俄罗斯还处在半开化半野蛮时期。瑞典人到这里收集俄罗斯出产的贵重皮毛，然后再将其贩运到德意志、荷兰以及中亚等地。只要中途一有机会，他们就会进行武装劫掠，财物及奴隶都是他们劫掠的对象，而且奴隶也成为他们同东方交易的主要商品之一。斯德哥尔摩以西的伯尔卡在9至11世纪海盗横行时期曾经是重要的贸易集散中心。

瑞典人在武装贸易中大发横财后，更刺激了他们向东方扩张的欲望。他们在伊尔门湖北岸建设的贸易中心迅速发展成初具规模的城市。由于这座城市紧靠湖边，瑞典人便把它命名为"哥尔摩高德"，就是"岛屿庄园"的意思。而俄罗斯当地居民则把它称为"诺夫哥罗德"，即"北方之城"的意思。诺夫哥罗德是俄罗斯的第一座城市，也是9世纪下半叶俄罗斯最大的贸易中心。

9世纪中叶，瑞典人的首领留里克宣布成立诺夫哥罗德大公国，并且自封为诺夫哥罗德大公。瑞典移民在俄罗斯不断增加后，他们扩张的步伐就更快了，势力范围由诺夫哥罗德往南扩展到第聂伯河两岸的大平原。

882年，他们又在这个平原上建设起另一城市——基辅，并且以基辅为中心建立了基辅公国。基辅公国的建立使瑞典人在俄罗斯的地位更加稳固。瑞典人在俄罗斯所聚敛到的大量财富也很有助于瑞典本土的发展，道路被不断修筑起来，农业得到了改善。

1000年至1250年左右，瑞典境内纷争不断，人口锐减，生产力受到很大破坏。同时，丹麦又频频入侵，1026年丹麦卡努特大帝把瑞典打得一败涂地，使瑞典大伤元气。在这段时间里，俄罗斯却呈现出突起的态势。1156年，俄罗斯人在如今的莫斯科建造起克里姆城堡，并且以这个城堡为中心兴建起了一个名叫基塔伊哥罗德的城市（即现在的莫斯科）。

"诺曼征服"是怎么回事？

诺曼人在8世纪末的时候，开始入侵英格兰东海岸，并逐渐建立了定居点。10世纪初，又侵占法国部分领土。911年，法兰西国王查理三世和诺曼人的首领罗洛立约，封他为公爵，将塞纳河口一带地方划归他统治，以后大批诺曼底人就来此定居，形成诺曼底公国。

1016年，丹麦人征服英格兰全境。丹麦王卡纽特拥有庞大国家，它由丹麦、挪威、瑞典和英格兰组成。1035年，卡纽特死，国家解体，英格兰乃得复国。1042年，威塞克斯王朝的后裔爱德华登上英格兰王位。爱德华曾流亡诺曼底，他的母亲是诺曼底公爵罗伯特的女儿。他虽然娶英格兰大贵族戈德温之女为妻，但在朝中却重用诺曼人，为"诺曼征服"铺平了道路。

1066年，爱德华国王逝世，但是并没有王位继承人。按照英国的法律，若死去的国王没有留下王位继承人，那王位继承问题应该由英国政治机构的核心"贤人会议"来决定。

正当"贤人会议"的成员热烈讨论王位继承者的问题时，诺曼底公爵威廉派来使者，声称当年爱德华国王流亡诺曼底时，曾许诺公爵，若有朝一日当上国王，定将王位传给公爵。这时挪威国王也觊觎英格兰的王位，声称挪威国王是卡纽特大帝之后，昔日英格兰曾归卡纽特大帝统治，现在要求恢复对英国的统治。

"贤人会议"经过反复讨论之后，决定推选英国本土戈德温家族的哈罗德为新国王。

当哈罗德在威斯敏斯特教堂加冕称王的消息传到诺曼底时，威廉公爵很生气，立即开始了军事行动。为了解除后顾之忧，他和东部的弗兰德尔人结盟，并征服西面的布列塔尼和南部的缅因。为了为军事行动创设一切有利的条件，他还游说罗马教皇亚历山大二世和神圣罗马帝国皇帝亨利四世，向他们控告哈罗德背信弃义的行为。教皇支持威廉的行动，还赐给他一面"圣旗"，亨利四世也表示要帮助威廉夺回王位。这一切为他入侵不列颠创造了有利条件。

哈罗德在继承王位后，便立即展开了紧张的军事部署。英格兰首先迎来的侵略者是挪威军队。原来，挪威人的入侵是哈罗德国王的弟弟托斯蒂格引狼入室的结果，因为他不满意自己领土被剥夺的事实，于是便怀恨在心。如此，挪威军队便在英格兰北部登陆，哈罗德下令迅速集合部队，连夜启程北上。

双方军队在英格兰北部重镇约克城下遭遇，挪威军队首先向英格兰的西线军队发起攻击，英军居高临下，一次又一次打退了挪威人的进攻。挪威军队又改向东线进攻，就在挪威军快要接近英军阵地时，英军突然万箭齐发，挪威军死伤无数，一支利箭朝挪威国王飞来，国王避之不及，一箭正中咽喉，当场毙命。在群龙无首的情况下，挪威军心涣散，伤亡惨重，余部投降。

英军虽然取得了重大胜利，但是哈罗德的军队也已经是疲惫不堪，正待整顿，后来又传来一个更坏的消息，诺曼底公爵威廉的军队在不列颠的南部登陆。

1066年9月28日，威廉的军队未遇任何抵抗便在伯文西湾登陆。10月14日，威廉的大军赶到黑斯廷斯，遭遇英军，一场决战就这样开始了。英军作战英勇，多次打退威廉的军队，不幸的是，哈罗德在混战中中箭，倒地身亡。

国王战死，英军士气衰败，黑斯廷斯战役以威廉的胜利而告终，威廉乘胜追击，攻占伦敦，不久就征服了整个英格兰。当年圣诞节，威廉在威斯敏斯特教堂举行加冕典礼，即威廉一世，史称"征服者威廉"。

《自由大宪章》是怎么形成的？

"诺曼征服"刚开始的时候，诺曼王朝在政治、军事和财政上都比较强大，但威廉死后，特别是其子亨利一世死后，诺曼王朝陷入长达20年的内战，王权遭到了削弱。

1154年，威廉一世孙女马蒂尔达的儿子、法国安茹伯爵亨利继承英国王位，史称亨利二世（1154—1189年在位）。

亨利当政时期，实行了一系列改革，王权被大大地强化了。但在"狮心王"理查（1189—1199年在位）和"无地王"约翰（1199—1216年在位）统治时期，英国王权却有所削弱。"狮心王"理查残暴无道，虽然长年在外征战，但毫无建树。"无地王"约翰则丧失了英国在法国的大部分领地，这就加剧了国内的不满情绪。他任意没收附庸的领地，干涉领主法庭的审判权力，激起大封建主的愤怒。为筹措对法作战军费，他加征额外捐税，兵役免除税从1154至1199年间增加11倍，而到1216年又增加了11倍，使过去一向支持国王的骑士和市民纷纷向诸侯倒戈。教会也因国王干涉其选举、增加税收而站在诸侯一边。在对法作战上，"无地王"约翰屡战屡败。

1213年8月25日，在圣保罗教堂召开的贵族会议上，坎特伯雷大主教斯蒂芬·朗顿宣读了亨利一世加冕时颁布的缓和教俗矛盾的《特权令》。1214年，北方贵族拒绝上缴约翰王勒索的兵役免除税。1215年初，他们在斯坦福集会，并对伦敦发起了攻势。教会、小封建主和市民也加入了其中。在各阶层的联合行动压力下，约翰王同意在兰尼米德草地举行会谈。1215年6月中旬，约翰王被迫在朗顿和贵族们拟定的《自由大宪章》上签字。

大宪章是一个典型的封建法律文献，全文共63条，旨在限制王权，保护教会、贵族、封建主的权利。大宪章宣称，英国教会享有自由，其权利不受干扰，其自由不受侵犯。不经大贵族会议同意，国王没有权力向领主征派赋税。国王承认教会的选举自由；对自由人不得任意逮捕、监禁或放逐。

诺曼王朝是怎样崩溃的？

1086年，威廉为了征收更多赋税用于对外武力扩张，下令进行土地财产调查，并编订成册，这就激起了英格兰各地反诺曼人的斗争。1087年，威廉出兵同法兰西国王腓力一世作战时，死于法国鲁昂附近。后来他的两个儿子威廉二世和亨利一世相继继位。亨利一世在其独生子溺毙以后，马上立女儿马蒂尔达公主为继承人。但亨利死后，威廉一世的外孙斯蒂芬继承了王位，并一直和马蒂尔达派作战。1153年，双方达成沃林福德条约。规定斯蒂芬死后王位须由马蒂尔达的儿子安茹伯爵亨利继承。第二年，斯蒂芬去世，亨利即位。从此金雀花王朝取代了诺曼王朝。

英国议会制是怎样形成的？

虽然《自由大宪章》调整了封建等级之间的关系，但并没有从根本上解决英王与封建领主之间的矛盾。1258年，以西蒙·德·孟福（约1208—1265年）为首的贵族发动兵变，迫使英王亨利三世签订了《牛津条例》，要求国王按照习惯与重臣协商的原则治理国家，由国王的12名宫廷会议成员和15名诸侯代表组成的联席会议在牛津举行，共商国是。牛津会议把一切权力交给了少数贵族，但本质上实行贵族寡头统治。

和约翰一样，亨利三世也无意遵守大宪章，他于1262年取消《牛津条例》。后来，贵族公开叛乱。不久，贵族们获胜。1265年1月，在伦敦召开了英国史上首次议会，除5名伯爵、18名男爵与会外，还有每郡两名骑士代表和每个大城市两名市民代表参加会议。普遍认为，它是英国议会制的开端，议会君主制形成的标志。亨利三世之子爱德华一世在1295年召开由各封建等级共同参加的议会，而且这一次会议几乎成为此后历届会议的典范，被称为"模范议会"，标志着英国等级君主制的形成。

路易九世为何被称为"完美怪物"？

路易九世（1214—1270年）被尊为"圣路易"，法国卡佩王朝第九任国王（1226—1270年在位），被奉为中世纪法国乃至全欧洲君主中的楷模。尽管他没有给法国带来什么革命性的变化，但他有效的统治给法国带来了一个稳定繁荣的时期，加强了法国王室的权威和地位，为法国王室在半个多世纪后的英法百年战争的沉重打击中仍屹立不倒，并进而为形成法国民族国家打下了一定的基础。

路易九世可以说是法国历史上最亲民的国王。他非常热衷于宗教和慈善事业，他喜爱新成立的圣芳济修会及多米尼加修会，毫不吝惜地捐钱给他们。

无论走到何处，他每天总给120个穷人饭吃，并选其中3人和他共同进餐，亲自服侍他们，为他们洗脚。他还服侍麻风病人，并亲手喂他们吃饭。他每天周济的病人、穷人、寡妇、分娩的妇女、妓女、残废的工人简直不计其数。他替贫苦的盲人洗脚，但是受惠者并不知道服侍他们其实是国王。就是因为这些默默的付出，他才被史学家称为"这世界上从未见过的完美怪物"。

神圣罗马帝国的奠基人是谁？

奥托一世，德国撒克逊王朝的第二代国王，神圣罗马帝国的奠基人。他被称为"奥托大帝"，是19世纪德国统一前最强有力的统治者。

912年11月23日，奥托一世出生在德意志撒克逊王朝的王宫里。他自幼习武好战，年轻时随父王亨利一世四处征战。

奥托继位后，首先集中精力平定内战，削弱国内的割据势力。937年，巴伐利亚公爵谋反，奥托两次发兵征讨平定后，任命原公爵之弟仍为公爵，同时采取种种办法限制其权力，将原公爵的司法权授予他直接任命的巴伐利亚主教，人称"奥托特权"。他又任命一位权力很大的巴拉丁伯爵，代表中央在巴伐利亚处理司法事务和征集税收。另外，他还让弟弟娶巴伐利亚公爵之女为妻。947年巴伐利亚公爵死，其女婿继位。奥托用征讨和联姻的办法，把巴伐利亚牢牢掌控在自己手里。

944年，洛林公爵（928年从法国夺回）死，奥托派他后来的女婿、法兰克尼亚公爵康拉德去继承，把洛林拿到手。949年，士瓦本公爵在危在旦夕的时候，奥托又命令公爵女婿、自己的儿子继承爵位。

奥托在完全控制各大公爵领地的情况下，全力抵御匈牙利的侵扰。后来，奥托还进军意大利，占领伦巴第。但奥托并不能满足于对北意大利的控制，而是极力争取对教皇的掌控权。962年2月，在圣彼得大教堂，约翰为奥托加冕称帝，称他为"罗马皇帝"，在查理曼帝国瓦解之后，西方又建立了一个"罗马帝国"。

什么是霍亨索伦王朝？

霍亨索伦是欧洲的一个王室，也是欧洲历史上的著名王朝，是勃兰登堡－普鲁士（1415—1918年）及德意志帝国的主要统治家族。约1100年，其始祖布尔夏德一世受封为索伦伯爵。霍亨索伦的领地在今上内卡河、施瓦本山和上多瑙河之间，16世纪中叶，该家族在索伦前冠以"霍亨"（意为高贵的）字样，称为霍亨索伦家族。

1191至1192年，索伦伯爵腓特烈三世和纽伦堡伯爵联姻，成为腓特烈一世。他的两个儿子分割领地，康拉德三世获纽伦堡伯爵领地，而腓特烈四世获士瓦本的原领地，从而形成信奉新教的弗兰肯系和信奉天主教的士瓦本系两支。

什么是德意志骑士团？

1190年，德意志十字军在巴勒斯坦的阿卡建立了一个属于医院的慈善团体，1198年以后它逐渐演变为军事组织。因为该团主要由德意志骑士组成，故得名，亦称条顿骑士团。

骑士团势力的日益扩大后，就引来了波兰和立陶宛的敌视，1408年萨摩吉提亚发生了反对德意志骑士团的暴乱。1410年7月，立陶宛、罗斯和波兰的联军在格林瓦尔德附近的战役中大败德意志骑士团。此后该团的军事力量、政治权威和经济地位都发生了大的逆转。1466年骑士团被迫签订和约，承认自己为波兰的藩臣。1525年骑士团团长阿尔贝特把占据的东普鲁士改为普鲁士公国，骑士团地位由此丧失。1809年，拿破仑解散了该团，1834年又经奥地利帝国恢复。1929年，骑士团实现了改组。

什么是骑士文学？

骑士文学是与教会文学完全不同的一种世俗文学，它产生于11至13世纪。这一时期，征战不息的创业时代结束了。由于骑士制度的确立、骑士阶层社会地位的提高，产生了他们自己的精神生活和道德准则。他们追求个人英雄主义的骑士荣誉和侠义的扶弱锄强的骑士精神以及温文尔雅的骑士风度等。骑士文学将这种精神特征反映得淋漓尽致。

骑士文学大多取材于民间传说和史诗，其大致可以分为两类，一类是封建骑士的建功立业、侠义冒险的精神，一类是崇拜贵妇人及爱情至上等。

教皇制改革是怎么回事？

1046年，亨利三世来到了意大利，废除了三位和他为敌的意大利籍教皇候选人，而任命听从他的一位德意志改革派教士为教皇。亨利三世的这一举措导致后来的教皇开始推行改革，颁布敕令禁止买卖圣职、教士结婚以及教会内部的各种不道德行为。此外，教皇还坚持自己作为首席主教和无所不在的精神领袖地位，使自己的行动具有威信。教会所采取的最重要的步骤之一就是于1059年颁布了一项有关教皇选举事务的敕令。这个敕令规定：只有红衣主教才有资格提名教皇候选人，从而消除了罗马贵族或德意志皇帝插手此事的机会。此后，教皇选举得以享受相对的独立性。

卡诺莎事件是怎么回事？

1076年10月16日，德国教俗封建主向亨利四世发出了最后通牒，宣布如果他一年内不能恢复教籍，教皇将成为德国统治者。亨利孤立无援，被迫于1077年1月翻越阿尔卑斯山，到意大利的卡诺莎向教皇请罪。从1月25至28日，亨利四世身着罪服在城堡下顶风冒雪等候三日，才得到了教皇的赦免。这次事件史称"卡诺莎事件"。

威尼斯人为什么要发动对拜占庭的战争？

12世纪，威尼斯人为保证自己在拜占庭帝国的商业特权不受到损害，同帝国发生了激烈冲突，从而引发了战争。

威尼斯共和国成立于9世纪中期。992年，拜占庭皇帝瓦西里二世曾决定对进入马尔马拉海和阿比都斯的威尼斯商船减免部分关税，鼓励威尼斯人进入东地中海贸易区。1082年，威尼斯人更是享有了种种特权。接着，威尼斯又取得在近东几个国家内的贸易特权，从此，威尼斯成为东地中海首屈一指的航海大国。1122年，拜占庭暂时摆脱了诺曼底人的威胁之后，企图取消已赐予威尼斯人的特权，这就招致了威尼斯对拜占庭的战争（1122—1126年）。威尼斯舰队骚扰爱琴海诸岛，攻占爱奥尼亚海上的科学岛和克法利尼亚岛，迫使拜占庭收回成命。1148年以后，处于诺曼底人威胁下的拜占庭再一次扩大了给予威尼斯人的特权。不久两国关系紧张，拜占庭又企图借热那亚及比萨人的力量牵制威尼斯。1155年，拜占庭与热那亚人和比萨人结盟，之后就开始大规模迫害威尼斯人的行为，没收其货物、财产。于是威尼斯又一次发动对拜占庭的战争（1171—1177年），要求拜占庭再次赔款，重新确认威尼斯人已有的特权。

哪次战役把英国纳入了欧洲的文明进程？

英国是一个孤立于欧洲大陆之外的岛国，但是一次次来自大陆的冲击却把它纳入了欧洲文明的进程，诺曼底人征服英伦的黑斯廷斯之战就为英国翻开了重要的一页。

978年，丹麦维京人在英国疯狂地劫掠。英国国王埃塞尔雷德二世为彻底解除丹麦人的威胁，将境内所有丹麦人不论男女老少一律处死，这种做法遭到了丹麦人疯狂的反扑。1013年，丹麦国王斯汶亲率大军讨伐英国。埃斯尔雷见势不妙仓皇逃往诺曼底。丹麦王国衰落后，英格兰贵族把流亡在诺曼底的埃斯尔雷之子爱德华迎回英国，推举他为王位继承人，爱德华即位后在朝中重用诺曼底人，并于1051年邀请其表弟、诺曼底公爵威廉访问伦敦。因为他没有子女，便许诺威廉为王位继承人。但在临终前又把王位让给了王后的兄弟哈罗德。

哈罗德登位没几天，威廉便以爱德华曾允许他继承王位为由，派使者来英国提醒哈罗德履行诺言，但是哈罗德却无动于衷，威廉决定以武力夺取王位。由此，双方开始了一系列的交战。开始威廉凭借强大的军事力量使英军遭受很大的威胁，但后来英军居高临下，兵器锐利，当两军接近时，他们的弓箭和长矛开始发威，给诺曼底人造成严重的打击。威廉派骑兵投入战争，又被英国步兵打得纷纷落马，败阵而逃。哈罗德占了上风，而诺曼底军队左翼坚持不住。不得已，威廉派人假传谣言，说自己已经战死，诺曼底军队顿时全线撤退。哈罗德信以为真，就命令追击，然而威廉却发动突然袭击。一时间，英军全线崩溃。威廉趁机率领诺曼底军队围攻哈罗德的军队，大获全胜。

之后，威廉大军又向伦敦挺进，英格兰的主要领袖都向他投降，这样，凭借着黑斯廷斯一战，威廉完全征服了英国而登上国王的宝座。1066年12月25日，威廉加冕称帝。

黑斯廷斯战役的胜利确立了诺曼底人对英格兰的统治地位，从此开始了英国历史上的诺曼王朝。

英法为什么会爆发一场持续百年的战争？

自从1066年法国诺曼底公爵征服英国，成为英国国王以后，英法两国的封建主在王位继承和领地归属的问题上就产生了很多分歧，由此引发了一场持续100多年的战争，史称"百年战争"。

英国王室在法国占有大量的领土，虽然在12—13世纪，法国逐渐夺回了一部分，但英国在南方地区的占据活动，仍是阻碍法国政治统一的最大障碍。另外，商业和手工业发达的佛兰德尔也是两国争夺的焦点。

1337年，法国腓力六世宣布收回英王在法国的领地，而英王爱德华三世也以法王腓力四世外孙的名义，争夺法国王位，由此爆发了战争。

1428年，英军再度入侵法国，包抄法国北部，包围了通往南方门户的奥尔良。此刻，法国民众在女英雄贞德的率领下奋起抗战。查理七世转败为胜，于1436年收复巴黎。而后，双方展开决战，法国大获全胜，收回了除加来港外的全部领地。至此，英法百年战争结束。

为什么说克勒西之战是英格兰长弓的胜利？

1346年的克勒西之战，英军大胜法军。这场战役中，英国长弓手起了关键作用，这种弓射程达200米以外，只比旧式滑膛枪的射程稍近一点。箭可以穿透2厘米厚的木板，甚至可以穿透胸甲，对于抵御骑兵相当有用。后来，英军接连打退了法军的15次冲锋。法军伤亡惨重，腓力六世受伤，被迫退兵亚眠。英军大捷，乘胜进入诺曼底。此战法军伤亡万余人，英军伤亡则不到二百人，这是世界上以弱胜强的著名战役。所以英国人骄傲地将克勒西战役列为英国军事史上著名的四次大捷之一，也把这次战争说成是英格兰长弓的胜利。

英法百年战争共分为几个阶段？

英法百年战争共分为四个阶段，它们分别是：

第一阶段（1337—1360年），英法双方争夺佛兰德尔和基恩。在斯旅斯海战中，英国海军重创法国海军，夺得制海权，英国处于有利地位。第二阶段（1369—1380年），为了夺回英占领区，法王查理五世改编了军队，整顿了税制。他用雇佣步兵代替了部分骑士民团，并建立了新的野战炮兵和新的舰队。这时，法国的势力增强，开始占据有利地位。第三阶段（1415—1424年），法国因国内矛盾加剧力量遭到削弱，英国乘机挑起战争，法国被迫反抗。第四阶段（1424—1453年），随着法国人民群众的参战，法国主要以游击战为主要作战方式，英军最后以失败而告终。

为什么贞德又被称为"奥尔良姑娘"？

英法百年战争后期，法国的两大封建主集团乘机争权夺利，这就给了英国以可乘之机。

1428年，英国围攻通往南方的门户奥尔良，形势十分危急。就在这时，一个十几岁的农家姑娘贞德挺身而出，决心拯救危难中的祖国。她连夜赶去求见王子，要求让她带兵去解围。贞德的爱国热情使查理备受感动，查理答应了贞德的请求，给她分配了一支军队。

1429年，贞德率领军队开赴奥尔良。法军冲破了英军的重重包围，冲出城内。贞德的英勇行为鼓舞了成千上万的法国人。法军士气大振，终于击退了围攻的英军。从此，这位奥尔良战役中的女英雄又被称为"奥尔良姑娘"。

但是不幸的是，深感不安的法国封建主将其出卖，并把她交给英国人。1431年5月31日，英国人以"女巫"的罪名把贞德活活烧死，那时，她的年龄还不满20岁。

什么是"红白玫瑰战争"？

英法百年战争结束后，英国皇族后裔的两个旁系家族形成了对立的两个封建主集团：北方以兰开斯特家族为代表，它周围势力是试图维持封建割据势力的贵族及大封建主，族徽为红玫瑰；南方以约克公爵家族为代表，它依靠的是东南部那些靠发展贸易和手工业兴起的新贵族及城市里的富裕阶层。为了争夺英国王位，双方进行了长达30年的内部残杀，这就是历史上著名的"红白玫瑰战争"。

这次战争是英国专制政体确定之前的最后一次战争，在整个战争中，封建关系大为削弱，而资产阶级力量却逐渐加强，政体也逐渐走向了统一。

威尼斯同盟是怎么回事？

1491年9月，法国查理八世率军越过阿尔卑斯山，侵入意大利，这就激起了意大利各国的反对。于是阿拉冈国王斐迪南以西西里国王的名义联合教皇亚历山大六世、德国皇帝马克西米连一世以及威尼斯等，结成"威尼斯同盟"，共同反对法国。路易十二继位后，又采取外交手段拆散了"威尼斯同盟"。

中世纪谁领导了英国最大的农民起义？

中世纪英国规模最大的一次农民起义发生于1381年，也就是瓦特·泰勒起义。

英法百年战争给英国造成了严重的损失。尤其是1369年后，百年战争进入了第二个阶段，英国接连失败。1375年，英国几乎丧失了在法国的全部领土。为了支付战争费用，英国开始征收人头税，税额连年上

瓦特·泰勒和约翰·保尔领导英国农民起义。中间坐在马上的人是提倡社会平等的司祭约翰·保尔。

涨，与此同时，鼠疫也不断在全国蔓延，英国的人口减了近一半，由于缺少劳力，英国的经济也逐渐走向了崩溃。当时，物价飞涨，但英王却极力压低工资，这都使得英国人民苦不堪言。

这时，一个名叫约翰·保尔的下级教士开始猛烈抨击社会的不平等，进而宣扬平等的思想。很快地，这种思想就在城乡人民中引起了强烈的反响，为以后爆发农民起义做了舆论准备。

1381年5月，英国东南部的两个郡发动了起义。仅一个月内，全国的40个郡中就有25个郡奋起响应。农民推举瓦特·泰勒为领袖，组织了武装队伍向伦敦进发。伦敦贫民打开城门欢迎他们，起义军处死了人民痛恨的大臣，烧毁了法院的档案。躲在伦敦塔的查理二世只好出来和农民军谈判。在第二次谈判的时候，泰勒被刺死。农民军被骗，纷纷解散回家，但是当农民军放下武器后，查理二世立即推翻诺言，派遣骑兵无情地追杀那些已经回家的农民兵战士。起义失败后，保尔被处以绞刑。

为什么会爆发胡斯战争？

胡斯战争又称捷克农民战争，它是欧洲历史上时间较长、影响深远的一次农民战争。这次战争由胡斯党为领导，以捷克民族英雄

胡斯的宗教改革为旗帜。

捷克形成一个独立的国家虽然较晚（约9世纪末），但工业发展十分迅速。捷克有丰富的土地资源和矿藏，引来了德国封建主贪婪的目光和野心。12至13世纪，德国人开始向捷克大规模移民，移民的结果就是在捷克国内形成了一个德国教俗封建主、城市贵族和矿山主的特殊社会集团。他们和捷克大封建地主相勾结，共同剥削捷克人民，使他们饱受压迫。

当时教会是最大的封建主和剥削者，教士的上层几乎全是德国人，因此人们的仇恨首先指向教会。从14世纪后期起，捷克人民掀起了一场浩大的反教会斗争。到15世纪初，运动的规模越来越大，运动的领导人是约翰·胡斯（1369—1415年）。他揭露了城市的德国贵族的罪恶，主张改革教会，否认教皇有最高权力。胡斯的言行，激起了德国教士以及罗马教廷的仇恨，他们逮捕了胡斯并以异端罪名将其焚死。胡斯的殉道激起捷克人民极大的愤慨，就这样，到1419年7月，大规模的农民战争在胡斯改革的旗帜下爆发了。

俄罗斯人是怎样摆脱金帐汗国统治的？

1243年，蒙古族人在伏尔加河流域的萨莱建立了金帐汗国，基辅罗斯处在金帐汗国的统治之下。

在俄罗斯诸王公倾轧、争斗的过程中，莫斯科公国悄然崛起。1304年，莫斯科与特维尔公开争夺大公权位，双方征战不断。同时，它们又都向蒙古金帐汗邀宠。在这场"竞赛"中，莫斯科王公伊凡一世略高一筹。1327年，他自告奋勇，在一年之内先后两次镇压特维尔和诺夫哥罗德的反蒙暴动，深得金帐汗欢心。1328年，受宠于金帐汗的伊凡终将"弗拉基米尔及全罗斯大公"的头衔争到了自己头上。

伊凡一世凭借替金帐汗向俄罗斯人征赋税的特权，大肆敛收民财，被时人称为"伊凡·卡里达"（卡里达意为钱袋）。伊凡一世上贿蒙古王公，下买人心，还大力扩展疆域，增强国力。

此后，金帐汗国发生内乱，实力骤降。1380年，金帐汗国与立陶宛联盟，议定从东西两面夹击莫斯科，结果蒙军惨败，马麦汗只身逃走。库里克沃战役对俄罗斯人摆脱蒙古统治的斗争有着重大的历史意义。这一战役的胜利，使得底米德里被人民誉为"顿斯科伊"（意即顿河英雄）。但1382年，蒙古军队偷袭莫斯科，底米德里猝不及防，战败，不得不再次臣服于金帐汗。此后蒙古统治日趋松弛，俄罗斯人民也逐渐看到了独立的希望。

1462至1505年，伊凡三世在位。他不惜一切手段来提升莫斯科的地位。首先他在1478年和1485年先后吞并了诺夫哥罗德和特维尔。而后，其他小国也陆续被并入莫斯科版图。与此同时，伊凡三世也不断谋求摆脱蒙古人统治的机会。他与从金帐汗国分离出来的克里米亚汗国结盟，而金帐汗国则同位于俄罗斯西方的立陶宛国王相约，联合进兵莫斯科。伊凡三世一面顽强抵御，一面又策动盟友克里米亚汗分兵进击波兰和金帐汗国的后方。

大战一触即发之际，伊凡三世却突然丧失取胜的信心，逃离前线。在受到各方责难的压力下，才毫无底气地返回前线。由于克里米亚汗进兵波兰南部，牵制住了波兰立陶宛军队，使金帐汗国的阿合马汗慌忙撤师回防，这样伊凡三世才侥幸不战而胜。这就使得俄罗斯摆脱了蒙古帝国长达200余年的统治。

中世纪的亚非国家

关于苏莱曼大帝你知道多少？

1520年3月，奥斯曼帝国的老苏丹去世了，只剩下一个儿子，他就是世界历史上声名显赫、英武盖世的苏莱曼大帝。

苏里曼自幼接受宫廷教育，尤其喜爱诗歌和文学。1509年3月，按照帝国王室的传统，年仅15岁的苏里曼在一批经验丰富、知识渊博的导师和顾问们的循循善诱下，前往博卢担任总督，以便在实践中学习和获得治国安邦的政治经验。1520年，其父去世，26岁的苏里曼继承了苏丹王位，从此他戎马倥偬的征服生涯便开始了。

他发动了一系列的对外征服战争，首先攻入匈牙利平原，然后又将手伸向了奥地利。

苏莱曼大帝金戈铁马，戎马一生，不仅是一位卓越的军事家，而且在政治方面也表现出了卓越的才华。在执政的46年中，他以极大的热情和精力治理国家，把奥斯曼帝国推向繁荣的时代。

阿克巴治理莫卧儿帝国有哪些措施？

1556年阿克巴即位后，在治理莫卧儿帝国内政上进行了一系列改革。为加强中央集权，他在中央设置了宰相、财务、宗教事务等大臣。他又把全国分为15个省区，设总督专理军务，另设财务、司法官员，直辖中央，对归顺的印度教王公采取加强控制的措施。

税收上，阿克巴实行新税制，以确保国家财政收入。他把土地作为征收租税的标准，由官员直接征收固定数额的租税；外交上，他对土著统治阶级采用了怀柔政策，任命印度教徒担任各级官员，实行和亲政策，拉拢土著王公和他们的骑兵；宗教上，对教徒改用宽容政策。此外，他还采取了一些有利经济发展的措施，统一货币和度量衡，修建驰道，扩大商业交通。他本人也投资商业，以支持工商业的经营，并注重发展农业生产和水利灌溉事业。

总之，阿克巴改革加强了统治基础，缓和了社会矛盾，稳定了社会秩序，促进了社会经济的发展，把莫卧儿帝国带入了"黄金时代"。

6世纪时，哪个部落统一了朝鲜半岛？

新罗原是朝鲜半岛东南部的一个部落。4至5世纪，在百济与高句丽在汉江流域进行战争之际，新罗得到迅速发展。为对付百济和强大的高句丽，新罗竭力与唐朝建立友好关系，唐太宗于644至651年，几次发兵远征高句丽，以解除新罗的困境。660年，新罗借助唐朝军队将百济一举歼灭，致使高句丽陷于孤立的境地。668年，唐朝与新罗联军最后攻陷平壤，灭掉高句丽。在唐朝对高句丽施行军政统治的时候，新罗积极蓄积力量，展开驱逐唐军的斗争。670年，新罗击败唐军，收复城池近百座，迫使唐朝撤到辽东（今辽阳），至此新罗实现了半岛的统一。

日本圣德太子在哪些方面进行了改革？

593年4月，日本圣德太子被立为皇太子，总摄朝政。圣德太子汲取了中国的先进制度和思想文化，提倡儒学。603年12月，圣德太子制定了"冠位十二阶",取消了世袭爵位,而是用12种爵阶来区分官位的高低。604年4月,颁布宪法17条,规定了尊卑地位及权利义务,进一步强调了国家的统一和皇权至上。此外,圣德太子还推动了建筑、雕刻艺术的发展。他还曾四度派出遣隋使,学习中国的文物、历法等。圣德太子去世后,改革也随之结束。

日本的飞鸟时代指的是什么?

飞鸟时代指的是日本600至710年之间的历史。

日本被天皇统一后,开始从中国引进文字、制度、儒教、工艺技术等一系列文化技术,奠定了国家的基础。到592年,豪族苏我氏暗杀了当时的崇峻天皇,另立女皇推古天皇,圣德太子摄政,日本开始进入飞鸟时代。圣德太子致力于政治革新,着手建立一个以天皇为中心的中央集权国家。他制定了十二阶冠位和十七条宪法,为中国式的官僚制度奠定了基础,同时还派遣使节和留学生到隋朝学习,积极地从中国文化中汲取营养。圣德太子去世后,苏我氏长期掌权。645年,中大兄皇子和中臣镰足暗杀了苏我入鹿,掌握了政权。中大兄皇子拥立孝德天皇即位,颁布大化改新诏,推动大化革新等改革,效法中国的政治制度,试图建立一个律令制的国家。710年,元明天皇迁都平城京,飞鸟时代就此结束。

日本的大化改新是跟唐太宗学的吗?

645年大化改新是日本历史上的一个重要转折点,它标志着部民奴隶制的基本终结和新的封建生产关系的初步形成。

7世纪以来,推古朝以摄政圣德太子为首的日本统治者试图改革政治体制,建立中央集权的天皇制国家。圣德太子受过良好的汉文化教育,对儒学很有研究。他试图以儒、佛思想补充和完善传统的神道机能,更好地为皇室中心主义服务。

618年,中国唐朝建立,日本留学生对于唐朝的均田制和律令大为赞赏。他们回国后积极宣传唐朝典章制度,抨击部民制陋习和政治腐败现象,在中大兄皇子和中臣镰足中造成了很大的影响。当时苏我氏大臣是氏族豪强势力的代表,是改新派建立天皇制中央集权国家的主要障碍。645年,唐太宗应新罗之请,发兵征高句丽。这使一向与新罗为敌的日本深感不安,而掌握朝政的大臣苏我入鹿对此毫无对策,与苏我入鹿对立并感受其威胁的中大兄皇子决定借机发难。

645年6月12日,中大兄利用苏我入鹿出席朝廷接见朝鲜使节的机会,在中央豪族中臣镰足和归国留学生的协助下,发动政变,一举消灭以苏我入鹿为首的苏我氏家族势力,夺取了中央政权。14日孝德天皇即位,建年号"大化",立中大兄为皇太子兼摄政,任命阿倍内麻吕和苏我石川麻吕为左右大臣,中臣镰足为内臣,僧旻和高向玄理为国博士。第二年元旦,天皇颁布诏书,开始国制改革,历史上称为"大化改新"。

从此,日本全面推进革新事业,确立了以天皇为中心的中央集权制。

日本的奈良时代指的是什么?

奈良时代指的是710至794年之间的历史,是律令制社会的繁荣鼎盛时期,律令制国家也日益成熟。日本的版图在这时也逐渐扩大,征服了东北地方部分地区和南九州。奈良时代后期,政局动荡,律令制松弛。794年,桓武天皇迁都平安京(现在的京都),奈良时代结束。

日本的平安时代指的是什么?

平安时代指的是794至1185年。日本迁都平安京后,试图重建律令体制。但由于公民制的崩溃,国家面临财政危机。894年派出最后一批遣唐使后便告结束，从此不再大量摄取中国文化。这一时期，随着地方庄园势力的不断增强和中央政府的内乱，武士阶层逐渐上升到权力的中心。平安时代末期，出现了以东国为势力范围的源氏和以西国为势力范围的平氏两个庞大的政治势力。1159 年，发生平治之乱，源氏实力遭到很大的削弱，但在东国仍拥有强大实力，国家内乱不断。经过长期的源平合战，平氏被赶出京都，于 1185 年在坛之浦之战中彻底覆灭。

日本为什么要设天皇？

646 年，日本开始了自上而下的政治、经济改革，也就是"大化革新"。

701 年，文武天皇颁布《大宝法令》，把以往的"大王"一律改称为"天皇"。712 年和 720 年编纂的《古事记》和《日本书纪》中有一段"天皇神话"。神话说："在天界'高天原'有男女二神，他们创造了日本国土，生了三个神，其中一个女神便是象征太阳的'天照大神'。'天照大神'就是日本皇室的祖先，她派孙子'天孙'降临日本，'天孙'的曾孙就是日本的第一位天皇——神武天皇。神武天皇建立大和国，且在公元前 660 年即位。所以日本是'神国'，天皇是神的子孙。"

显然，这个神话是编造的，是为了进一步神化天皇的统治地位，与中国皇帝所谓的"天子"一样，表示皇权神授。直到 1946 年，裕仁天皇发表《人间宣言》，才承认天皇是人而不是神，天皇的神话才得以否定。

什么是幕府统治？

在古时的日本，幕府是一种权力曾一度凌驾于天皇之上的中央政府机构。幕府中享有最高权力的人是征夷大将军。日本历史共经历了镰仓幕府、室町幕府和江户幕府三个时期。幕府始于 1185 年，终于 1867 年，共

682 年。幕府原来指的是将领的军帐，但在特殊情况下，逐渐演变为具有特有国情的政治体制。

在古代日本长期存在军人干政的历史，军事强人以成为征夷大将军为荣，开设了幕府，为军人的最高指挥机构。在形式上，这种机构需要取得天皇的授权，实际上是以军事统治进行封建采邑，凌驾于正规的文人中央集权政府机构之上，用中国人的话说，就是用"挟天子以令诸侯"的方式统治国家。

镰仓幕府存在于何时？

镰仓幕府是日本幕府政权的开始，武将源赖朝是该幕府的建立者，他于日本平安王朝的末期打败了贵族阶级的实权派平清盛一族，并逼迫曾在源平之战中立下了汗马功劳的兄弟源义经自杀，以此达到自己独揽大权的目的。根据这一经历，作家信浓前司行长写成历史小说《平家物语》。

一方面，镰仓幕府的建立标志着日本由中央贵族掌握实际统治权的时代结束了，以前地位很低的武士开始登上历史舞台，他们鄙视平安朝贵族萎靡的生活，崇尚以"忠君、节义、廉耻、勇武、坚忍"为核心的思想，形成武士的精神支柱"武士道"。13 世纪元军侵日战争客观上加强了幕府对日本进一步的统治。另一方面，镰仓幕府的建立也标志着日本天皇成为傀儡，幕府成为实际的政治中心。

"承久之乱"是怎么回事？

日本镰仓幕府建立后，全国各地园主为幕府的武士所控制，致使皇室经济收入急速减少，从而加深了皇室和幕府之间的矛盾。1221 年（承久三年），后鸟羽上皇利用源赖朝将军死后北条义时掌握幕府政治和军事大权，借府中内讧之机，下令征召非幕府系统的武士兵和僧兵讨伐北条义时。北条政子

和北条义时组织幕府武士予以反击，攻进京都。幕府将后鸟羽上皇流放到隐岐岛，土御门上皇流放到土佐（今高知县），顺德上皇流放佐渡岛，废掉年仅4岁的仲恭天皇并幽禁起来，另立天皇。幕府还在京都六波罗专门设立监视皇室的长官，又没收有关领地交幕府武士管理。在这之后，上皇就丧失了实权，幕府势力伸展到关西地区。1225年，设置了"评定众"，由北条氏一族及大江氏和三善氏等11名有势力的武士参加，协商决定幕府的主要事务。

在这幅描绘巴格达城的图画中，用砖头建造的楼房在底格里斯河东岸拔地而起。作为阿拔斯王朝的首都，巴格达是当时伟大的商业中心。

室町幕府存在于何时？

室町幕府是日本第二个封建军事政权，又称"足利幕府"。1336年（延元元年、建武三年）足利尊氏开创武家政权后，日本一直停留在南北朝对立的时代，直到1392年（明德三年），尊氏之孙义满（1358—1408年）才以和平统一的口号对南朝提出呼吁，实现南北朝合体的理想，这就成功地结束长达60年间的内乱局面。此外，由于战乱而失去庄园，导致公家的经济实力与社会地位日益衰退，幕府便乘机将公家的资源吸收过去，并且确立幕府在全国的统治政权。义满于1378年（永和四年）在京都的室町建造了一个豪华邸宅，称为"花之御所"，并在此执行政务，因此足利幕府也被称为室町幕府。

哪个王朝为阿拉伯的黄金时代？

阿拔斯王朝为阿拉伯的鼎盛时期，它是阿拉伯的黄金时代，历时500余年。

阿拔斯王朝建立后最初的近100年，特别是哈伦·拉西德和麦蒙执政时期，是阿拉伯帝国的极盛时期。这一时期，帝国仿效波斯旧制，建立起完整的行政体制，中央集权进一步加强。其间，他们重视兴修水利，使肥沃的新月地带、中亚的阿姆河和锡尔河流域、埃及的尼罗河流域等地区的农业得到恢复和发展。帝国境内的丰富资源和过境贸易，也为商业的发展提供了绝佳的条件。阿拉伯商人的足迹遍布亚、非、欧三大洲，巴格达成为著名的世界商业及贸易中心之一。经济的发展促进了科学文化的进步与繁荣。各族人民的共同努力，创造出丰富的阿拉伯文化，对世界文明的发展也具有举足轻重的作用。

阿拉伯人在科学领域有哪些贡献？

历史上，阿拉伯人对科学的贡献很大。当时的阿拉伯人对知识有着强烈的追求，特意建立了大规模的智慧馆，里面有图书馆与翻译机构，这次大翻译运动使得希腊的学术著作得以保留。并且阿拉伯人善于经商，在四处经营的过程中，他们也学习了其他地区的先进科学。

8世纪末，印度数字传入阿拉伯帝国。当时，阿拉伯采用的是字母记数，但是，后来阿拉伯人发现了印度数字和十进位的优点，便在阿拉伯境内广泛推广。这一次的传播大大促进了数学这门学科的发展，以至于后来人们习惯性地称印度数字为"阿拉伯数字"。此外，阿拉伯人在代数、几何学和三角学方面也做出了杰出的贡献。

有意思的是，阿拉伯的数学家大多是天文学家，他们在物理、天文、医学方面也有不少成就。

谁是中世纪阿拉伯世界最伟大的探险家？

伊本·白图泰被称为中世纪阿拉伯世界最伟大的探险家。在将近29年的旅行生涯中，他共行走了十几万公里，足迹遍布欧、亚、非三大洲共20多个国家和地区，并且还著有《伊本·白图泰游记》。

首先，他沿着北非海岸旅行，穿过现在的摩洛哥、阿尔及利亚、突尼斯、利比亚和埃及等，到达开罗。从开罗到麦加有三条路线，白图泰选择了最短但是人们不常走的那一条，即沿尼罗河而上，从今日苏丹的苏丹港过红海去麦加。就在他到达苏丹的时候，当地爆发了针对埃及马穆鲁克统治者的叛乱，白图泰不得不折回开罗。在路上，据说他碰到了一位"圣人"，圣人的预言是，除非他先去叙利亚，否则永远到不了麦加。这样，白图泰就决定先去大马士革，然后再去麦加。

在麦加完成了朝圣后，他又开始向巴格达前进。此后，他又游历了中国和印度。不久，他又辞别印度回国。

3个月后，伊本·白图泰又经直布罗陀海峡前往西班牙，开始了他的第二次旅行。结束了西班牙的旅行后，他又开始了以非洲为目的地的第三次旅行。

总之，伊本·白图泰是沟通阿拉伯人民与亚、非、欧各族人民友好交往的先驱，为研究中世纪亚非历史留下了珍贵的资料。

花剌子模王朝是怎么灭亡的？

1156年，伊尔·阿尔斯兰继承王位时，建立了独立的花剌子模王朝。该王朝位于中亚"母亲河"阿姆河下游三角洲，是中亚文明发育最早的地区之一。13世纪初，花剌子模王朝国力强盛，领土广阔，有过一段十分辉煌的时期，其文化成就堪称中亚文明宝库中的奇葩。

12世纪末至13世纪初叶，其领土广阔，包括今天的伊朗、乌兹别克斯坦、土库曼斯坦、塔吉克斯坦、阿富汗、哈萨克斯坦、吉尔吉斯斯坦、伊拉克东部及以色列等地。1219年，成吉思汗西征，花剌子模首当其冲，布哈拉、撒马尔罕相继失守，国王阿拉丁被迫逃亡到里海中的小岛上，1221年1月死去。虽然花剌子模王朝也进行了一些抵抗，但几乎没有效果，很快，花剌子模王朝就在蒙古军的进攻下灭亡了。

谁建立了阿尤布王朝？

阿尤布王朝，指的是12世纪末至14世纪中期的王朝，由萨拉丁所建。它统治的范围包括埃及、今伊拉克北部、叙利亚大部和也门。1171年，萨拉丁推翻法蒂玛王朝，自立为苏丹，在埃及建立阿尤布王朝。1174年，萨拉丁断绝和努尔丁王国的臣属关系，宣布王朝独立。1187年统一汉志、巴勒斯坦、叙利亚和美索不达米亚北部。萨拉丁注意发展农业和对外贸易，又热心倡导文化教育事业。在宗教上，他实行较开明的宽容政策。萨拉丁死后，帝国分裂，但他的后人对埃及的统治一直维持到了1250年。

帖木儿帝国是怎样由兴转衰的？

帖木儿帝国是帖木儿于1370年开创的一个帝国。

1380年，帖木儿占领呼罗珊，接着南下，于1388年灭掉伊儿汗国，将整个伊朗和阿富汗相继并入版图。在以后执政的很长一段时间里，帖木儿不断对外扩张，囊括了东起印度河，西至小亚细亚，北起阿姆河，南至波斯湾之间的广阔地区。当帖木儿不顾年迈之身试图征服中国的时候，染病身亡。15世纪后期，帖木儿帝国陷入分裂。1500年，帖木儿帝国灭亡。

文艺复兴与新航路的开辟

什么叫文艺复兴?

14至15世纪,在西欧封建社会内部,逐渐产生了资本主义萌芽。随着资本主义的产生,资产阶级逐渐形成并且登上历史舞台。为了维护和发展政治、经济利益,资产阶级就想到了在思想界引发一场反封建、反教会的变革。这场运动起源于古希腊、古罗马,因而被称为"文艺复兴"。文艺复兴最早发源于14世纪的意大利,以后逐渐扩大到其他国家,16世纪达到鼎盛时期,17世纪中期结束,分为三个时期。

早期,从1321年到15世纪中期。这一时期,文艺复兴的活动主要在意大利,从佛罗伦萨逐渐扩大到罗马、米兰、威尼斯及那不勒斯等地。首先出现的是文学,有著名的文学三杰:但丁、彼特拉克和薄伽丘。

中期,从15世纪中期到16世纪中期。新航路的开辟刺激了西欧各国资本主义的发展。文艺复兴运动由意大利扩展到西欧附近的各个地区,文艺复兴运动向纵深扩展。这一时期的特点是:文学艺术高度繁荣,史学和政治学也层出不穷。在意大利产生了著名的"艺术三杰":达·芬奇、米开朗琪罗和拉斐尔。在英国,具有代表性的是莎士比亚的戏剧,它歌颂乐观主义的生活态度,赞美友谊及爱情,主张自由平等,反对封建束缚和神权桎梏。这其实是一个时代的呼声。

晚期,从16世纪中期到17世纪中期,在文学艺术持续发展、繁荣的同时,近代自然科学和新的人文科学相继诞生并取得了一系列成就,具有划时代的意义。1543年,哥白尼的《天体运行论》发表,成为近代自然科学的开端。哥白尼提出了"太阳中心说",对长期以来的"地球中心说"进行了大胆的否定,摧毁了上帝创造世界的谬论。德意志学者开普勒和意大利科学家伽利略进一步继承和发展了哥白尼的学说,揭示了自然科学中的许多定理规律。近代自然科学的产生催生了唯物主义哲学的发展。

总之,文艺复兴具有重要的历史意义。

文艺复兴的中心在哪里?

文艺复兴的中心在佛罗伦萨,因为佛罗伦萨具有非常深厚的文化底蕴,而且产生了许多世界级的艺术家。12世纪中期以前,佛罗伦萨建立了城市共和国,并逐渐发展为欧洲著名的手工业、商业和文化中心。

1321年建立的佛罗伦萨大学,便是人文主义的早期中心。彼特拉克、薄伽丘先后在这里授课,传播古典文化。15世纪在美第奇家族科西莫(1389v—1464年)和洛伦佐(1449—1492年)统治时期,经济和文化出现了空前繁荣的景象。柯西莫执政30年间,积极扶植和支持新文化。作为古典文化的崇拜者,柯西莫邀请希腊文化专家和人文主义哲学家来佛罗伦萨讲学,并成立柏拉图学院学术团体。与此同时,他还同当时的著名艺术家交往甚密,如建筑家布鲁涅列斯奇、雕刻家多纳太罗。此外,他还大兴土木,修建宫殿、教堂,使这些艺术家的才能得以最大限度地发挥。著名的米开朗琪罗就曾在这里学习过雕刻,并备受罗棱索的重视。马基雅维利、伽利略等人也是从这里走出去的,他们为文艺复兴运动做出了不朽的贡献。

新航路是怎样开辟的？

15世纪，商品经济发展，资本主义开始萌芽，欧洲各国对货币的需求大大增加。欧洲人狂热地追求货币，渴望获得制造货币的黄金。自从《马可·波罗游记》在欧洲流传以来，欧洲人一直把东方，特别是中国看成是黄金遍地的人间天堂，所以都希望在东方实现淘金梦。

在这之前，西方通往东方的重要商路有三条：一条在北部，经小亚细亚、黑海、里海至中亚细亚；一条在中部，从地中海东岸经两河流域至波斯湾，再从海路到达东方各地；还有一条在南部，经埃及的亚历山大港到红海，再从海路到东方。北部的一条被土耳其人占据着，另外两条被阿拉伯商人长期控制。一直以来，欧洲的贵族和商人迫切希望有一条更加便捷的路能到达中国和印度。

1492年8月3日，在西班牙的支持下，哥伦布率领船队从西班牙一直向西航行，来到了一个岛屿。哥伦布以为到了印度（其实是美洲），所以把当地人称为印第安人（即印度人）。哥伦布向南继续航行，又到达了附近的古巴和海地，发现了许多岛屿。1493年3月15日，哥伦布回到西班牙，向欧洲人宣布他已经找到了通往印度的航路。

此后，哥伦布又多次到达美洲，并且在他的意识里都认为自己到过的地方就是印度。后来一个叫亚美利加的意大利冒险家证实了哥伦布发现的并不是印度，而是欧洲人过去不知道的一个新大陆。后来，人们又把它称为亚美利加洲，即美洲。

西班牙人虽然发现了美洲，但当时获得的利益远远不如葡萄牙人在印度获得的多，于是西班牙人决意继续向西航行，以求从西面到达印度。1519年9月20日，葡萄牙人麦哲伦在西班牙的资助下，率领探险船队出航，先是沿着已经知道的航路向西航行，然后转向南，沿着美洲大陆继续南下。这样，美洲南部的海峡就被他发现了，后来人们把这里称为麦哲伦海峡。

新航路的开辟，使欧洲同非洲、亚洲之间的贸易不断扩大，与美洲的联系也日益紧密，欧洲市场上陆续出现了各地区的商品，于是世界市场便形成了。

"香料之路"又称"海上丝绸之路"吗？

印度尼西亚东北的马鲁古群岛，是一个以盛产胡椒、丁香、豆蔻等香料闻名的群岛，人们把它称为香料群岛。

香料对于欧洲人来说十分重要，但是欧洲并不出产这些东西，必须从东方运来。在新航路开辟以前，从东方到西欧的主要商旅通道只有丝绸之路。那些阿拉伯商人几经辗转进行香料贩卖一般都获利巨大，这就使得欧洲人十分眼红，他们想绕开丝绸之路重新找一条通往香料群岛的航路。

于是，他们开辟了一条经印度洋到红海或波斯湾沿岸再转往欧洲的航路，就是"香料之路"。1509年9月，葡萄牙的5艘商船乘着强劲的西南风第一次到达香料群岛。两个月后，他们沿着香料之路航行到印度。香料之路的航程很长，途中少不了要补充淡水、食物等东西。这样，葡萄牙人用武力控制了亚洲南部马来半岛南端的一个港口——马来王国的首府马六甲。有了马六甲，不仅解决了航行必需品的补充，还可以牢牢地控制住这条香料贸易的必经之路。

从此，葡萄牙人控制马六甲海峡长达一个世纪之久。他们依靠香料之路，垄断了欧洲人所需要的香料，从中大发其财。由于"香料之路"的作用同"丝绸之路"相似，人们就把"香料之路"称作"海上丝绸之路"。

奴隶贸易是如何开始的？

欧洲新兴的资产者为从殖民地获得更多的财富，除加紧对海外洗劫、掠夺外，还着手经营殖民地，进行奴隶贸易。初期在种植园和矿山劳动的多数是白人契约工，他们是欧洲各国横渡大西洋而来的贫苦移民，这些人在原居住地与种植园主或海外劳务公司签订契约，到美洲后用几年劳动来偿付为他们垫付的旅费，契约到期后，才能成为自由民。随着种植园的发展，劳动力严重短缺，于是欧洲殖民者不得不寻找新的劳动力来源，他们便把猎取劳动力的目标锁定在非洲的黑人身上。在种植园或矿山使用奴隶劳动要比使用白人契约工便宜得多，而且还易于管理。所以奴隶贸易成为殖民者的一桩赚钱的买卖。

马铃薯是怎样在世界各地风靡的？

马铃薯的产地是南美洲的秘鲁和玻利维亚等地。大概在 1570 年时，西班牙人将其带到了西班牙和葡萄牙，后来又辗转进入意大利和欧洲各地。根据有关资料推测，马铃薯可能于 17 世纪初（明末）跟随欧、美传教士进入了中国。在中国，马铃薯被称为洋芋、荷兰薯等。

马铃薯迁徙到世界各地只有 400 年左右的历史，它的单位面积产量高，块茎含有多种营养成分，品种类型多，既适合扎根于多种生态地区，抗旱本领又大，关键时刻还能当作救灾物资，所以很快就成了世界上仅次于稻、麦、玉米的"四大金刚"粮食作物之一。此外，它也是英美人餐桌上必不可少的食物。

总之，马铃薯的发现、传播和人类的活动有着紧密的联系。

欧洲人是怎样掠夺印第安人的？

印第安人是美洲最古老的居民，约 1500 年至 2000 年前由亚洲经白令海峡陆续迁入，分布遍及南北美洲。

1492 年 10 月 12 日拂晓，意大利航海家哥伦布踏上了美洲的土地。哥伦布的"发现"结束了美洲与其他大陆的长期隔绝状态，却给勤劳、善良的印第安人带来了无尽的痛苦、灾难和死亡。

1494 年，当哥伦布离开殖民据点伊萨贝拉到古巴和牙买加探险时，他手下留守的两个海军上尉带领部下闯进印第安人的村舍，勒索黄金，吃光印第安人储备的粮食。回来后，哥伦布不仅没有惩罚部下，反而骑上马，带着凶猛的猎犬，去追捕那些敢于反抗的印第安人，并挑选其中的一部分印第安人运回西班牙当奴隶。西班牙殖民者在疯狂屠杀印第安人的同时，还继续寻找传说中的黄金。

此后，欧洲各主要国家纷纷来到美洲建立自己的殖民地。葡萄牙抢占了巴西，西班牙征服了除巴西以外的拉丁美洲，法国和英国则瓜分了北美洲，其他一些殖民者也很有收获。就这样，欧洲殖民者的足迹遍布美洲大陆。从此，印第安人丧失了美洲大陆主人的地位，成了被剥削、受奴役的人。

第三篇
工业革命与殖民扩张
——近代史

近代英国

英国是怎样打败"无敌舰队"的？

1588年7月中旬的一天，一支庞大的西班牙舰队浩浩荡荡地向英国海域进发。西班牙人骄傲地称它为"无敌舰队"。英国女王伊丽莎白得知敌舰来犯，立刻派遣早已等候多时的英国舰队前去拦截。

在与西班牙交战的过程中，英国舰队抢占了上风的位置，他们排成"一"字长蛇的纵队，一面行驶，一面从远距离发炮轰击。不仅如此，这些小巧灵活的英国舰只，原本大都是海盗船，竟能够横过来开炮，而且火力猛，弹无虚发。不一会儿，又有几艘西班牙战舰被击沉。7月28日午夜，在西班牙舰上的水手酣睡的时候，英国人巧施妙计，把8艘小船装上沥青、油脂和柴草，趁着顺风点燃后向西班牙舰队驶去。顿时，一片火海，烈焰熊熊，"无敌舰队"陷入了混乱中。

就这样，"无敌舰队"几乎全军覆没，西班牙从此一蹶不振。而英国一跃成为海上强国，开始走上了称霸世界的道路。

英国是如何成为"海上马车夫"的？

荷兰的海上霸权没有持续多长时间就受到了英国的挑战。

英国于16世纪晚期，打败了西班牙海上霸权，并且逐渐发展为强大的殖民主义国家。1651年，英国议会通过了新的《航海条例》，规定一切输入英国的货物，必须由英国船只载运，或由实际产地的船只运到英国，任何有航运能力的国家均不得插手。荷兰成为贸易中介国家、全世界商品集散的中心的优势就在于：商船多、体积大、效率高、组织完善。英国的新航海条例显然是为了对付荷兰，打击它在英国对其他国家贸易中的中介作用。荷兰反对英国的航海条例，英国

1588年侵入英国的西班牙"无敌舰队"，在英国舰队的炮火轰击下慌张撤退。

拒绝废除航海条例，这就导致了英荷海上大战，这样的海上大战总共进行了三次。

第一次英荷战争（1652—1654年），荷兰被击败，英国掌握了制海权，使依赖贸易生存的荷兰经济瘫痪。1654年4月，两国签订《威斯敏斯特和约》，根据这一和约，荷兰其实默认了英国的航海条例。

第二次英荷战争（1665—1667年），是由于英国占领荷兰在北美的殖民地新阿姆斯特丹而引起的。1666年2月，法国、丹麦与荷兰结成同盟。在1666年6月11日至14日的敦刻尔克海战中，廖特尔海军上将统率的荷兰舰队击败了英军，但并没有巩固已经取得的战果。同年8月4至5日于北福伦角再度交战，荷军败北。1667年6月，荷兰海军封锁泰晤士河口，歼灭部分英国舰队。由于伦敦直接受到威胁，于是英国被迫于1667年7月31日缔结《布雷达和约》，英国占有新阿姆斯特丹，但英军必须将战争期间占领的苏里南（在南美）归还荷兰。

第三次英荷战争（1672—1674年），1672年5月，英法联合对荷兰宣战，并且采用了陆海两线作战的方式，荷兰无法抵挡法军进攻，被迫掘开海堤淹没国土，才使得法军撤退。1673年3月，荷兰海军击退英国舰队。6月，英法联合舰队与荷兰进行了两次斯库内维尔海战。8月，法国退出战争，英荷再也没有精力进行战争，于是在1674年2月签订《威斯敏斯特和约》，战争结束。

英荷海上争霸战争前后持续了20多年，尽管荷兰在军事上没有完全输给英国，但整体而言，荷兰海上实力大为削弱。荷兰在经济、贸易、海运方面的实力也大为下降，从此"海上马车夫"的称号就属于英国，英国成为海上霸主。

是谁提出了君主专制理论？

17世纪，英国政治思想家托马斯·霍布斯提出了资产阶级君主专制理论。霍布斯出生于英国南部维斯堡镇的一个牧师家庭。牛津大学毕业后，任贵族家庭教师，曾随主人三次游历欧洲大陆，因此结识了伽利略、笛卡儿等许多著名学者。1621至1625年任培根的秘书，逐渐形成机械唯物论的哲学观。英国革命爆发时，逃亡巴黎，曾一度任威尔士王子（后来的查理二世）的数学教师。在巴黎期间，他目睹了英国革命形势的变化，写出了大量的著作。他的代表作是《利维坦》，系统地论述了他的君主论，并且阐释了一系列的个人主张。

托马斯·霍布斯是英国大资产阶级和上层新贵族的代表，他的观点促进了18世纪资产阶级政治思想的发展。

重商主义对英国资本主义发展有何影响？

都铎王朝是1485至1603年间统治英格兰王国和其属土的王朝。历时118年，共经历了五代君主。开始于亨利七世1485年入主英格兰、威尔士和爱尔兰，结束于1603年伊丽莎白一世的去世。尽管历时不长，但都铎王朝处于英国从封建社会向资本主义社会转型这样一个关键时代，对英国资本主义发展产生了重要的影响。

1. 重商主义政策振兴了英国的民族工业，为英国资本主义工业腾飞提供了前提条件。都铎王朝扶植、鼓励发展呢绒制造业，以出口呢绒换取货币；大力发展海外商业，鼓励发展造船业。

2. 重商主义揭开了农业资本主义的序幕。都铎王朝的重商主义政策是引发圈地运动的主要原动力；加速了寺院土地所有制的崩溃；瓦解了封建贵族的领地所有制，导致了土地所有权的再分配。

3. 重商主义推动英国走向世界。重商主义者认为，货币是财富的唯一形态，是衡量国家富裕程度的标准，而对外贸易是国民财富的源泉。在这种思想指导下，都铎王朝的统治者放眼世界，把目光投向海外，将本国经济纳入世界经济范畴，以海外市场作为导向，建立起外向型经济模式，积极推动本国经济走向世界，努力开拓世界市场。

什么是圈地运动？

15—16世纪，英国、尼德兰（荷兰）等国的毛织业很繁荣，羊毛的需求量很大，养羊就成为获得高利润的重要手段。养羊需要大片的土地，于是贵族们纷纷把原来租种他们土地的农民赶走，甚至拆除他们居住的房屋，把这些地圈占起来用来养羊。一时间，在英国到处可以看到被木栅栏、篱笆、沟渠和围墙分成一块块的草地。那些被迫离开家园的农民，则变成了无家可归的流浪者，这就是有名的"圈地运动"。

当时一位著名的作家托马斯·莫尔在一本叫作《关于最完美的国家制度和乌托邦新岛的既有益又有趣的金书》的书中写道："绵羊本来是很驯服的，所欲无多，现在它们却变得很贪婪和凶狠，甚至要把人吃掉，它们要踏平我们的田野、住宅和城市。"

血腥立法是怎么回事？

圈地运动使大批农民流离失所，引起了社会秩序的动荡不安。都铎王朝颁布了一系列迫害破产农民和禁止流浪的法令，目的是迫使他们习惯于雇佣劳动制度所必需的纪律。在亨利八世统治时期，被处死的失地农民达7万多，被送上绞刑架的每年达300多人。

短期国会和长期国会是怎么回事？

15世纪的英国，批准征收新税的权力在国会的下院，这就极大地限制了王权。

1629年国会因反对查理一世的税收政策而被迫解散，从此开始了长达11年之久的无国会统治时期。

由于查理一世的暴政同时也在他兼任国王的苏格兰推行，因而导致了1637年苏格兰起义的爆发。1639年，起义队伍开始进入英国北部。镇压起义需要大量的军费，于是查理一世不得不在1640年4月召开国会，结束了无国会统治期。但新国会一开幕就对查理一世的暴政进行猛烈的抨击，很快又被解散。这届国会仅存在三个星期，史称"短期国会"。

国会解散后，人民极为愤怒，因此他们在伦敦举行大示威，并冲进大教主洛德的住宅。而此时苏格兰起义正在进行，并于1640年8月发动了强大的攻势。走投无路的查理一世只好再次下令召开国会。11月3日新国会开幕，这届国会存在13年之久，史称"长期国会"。

英国资产阶级革命的导火索是什么？

吨税和磅税是英国专制王权收入颇多的两种税收。吨税是指进口酒按吨征收的进口税，磅税指的是按照输入输出的商品每磅征收的税。

在过去的200年间，英国每位新国王即位后，国会的第一次集会必授权国王终身征收这两种税。但查理一世即位后召开的第一届国会却只准许他征收一年。国会的目的是迫使国王接受他们的要求，再授予他征收这两种税的权力。但是查理时代第一届国会不久便解散了，因此征收税法的方法就不能按以前的规定继续执行。一年后，查理一世又下令继续征收。1629年国会开会时，允许国王再征收一年。查理一世致函国会，要求允许终身征收这两种税。国会不同意，国王则依旧下令征收。国会根据《权利请愿书》提出抗议。国王表示《权利请愿书》是指内地征税，而吨税和磅税是指关税。吨税和磅税之争，不只是税收问题，还涉及国王和国会之间的关系问题。吨税和磅税占王室收入的四分之一，若这两种税不再经过国会同意而征收税款，国王便可以不需要依靠国会，取得财政的独立权。1629年国会开会时，围绕吨税和磅税的争论十分激烈。

长期的税收问题损害了人民的利益，引起了人民的不满，这就成为英国资产阶级革命的导火索。于是1637年苏格兰人民开始起义，革命由此爆发。

查理一世是在哪里挑起英国内战的？

1642年1月10日，英王查理一世北上，以约克城作为反革命据点，希望在北方封建贵族支持下反扑。而长期国会也频频派人前往约克城，请国王回伦敦，希望同国王妥协。1642年2月2日，国会向国王呈送请愿书，要求由国会任命的人驻守伦敦塔和其他堡垒，但遭到了国王的拒绝。3月5日，国会通过民兵法案，规定只有国会同意才能招募和指挥民兵。国王要求国会同意他招募2800名步、骑兵去镇压爱尔兰起义，也遭到了国会的反对。4月23日，国王亲自率领队伍去约克郡的赫尔要塞，夺取储存在那里的武器，但要塞司令约翰·霍塔姆（国会任命）拒绝国王入城。国王宣布霍塔姆为叛徒，并宣布拒绝批准民兵法案。这样，双方剑拔弩张，战争一触即发。

1642年8月22日，英王查理一世在诺丁汉城堡正式竖起国王旗帜，向国会宣战。由此，英国内战爆发了。

纳西比会战有什么重要意义？

纳西比会战是以克伦威尔为首的国会军队与英国国王查理一世的军队之间进行的一场决战，发生于17世纪中叶的英国资产阶级革命期间。

当时，在战争的关键时刻，克伦威尔命令国会军右路的3600名骑兵向敌军左翼实施反复的冲锋，将国王军南格达里的军队全部击溃。而此时的查理一世完全没有了招架之功，渐渐丧失了指挥权，整个军队兵败如山倒，一直溃退到莱斯特，从此一蹶不振。

而这一战却使得克伦威尔掌握了国会的军事力量，也使英国形势向有利于革命的方面转化。不久，国王查理一世沦为阶下囚，以叛国罪的名义被处以死刑。

马斯顿荒原战役是怎么回事？

马斯顿荒原战役是英国资产阶级革命时，国会军和国王军队之间的一次著名战役。1643年，议会和苏格兰签订了一份"神圣的同盟和公约"。根据这个条约，1644年，苏格兰军队与托马斯·费尔法克斯所领导的北部军队以及曼彻斯特和克伦威尔领导的东部联盟组成了联军，在英格兰北部的马斯顿草原与王党军队展开大会战，国会军包围约克镇，国王查理一世命令鲁伯特王子前往约克镇解围。鲁伯特在约克镇解围后把国会军赶到马斯顿，并紧追国会军至马斯顿荒原。7月2日，克伦威尔率部在此击溃鲁伯特军的左翼，并猛攻王军的中路。王军损失惨重，死亡三四千人。这次战役是国会军从失败走向胜利的转折点。

克伦威尔是如何建立军事独裁政权的？

在英国资产阶级革命的过程中，克伦威尔是一个非常重要的人物。他推翻了查理一世的统治，建立了军事独裁政权。克伦威尔于1599年出生于英国的亨廷顿，他的父亲是亨廷顿市议会的议员。小时候的克伦威尔任性乖张，非常淘气。17岁时进入剑桥大学学习，受到了很多清教徒思想的影响。但由于父亲的去世，他被迫弃学，返回家中支撑整个家庭。两年后，他又在伦敦学习法律。21岁时，他与伊丽莎白·波琪结婚。波琪是商人的女儿，为克伦威尔带来了一笔可观的嫁妆，而且是位能干的主妇。克伦威尔在当地逐渐建立了自己的声望，28岁时，克伦威尔被选为亨廷顿郡的代表出席国会。

1642年，国王的军队与议会的军队发生了内战，克伦威尔坚决地站在议会一边。他回家乡招募了一支骑兵队，这支军队训练有素，善于作战，被人们称为"铁骑军"。

内战初期，议会军因没有强有力的领导而屡遭败绩。克伦威尔的出现改变了这种局面，他率领铁骑军于1644年赢得了马斯顿荒原战役的胜利，这也是一场具有转折性意义的战役，此后议会军节节胜利。1645年，议会军改组成"新模范军"，由战功显赫的克伦威尔出任副总司令。克伦威尔虽然只是副总司令，但因总司令无能，他掌握着实际指挥权。1645年，"新模范军"在纳斯比战役中歼灭国王军的主力。次年，国王的大本营牛津被攻克，内战以议会军的胜利而告终。克伦威尔在内战中立下了赫赫战功，凭借军事实力掌握了英国的统治权。

1649年1月30日，克伦威尔处死了在内战中被俘虏的国王查理一世。随后他平定了各地叛乱，稳定了战局。9月，他率军出征爱尔兰和苏格兰。3年后，爱尔兰和苏格兰都被纳入克伦威尔的统治之下。1653年12月16日，克伦威尔在人们的一片欢呼声中就任英格兰、苏格兰、爱尔兰的护国主，并担任军队的统帅，建立了军事独裁政权。克伦威尔当政期间，在外交上取得一系列成就：打败横行海上一个多世纪的荷兰，使荷兰人被迫接受《航海条例》，使丹麦承认英国船只有权自由出入波罗的海；夺得西班牙在加勒比海上的奴隶贸易中心牙买加；垄断了葡萄牙殖民地的对外贸易；1657年，英国国会呈递《恭顺的请愿建议书》，请克伦威尔就任英国国王。克伦威尔虽然婉言谢绝了这一请求，但用世袭制代替了护国主制，成为英国实际上的无冕之王。

1658年，克伦威尔在白厅宫病逝，被葬于威斯敏斯特大教堂。两年后，新选举产生的国会决定让查理一世的儿子回国继承王位，克伦威尔殚精竭虑推翻的斯图亚特王朝最终复辟了。

什么是护国公制？

护国公制是英国资产阶级革命后期，由护国公担任国家首脑的政治制度。实质上，护国公制是集立法、行政及军事大权于一身的军事独裁制。

1653年，随着《施政文件》的颁布，护国公制建立。护国公的权力受到国务会议的限制，但是由于护国公拥有任免国务会议委员的权力和最高行政决定权，因此护国公的权力是超越于议会和国务会议之上的。而且行政权和立法权都掌握在护国公手中，所以护国公制跟君主独裁差不多。尽管护国公制违背了民主的意义，却在镇压王党叛乱、保护革命果实方面，起到了积极的作用。

英国为什么爆发第二次内战？

英国内战是1642年至1651年在英国议会派与保皇派之间发生的一系列武装冲突及政治斗争。在第一次内战中，克伦威尔领导的国会军队战胜了国王的军队，最终以议会的胜利而告结束，国王也成了议会的阶下囚。1648年春，一些保皇的军队并不甘心，于是在南威尔士、肯特、埃塞克斯等地发生暴动，他们与苏格兰军队结成同盟，发动了第二次内战。克伦威尔在8月的普雷斯顿战役中击溃苏格兰军队，并将苏格兰并入英国，第二次内战结束。

英国独立派是如何掌握政权的？

第二次内战结束后，长老会派占优势的长期国会继续和国王谈判，把矛头指向军队。此时查理一世正需要外援，故意拖延谈判，这就使得人民极为不满。在广大人民群众革命情绪的推动下，独立派高级军官于1648年11月18日在圣·阿尔班斯举行军事会议，通过爱尔顿起草的军队抗议书，指出了国王的罪行，要求惩办国王。11月22日国会通过遣散军队的决议，只留下部分军队作为卫戍部队驻扎在各地。军队发表宣言，表示要进驻伦敦，清洗国会。独立派也采取相应措施，把国王从怀特岛押解到汉普什尔郡的赫斯特城堡。12月6日，普莱德上校亲率步骑兵包围了国会。普莱德逮捕了47名下院长老会派议员，开除了96名长老会派议员，只剩下50余名独立议员。这样，长期国会便成为残缺国会，独立派掌握了政权。

掘地派是怎么得名的?

掘地派也叫"真平等派"，是英国资产阶级革命时期最激进的派别。温斯坦莱是其主要代表人物。掘地派认为王权产生于土地私有制，于是提出了土地公有，人民生活在公社中，"共同劳动、共同吃饭"，人人平等的要求，具有空想社会主义的色彩。掘地派始创于1649年4月，当时有二三十人在塞雷郡的圣乔治山占据公用地和荒地，从事共同耕作、垦殖，因此得名。

反映掘地派运动的图画

克伦威尔为什么解散长期国会?

自1640年11月3日召开长期国会以来，经历了两次内战和共和国，国会越来越不得人心，议员滥用职权，贪污腐化，贿赂成风。而这时，克伦威尔也想在高级军官支持下建立军事独裁，于是在1653年4月19日，克伦威尔在白厅召集军官和一些议员开会，要求解散长期国会，成立新国会，草拟新宪法。

国会的解散其实是一次政变，为克伦威尔建立军事独裁扫清了道路。

什么是"光荣革命"?

1685年，查理二世去世，他的弟弟詹姆士二世即位。詹姆士二世是个狂热的天主教徒，他一心想恢复天主教在英国的统治，恢复封建君主专制。他对不听从自己命令的主教实行残酷迫害，将他们交给法庭审判。这样双方的冲突日益激烈，预示着一场革命的到来。

资产阶级和新贵族决定发动一次政变，结束詹姆士二世的统治。他们开始同荷兰国王威廉谈判，要求他对英国进行武装干涉。1688年6月10日，詹姆士二世的王后生了一个儿子，王位的继承权发生了变化。30日，英国议会向威廉发出邀请书，请他马上到英国保护他们的自由，威廉同意。

1688年11月5日，威廉率领600艘军舰和1.5万名士兵，在英国西南部的托基海港登陆，随即向伦敦进军。威廉进入英国后，得到了贵族和乡绅们的支持，甚至詹姆士二世的第二个女儿和女婿都背叛了他，投向威廉。

1689年2月，议会宣布威廉为英国国王，玛丽为女王，实行双王统治。之后，议会又通过了《权利法案》和《王位继承法》，规定：未经议会允许，国王不得下令废止法律，不得任意征税，不得任意招募军队和维持常备军。王位继承问题也不能由国王个人决定，必须由议会讨论通过。

1688年政变，是一次没有经过流血的政变，因此称为"光荣革命"。"光荣革命"彻底结束了英国的君主专制主义统治，为君主立宪制的统治开辟了道路。

英国为什么要"进口"国王?

翻阅英国历史，你可能会发现英国很钟情于"进口"国王，这是为什么呢？具体原因不外乎以下几条。

首先，欧洲各国王室之间都相互通婚，

彼此都有血缘关系。

其次，欧洲贵族普遍实行的是准长子继承制，即女性虽然没有继承权，但女性所生的儿子仍有资格继承王位，而且欧洲人的家族观念远远没有东亚强，没有内子外子之分。

再次，英国资产阶级革命之后，为了确保英国国教的地位不变，规定英国之君主必须是新教的信徒，绝不能是天主教徒。因此，当国内没有合适的人员继承，只好请来外国信仰新教的人当自己国家的国王。

英国为什么撤销东印度公司？

1600年12月30日，东印度公司成立，它是英国政府特许设立经营垄断贸易、进行殖民扩张的组织。刚开始成立的时候获得英王颁发的特许状，长期独占好望角以东各国的贸易垄断权，后来又成为英国在印度的代理人。1773年和1784年英国国会分别通过《东印度公司管理改进法案》和《皮特印度法案》，东印度公司逐渐失去了贸易上和政治上的控制权。英国工业革命后，为了满足和适应工商业资本发展的需要，英国政府先后取消了东印度公司对印度和中国的贸易垄断权。1834年起，东印度公司发展为英国政府管理印度的代理机构。1858年，在印度民族大起义的打击下，英国国会通过法案并撤销了东印度公司。

海盗头子摩根是怎样当上总督的？

亨利·摩根，世界历史上著名的海盗，1635年出生于英国的威尔士，1688年病死。

摩根的童年无法追溯，他最初也许是作为契约工人来到加勒比海的，后来变成了牙买加岛上的一名英国士兵，结识了一帮小偷、骗子、逃奴和杀人犯，这些人纠集成很多帮派的海盗。那时候英国正在抗击西班牙人，海盗们就可以肆无忌惮地攻击西班牙的商船和居民点。

1663年，摩根率人去中美洲大陆袭击西班牙人的地盘，抢夺了大量财宝，之后回到牙买加的皇家港，娶了叔叔的女儿，被任命为皇家港的准军事部队的司令官；1668年，他已经成为英国海军中将，掌管一支由15艘船和900多船员组成的舰队。与此同时，海盗们还推举他为牙买加海盗的总头目。

同年，摩根进攻西印度群岛第三大城市贝略港，该城固若金汤，很难攻克，于是摩根命令手下做好城梯，将所有能抓到的牧师、修女全都抓来，利用西班牙人对宗教的虔诚攻城。

彼时西班牙和英国还处于和平状态，西班牙国王威胁，如果不将海盗绳之以法，就要向英国宣战。由于摩根太有影响力，国王决定以毒攻毒，授予他爵士爵位，任命他当牙买加副总督，并担任海事法庭法官，审判海盗。

维多利亚时代为什么是英国最强盛的时代？

维多利亚时代被认为是英国工业革命的巅峰时期，也是英国最强盛的时代。

维多利亚时期以崇尚道德修养和谦虚礼貌而闻名，是一个科学、文化和工业都有很大发展的繁荣昌盛的太平盛世，印刷术的发展促进了文学艺术的空前繁荣。

维多利亚时代的文艺运动流派包括古典主义、新古典主义、浪漫主义、印象派艺术，以及后印象派等。维多利亚时代还涌现出了许多伟大的作家、诗人和他们的传世之作，如英国女作家夏洛蒂·勃朗特的《简·爱》以及著名现实主义小说家查尔斯·狄更斯的《雾都孤儿》等。

此外，这一时期还形成了男女平等和种族平等的进步观念，美国的废奴运动正是这一进步思想的体现。

总之，维多利亚时代是一个令人神往的时代，它没有随着维多利亚女王的去世而结束。直到第一届世博会时期的水晶宫倒塌后，才宣告了维多利亚时代的终结。

为什么称英国为"日不落帝国"？

大英殖民帝国的发家史实际上走的是一条火与血的路程，主要有三种手段：海盗起步、战争开路和工业革命。早在资本原始积累时期，英国就依靠商业冒险家、远征队到各地建立贸易据点。

到了19世纪60年代，英国进入了资本主义黄金时代，它是"世界工厂"、世界贸易中心和金融中心。这种第一工业强国的地位，为它向外扩张创造了雄厚的经济基础。因此，从60年代至80年代是巩固侵略、扩张殖民地的高潮，到了20世纪初它占领了世界上最多的殖民地。

当时，英国不仅是世界上最富有的国家，还是世界上最强的海军强国。在对外侵略的过程中，英国除了军事占领外，还直接派海军打败弱国，甚至将其强行占为己有。

总之，英国的财富是建立在掠夺殖民地人民血汗的基础之上，在当时世界上具有强大的国力。它在全球各地拥有大片的殖民地，几乎每个时刻太阳都能照到英国的领土，因此被称为"日不落帝国"。

英国通过哪条公约实现了遏制俄国的愿望？

1841年7月13日，由英、俄、法、奥、普和土耳其签订了对海峡制度作国际规定的第一个多边公约《1841年伦敦海峡公约》。该公约确认了初次载入1809年的《英土条约》，而后又载于1840年《伦敦协定》的有关奥斯曼土耳其帝国的"古代规则"。依照这项规则，土耳其将在平时禁止一切外国军舰通过博斯普鲁斯海峡和达达尼尔海峡；土耳其苏丹有权准许友好国家的使馆所管辖的轻级军舰通过。《1841年伦敦海峡公约》使博斯普鲁斯海峡和达达尼尔海峡处于欧洲列强集体监控之下，俄国军舰丧失了通过黑海海峡的权利。英国通过该公约实现了遏制俄国的愿望。

英国第一次国会改革的内容是什么？

1830年10月，英国辉格党首领格雷伯爵受命组阁。1831年12月，格雷内阁提出了国会改革法案。虽然下议院通过了法案，但上议院又将其否决。格雷决心不再让步，遂辞职。国王威廉四世拟请托利党威灵顿组阁，激起工业资产阶级和工人群众的普遍不满，他们要求改革。在内外夹攻下，国王被迫收回成命，召回格雷。1832年6月4日，改革法案终于通过。

法令中提到的改革内容大致如下：取消56个人口不满2000的衰败选区及其选派的111名议员名额；30个人口在2000到4000之间的选区各减少1个议员名额；另有1个联合选区的议员名额由4个减至2个。空出来的143席，分配给人口增多又无议员席位的大中工业城市和一些名额不足的郡。65席分配给新兴的工业城市，65席分配给英格兰工业发达的各郡；8席分配给苏格兰，5席分配给爱尔兰。苏格兰议员名额自46人增至54人；爱尔兰则从100人增至105人；英格兰和威尔士自512人减至499人。关于选举权的规定如下：在郡选区，凡年净收入不少于40先令以上的男性自由持有农享有选举权；凡年净收入在10镑以上的公簿持有农或租期在60年以上的长期租地农和凡年净收入在50镑以上，租期在20年以上的短期租地农或每年按时纳租50镑以上的任意租地农，都有选举的权利。在城市选区，凡在其居留地占有年净收入10镑以上的房屋持有人，可享有选举权。

这次国会改革仅仅满足了工业资产阶级的需求，广大工农群众仍然没有选举权。工业资产阶级在国会中获得一定数量的席位，和土地贵族、金融资产阶级结成联盟，共同统治英国。

19世纪中叶英国奉行什么政策？

从19世纪中叶到20世纪初期，英国一直奉行"光荣孤立"外交政策。这一政策在帕麦斯顿首相执政的时候就已经开始采用。"光荣孤立政策"的主要内容是：英国不参加任何固定的国际同盟和集团，以便保障自己的行动自由；英国依靠自己地理位置的优势和政治、经济、殖民的优势于一身，操纵欧洲大陆，保持大陆各国的均势。19世纪末，欧洲大陆形成德、意、奥同盟和法、俄同盟两大对峙集团。英国因为奉行"光荣孤立政策"而处于游离状态，这就使得它倒向任何一方都具有决定性的意义。1902年，签署了《英日同盟条约》，英国从此放弃了"光荣孤立政策"。

英国首相狄斯累利有什么政绩？

狄斯累利，1804年12月31日出生于伦敦一个犹太人后裔家庭，是19世纪下半期英国著名的资产阶级国务活动家、政治家、文学家、保守党领袖，三次出任财政大臣，两次出任首相，被视为保守党的缔造者。狄斯累利是维多利亚女王时代与格拉斯顿齐名的最重要首相之一。

幼年时代的狄斯累利没有受过正规教育，但喜爱读书。1826年后开始写诗和短篇小说。其中最具代表性的作品是《康塔里尼·佛来明》。此后，他又积极投身伦敦社交活动，1835年参加托利党，1837年当选为下院议员。当19世纪40年代《谷物法》被废除之后，狄斯累利成为下院托利党领袖。1852年，狄斯累利出任财政大臣，提出1867年议会改革法案。

1874年，狄斯累利出面组阁，担任首相。在此期间，他对内实施社会改革，颁布社会立法，对外推行殖民扩张政策。为表彰他的功绩，女王授予他"孔斯菲尔德伯爵"封号。1881年4月19日，狄斯累利在伦敦病逝，维多利亚女王亲自参加葬礼并致哀。

斯宾塞的政治理论是什么？

斯宾塞，1820年4月27日出生于英国德比郡的教师家庭，英国社会学家。

斯宾塞认为进化是一种自然过程，应遵循其自身的规律，而不应该人为干涉。他反对社会福利和国家计划，也反对社会改良和社会革命。斯宾塞的国家政治观、伦理道德观和自由观是在其社会有机体理论的基础上提出的，提倡国家应该扮演分配者和保护者的角色，尽可能少地干预社会生活，保证人的同等自由和自由的社会生活；在伦理道德问题上，他认为同等自由是它的原则，在这一原则下实现人的同等自由即最大幸福才是符合道德的；他的自由观是指实现同等自由，实现人的个体化和完全自由，这必然伴随着人的完全道德和生命的实现。

什么是"费边主义"？

费边主义是19世纪后期流行于英国的一种主张采取渐进措施对资本主义实行点滴改良的资产阶级社会主义思潮。1884年以韦伯夫妇和萧伯纳为首的英国少数资产阶级知识分子创立"费边社"，旨在以古罗马统帅费边的迂回渐进战术改造英国资本主义社

费边社核心人物韦伯夫妇

会，使之更加和平长久。费边社成员认为社会改革应循序渐进，因此以古罗马将军费边（他因主张等待时机、避免决战而著名）的名字给社名命名。其学说故称为"费边社会主义"，简称"费边主义"。1930年费边社并入英国工党，仍用改良主义观点研究各种社会和经济问题，反对和破坏无产阶级革命运动。

英布战争的导火索是什么？

19世纪50年代，荷兰在南非的移民后裔布尔人建立了德兰士瓦共和国和奥兰治自由邦。1867年，奥兰治发现了钻石矿；1884年，在德兰士瓦发现了巨大的金矿；之后，欧洲殖民者蜂拥而来，掀起了"黄金热潮"和"钻石热潮"。到1898年，在德兰士瓦开采的黄金总量占当时世界黄金总量的27.5%，成为世界最大的黄金供应国。这就促进了南非的繁荣和经济的发展，同时也使英国殖民者和布尔人之间的矛盾又重新激化，这就导致了1899至1902年的英布战争。

近代法国

法国投石党运动是怎么回事？

投石党运动指的是1648至1653年反对专制王权的政治运动。1648年8月26日，法军战胜西班牙人的捷报，使政府觉得自己力量增强，逮捕了两个敢于直言的法官。巴黎人民起义支持高等法院，政府只好在两天后予以释放。1649年1月，首相马扎然和王室逃离巴黎，将宫廷迁至圣日耳曼，随即派孔代亲王路易二世围攻巴黎。对于民众起义，高等法院感到恐惧，决定与宫廷妥协。3月11日，他们与马扎然签订和约，从而结束了"高等法院投石党运动"。

第二阶段是1650至1653年的亲王投石党运动。孔代亲王想谋取首相马扎然的职位未遂，他便与对宫廷不满的贵族联合起来，密谋推翻马扎然政府。1650年1月，马扎然下令拘捕孔代亲王。亲王的拥护者在外省掀起一系列暴动，1650年底，在孔代亲王支持者和巴黎党人联合行动下，孔代亲王获释。获释后，他同西班牙结盟与政府军激战，国王和马扎然再次逃离巴黎。

亲王投石党运动缺乏民众支持，内部又争权夺利，被宫廷分化瓦解。1650年10月21日，国王胜利返回巴黎。1653年2月，马扎然回到巴黎。许多贵族被迫流放，高等法院不能干涉王政，投石党运动遂告结束。此后，专制王权在法国日趋巩固。

谁自诩为"太阳王"？

路易十四是欧洲历史上统治期最长的君主，在漫长的统治期里，他按部就班地使自己成为荣誉及威望的化身。

作为独断专行的君主，路易十四的统治范围深入法国人民生活的方方面面，所有的事情都得按他的意愿进行，即使他的目光很短浅。作为路易十四的臣民，谁都没有表达自己意见的权利。

路易十四挑选太阳图案作为王室徽章并自诩为"太阳王"。为了彰显"太阳王"的显赫与尊贵，路易十四于1682年把政府和王宫迁移到凡尔赛城。从此，那里就成了他奢华的舞台。熠熠生辉的凡尔赛宫到处都彰显着王者的气息。

路易十四不惜血本地把贵族云集的凡尔赛城打造成威望和荣耀的代表，而他自己正是太阳般光芒四射的中心，在这方面他的确很有天赋。路易十四人为地制造出很多虚假的利益，并用它们来吊贵族们的胃口。就这样，他完全废除了千百年以来贵族手中所沿袭的权力。那些曾经地位显赫的贵族们开始争先恐后地为了获取在王宫中狭窄的房间的居住权，为了得到清晨能亲手给国王递衬衫的资格，为了享受为国王举烛的荣誉，以及获得陪伴国王打猎的机会等而进行激烈的竞争。

为了让臣民心怀崇敬和感激之情地追捧权贵，路易十四制定了一套严格而细致的礼仪规范，这套规范曾在凡尔赛颇为流行。路易十四大兴争权夺利之风，同时还要求别人把他当偶像，结果大批奴颜婢膝的奉承者蜂拥而至。世风如此，不同等级身份的人都纷纷加入溜须拍马者的行列。比如，路易十四问起时间的时候，马上就有人回答："陛下，您希望现在是几点就是几点。"而他的儿子曼恩公爵在一次法军取胜后向他汇报："啊，父王，我的学业就要荒废了，因为每次您的军队打了胜仗，老师就给我放假。"

君权的光环如此夺目，为了享受恩泽，人们甚至不惜做出荒谬十足的举动。路易十四曾经饱受直肠瘘的折磨，不得不做手术，结果患这种病一下子成了社会风尚，那些能够分享"王者贵恙"的幸运儿一下子成为别人嫉妒的焦点，很多没有直肠瘘的人甚至恳求或贿赂医生在自己身上比画几下。

路易十四用自己的言论和行动给欧洲"君主制"以新的注解，在英国的民主宪政取得了一系列胜利的同时，欧洲大陆上却出现了一股强化君主专制的热潮。因为，它进一步消除了地方领主的封建割据，为民族国家的形成奠定了基础。但是，路易十四时期无休止的战争、晚年奢靡浪费的生活和贪污腐化的蔓延，使得法国财政状况岌岌可危，也使得有识之士对君主专制有了新的看法和

考量。虽然路易十四离世之年到法国大革命爆发还有 70 多年，但多数史评家认为两者之间有必然联系。

三级会议的构成是怎样的？

三级会议由三个不同等级的臣民构成。第一等级是教士，第二等级是贵族，第三等级是代表大多数人们意志的市民。三级会议的起源可以追溯到 13 世纪行会代表机构有关提供咨询和协助的传统做法。法王腓力四世因向教会征税和教皇卜尼法斯八世有了矛盾，为了寻求帮助，于是在 1302 年 5 月 10 日召开法国历史上第一次三级会议。之后，法王为了征税和索取现金，不时召开三级会议。1614 年后，百余年未召开此种会议，直到 1789 年，法国资产阶级革命爆发前才重新召开。

什么是启蒙运动？

启蒙运动是发生于 17 世纪欧洲的一场反封建、反教会的思想文化革命运动，它为资产阶级革命做了思想准备和舆论宣传。

"启蒙"一词，在法语中的解释是"光明"。当时先进的思想家认为人们处于黑暗之中，应该用理性之光驱散黑暗，把人们引向光明。他们著书立说，激烈地抨击专制主义和宗教愚昧，宣传自由、平等和民主。启蒙运动的中心在法国，伏尔泰是法国启蒙运动的领袖。

启蒙运动最初产生于英国，而后发展到法国、德国与俄国，此外，还波及了荷兰、比利时等国。表面上看，启蒙运动是启迪蒙昧、反对愚昧主义、提倡普及文化教育的运动。但从本质上讲，它是宣扬资产阶级政治思想体系的运动，而非单纯的文学运动。它是文艺复兴时期资产阶级反封建、反禁欲、反教会斗争的延续和发展，直接为 1789 年的法国大革命奠定了思想基础。

圣西门的设想是什么？

克劳德·昂列·圣西门，法国思想家，世界著名的三大空想社会主义者之一。他虽然出身贵族，却是一个封建制度的叛逆者。

法国大革命初期，他热烈地投身革命运动。革命后，他看到了劳动群众仍然受苦，于是对资本主义保持了否定的态度。为了从事科学研究，他逐渐花掉了全部家产，生活十分艰苦，时常疾病缠身，妻子也离开了他。尽管环境十分恶劣，圣西门却一直孜孜不倦，顽强地从事他的理想社会的研究。圣西门一生写了许多著作，1825年4月，他发表了《新基督教》，这标志着他创建的空想社会主义大厦最终完成。

圣西门设想，在未来的新社会中，人人都要劳动，没有不劳而获之人。他相信，只要大家都接受这个理想，新的社会马上就会来临。

圣西门的思想反映了早期工人阶级对资本主义的抗议和对理想社会的追求，是人类文化中的宝贵遗产。

谁被称为"启蒙运动的旗手"？

伏尔泰（1694—1778年），法国启蒙思想家、文学家、哲学家，是18世纪法国资产阶级启蒙运动的旗手，有"思想之王""法兰西最优秀的诗人""欧洲的良心"的美称。他提倡天赋人权，认为人生来就是自由和平等的，一切人都具有追求生存、追求幸福的权利，这种权利是天赋的，不能被剥夺。他主张人一生下来就应当是自由的，在法律面前人人平等。他曾经说过："我不能同意你说的每一个字，但是我誓死捍卫你说话的权利。"此外，伏尔泰还尖刻地抨击了天主教会的黑暗统治，他把教皇比作"两足禽兽"，把教士称为"文明恶棍"，说天主教是"一切狡猾的人布置的一个最可耻的骗人罗网"，号召每个人都按照自己的方式同骇人听闻的宗教狂热做斗争。

谁是法国大革命的思想先驱？

让·雅克·卢梭（1712—1778年），法国著名启蒙思想家、哲学家、教育家、文学家，是18世纪法国大革命的思想先驱，启蒙运动最卓越的代表人物之一。在法国启蒙思想家中，卢梭对法国封建社会进行了最为严厉、最为激烈的批评。卢梭是一位激进的民主主义者，他的思想精华和基本原则是人民主权思想。他认为一切权力属于人民，政府和官吏的权力是人民授予的，人民有权委任他们，也有权让他们下台，甚至有权举行起义，消灭奴役压迫人民的统治者，这就是人民主权思想。卢梭还强调"公共意志"，他认为这一点相当重要，公民应接受它的统治。"公共意志"的具体形式就是法律，遵守法律的行为就是自由的行为。卢梭的思想主张成为法国大革命中罗伯斯庇尔领导的雅各宾派的行动指南，对欧美各国的资产阶级革命有重要的影响。

谁提出了三权分立学说？

查理·路易·孟德斯鸠（1689—1755年），出生于法国波尔多附近的拉伯烈德庄园的贵族世家，法国伟大的启蒙思想家、法学家。孟德斯鸠不仅是18世纪法国启蒙时代的著名思想家，也是近代欧洲国家比较早的系统研究古代东方社会与法律文化的学者之一。他的著述虽然不多，但影响不容小觑，尤其是《论法的精神》这部集大成的著作，为近代西方政治与法律理论发展奠定了基础，也在很大程度上影响了欧洲人对东方政治与法律文化的看法。他所提出的三权分立学说对现在很多国家的政治也有很重要的意义。

你知道百科全书派代表狄德罗吗？

狄德罗是法国唯物主义哲学家、文学家、美学家、教育理论家，百科全书派代表人物，第一部法国《百科全书》主编。狄德罗在坚持唯物主义哲学观点的同时，又具有同时代唯物主义者缺乏的辩证法思想，有些学者说他的唯物主义其实是过渡式的唯物主义。狄德罗站在法国第三等级的立场上，坚持国家起源于社会契约，君主的权力来自人民协议的观点。他指出，能够实现人民自由平等的是政体，任何政体都需要改变，它的生命同动物的生命一样，必将走向灭亡。封建专制政体终会消灭，由适合人性的政体取而代之。

法国卡米撒起义是怎么回事？

卡米撒起义是法国南部下朗格多克和塞文山区胡格诺派新教徒发动的反对路易十四对新教徒迫害的武装起义，发生于18世纪初。

1685年，路易十四废除胡格诺派新教徒有信仰自由的南特敕令后，新教徒遭受迫害。于是他们计划劫掠和焚毁教堂，赶走甚至杀死教士。1702年6月24日，一群愤怒的新教徒在蒙维耶特桥杀死监管新教囚犯的合拉修道院院长，拉开了起义的序幕。后来，下朗格多克的农民也参与其中，并且提出"取消一切捐税和信教自由"的口号。

法国大革命是怎样爆发的？

18世纪资本主义在法国部分地区已相当发达，出现许多资本主义性质的手工工场，少数的企业雇佣数千名工人并拥有先进设备，金融资本雄厚。资产阶级已成为经济上最富有的阶级，但在政治上仍无实权。农村绝大部分地区保留着封建土地所有制，并实行严格的封建等级制度。由天主教教士组成的第一等级和贵族组成的第二等级，是居于统治地位的特权阶级。由资产阶级、农民和城市平民组成的第三等级则处于被统治地位。特权阶级的最高代表是波旁王朝国王路易十六。18世纪末第三等级同特权阶级的矛盾日益加剧。1789年7月14日，愤怒的巴黎市民成千上万地涌上街头，攻占了一个又一个的阵地，法国大革命由此爆发。

法国大革命中是谁率先攻打巴士底狱的？

16世纪以来，巴士底狱逐渐丧失军事要塞的作用，成为一个禁锢重要政治犯的监狱。巴士底狱不仅是控制巴黎的制高点，同时也是封建统治阶级镇压革命的工具，是法国封建专制主义的象征。人民仇视它、憎恨它。终于有一天，巴黎人民发起了摧毁这座封建地狱的革命行动。

第一个提出攻打巴士底狱的人是拉布吕耶尔。他原本是虔诚的天主教徒，但因其反对封建专制制度，曾写过一些思想自由的文章，就锒铛入狱，被关进巴士底狱。1789年7月14日，拉布吕耶尔佩戴着象征革命的三色帽徽，带领巴黎的民众冲向巴士底狱。

第一个冲进巴士底狱的起义者叫约瑟夫·阿尔纳，他是个木匠，当过上尉。据事后统计，参加攻打巴士底狱的勇士共有954人，他们的这次行动并没有周密的计划和组织，只是临时凑在一起，他们能在45分钟内一举攻下了这座城堡，实在是一个奇迹。

人民的力量是伟大的，后来法国人把7月14日这一天定为国庆日，直至今天。

你知道法国国旗的由来吗？

法国的国旗呈长方形，长和宽的比例为3:2。旗面由三个平行且相等的竖长方形构成，从左至右分别为蓝、白、红三色。关于法国国旗的来历说法有多种，其中最具代表性的是：1789年法国资产阶级革命时期，巴黎国民自卫队就以蓝、白、红三色旗为队旗。白色居中，代表国王，象征国王的神圣地位；红、蓝两色分列两边，代表巴黎市民；同时这三色又象征法国王室和巴黎资产阶级联盟。三色旗曾是法国大革命的象征，三色分别代表自由、平等、博爱。

法国历史上第一部成文宪法是什么？

1791年宪法是法国资产阶级革命初期通过的君主立宪制宪法。1789年7月，制宪议会制定了该宪法，1791年9月通过。1791年宪法将《人权宣言》置于篇首。宪法序言确认《人权宣言》为宪法依据的原则，宣布废除封建等级特权，主权属于国民全体，人民有迁徙、集会、请愿、言论和信仰自由。宪法宣布法国为中央集权的君主立宪制国家，实行三权分立原则。立法权属于一院制立法议会：它有权提出法案并通过法律，有权支配武装力量，管理财政和国家财产，签订条约，并根据国王建议最后决定媾和或宣战；议员由两级选举产生，每隔两年选举一次；将公民划分成积极公民和消极公民，只有能缴纳直接税的积极公民才有选举权和被选举权；行政权属于世袭国王，国王人身神圣不可侵犯，有权任命各部部长、驻外使节、高级军官，有权在法律范围内行使职权，有对法律的延搁权；司法权属于选举产生的法官，实施陪审裁判制。法国是近代世界各国中制定宪法最多的国家，1791年宪法是法国历史上第一部成文宪法。

法兰西第一共和国建立于哪一年？

法国资产阶级革命初期由君主立宪派掌权，1791年宪法规定保留君主政体，路易十六仍是国王，对此，人民表示了强烈的不满。1792年8月10日，巴黎人民举行第二次武装起义，推翻了国王，结束了君主立宪派的统治，代表工商业资产阶级利益的温和共和派——吉伦特派掌权。9月21日召开国民公会，此次会议宣布废除君主政体，通过了建立共和国的决议。9月22日，正式宣告法兰西共和国成立，在法国历史上这是第一次出现的共和国，史称"法兰西第一共和国"。国民公会还规定9月22日为共和新纪元的开始。这一年即共和元年。共和国的政治口号是"自由、平等、博爱"。

瓦尔密战役胜利的真正原因是什么？

在1792年9月，路易十六因阴谋复辟而被废黜。此时，法国正处在危机之中，外部也面临欧洲联盟的入侵。国内山岳派和吉伦特派争斗正酣，到处是失业与饥荒、恐怖与暗杀。在这严峻的时刻，珍宝贮藏室贴上了封条，但令人惊奇的是，这么多奇珍异宝竟无人看守。9月17日，内务大臣罗兰在国民议会突然宣布："珍宝贮藏室门被撬，钻石全部丢失！"当时的法国正在进行瓦尔密战役，在短时间内就因敌方撤军而取得了胜利。从战略上讲，敌方指挥官不应发布撤退命令。这使人怀疑在战线后是不是进行了某种交易。事实上，当双方军队打仗时，举行了一次秘密会议，有传言称法国花了巨额资金以使敌方撤军。8月11日，法国特使就已答应付给敌方3000万法郎。法国议员帕尼斯知道这笔交易后，就建议从珍宝贮藏室找差额部分，后来他的建议被采纳了。现在，人们只知道拿破仑指挥瓦尔密战役取得了胜利，拯救了巴黎和法兰西民族，但是瓦尔密战役胜利的奥秘，过去、现在以至将来可能永远都不会为人所知。

什么是"十二人委员会"？

"十二人委员会"是法国大革命时期国民公会中吉伦特派成员组成的调查委员会。1793年春，吉伦特派同山岳派的斗争日益激烈，5月18日提出解散山岳派的主要堡垒巴黎公社。在巴雷尔的提议下，成立该委员会，负责调查巴黎公社的行动。24日，"十二人委员会"以叛乱嫌疑下令逮捕巴黎公社副检察长埃贝尔等人，遭到强烈反对。27日，巴黎公社要求国民公会释放被捕者，并撤销"十二人委员会"。31日，巴黎公社领导巴黎人民起义，包围国民公会，迫使他解散该委员会。6月2日，巴黎人民又一次发动了起义，委员会成员被捕。

什么是热月政变？

热月政变发生于1794年7月27日（按照当时共和历为八月九日），是法国热月党人为反对山岳派独裁而发动的政变。

1794年7月26日，罗伯斯庇尔在国民公会发表演说，表示"国民公会中还有尚未肃清的议员"，当时议员要求罗伯斯庇尔将尚未肃清的议员的名字说出，然而罗伯斯庇尔并没有说出，于是引发了议员们的恐慌，进而发动了政变。

7月27日，罗伯斯庇尔前往国民公会，但遭到了议长的打断；场内开始出现"打倒暴君"的呼声以及逮捕罗伯斯庇尔等人的要求，并且国民公会于下午三点通过逮捕罗伯斯庇尔的法令。

7月28日（共和历八月十日），罗伯斯庇尔、圣鞠斯特等22人被送上断头台。由于法国革命历的八月为热月，因此这次事件被称为"热月政变"。

雅各宾派是如何倒台的？

1793年底到1794年初，尽管雅各宾专政采取了一系列措施在一定程度上巩固了大革命成果，但政府仍然控制着外贸，还用最高限价来监督商业，这就引起新兴的大资产阶级的不满。另外，雅各宾专政在革命中实行的一些革命措施，也没能完全满足工人、农民及其他劳动群众的要求，劳动人民的生活仍得不到改善。工人对雅各宾专政也极为不满。这样，雅各宾专政的社会基础日益削弱了。

而此时的雅各宾专政的内部也产生了严重的分裂。政权内部开始形成两个反对派集团：一个是以丹东和德穆兰为首的丹东派，他们主要代表在革命中发了财的资产阶级。他们要求政府成立"宽赦委员会"，大赦那些反革命分子和犯罪嫌疑人。同时，他们还要求取消最高限价，使商业活动完全自由。在对外政策方面，他们主张同反法联盟妥协。丹东派的这种态度引起群众的不满，却赢得了共和国敌人的青睐。因此，丹东派同罗伯斯庇尔派发生分裂。而另一个反对派是以埃贝尔和肖梅特为首的埃贝尔派，他们反映广大贫民阶层的要求，进一步批评政府。为了镇压反对派，罗伯斯庇尔采用恐怖政策，规定可以随意处死反对派。就这样，雅各宾派日益陷入孤立的处境，走向倒台的边缘。

罗伯斯庇尔为什么被杀？

罗伯斯庇尔是18世纪法国资产阶级革命时期雅各宾派政府的实际首脑。1972年起义后，他当选巴黎公社和国民公会领袖，领导雅各宾派反对吉伦特派，坚决要求处决国王路易十六并抗击普奥干涉军。1793年，罗伯斯庇尔领导法国人民粉碎了欧洲君主国的武装干涉，镇压了吉伦特派的反革命叛乱。但由于雅各宾派实行专制统治，采取高压手段打败政见不合者，引起了民众的反抗。1794年，热月党人发动政变，逮捕了罗伯斯庇尔，并把他处以死刑。

谁与罗伯斯庇尔、库东结成"三头联盟"？

圣鞠斯特，法国大革命时期雅各宾专政的主要领导人之一，生于德西兹一个军人家庭，曾就学于苏瓦松奥拉托利会中学和兰斯大学。1789年，圣鞠斯特发表了长篇讽刺诗《奥尔甘》，被当局查禁。大革命爆发后，圣鞠斯特回家乡布莱朗库尔参加国民自卫军，任市政府秘书和自卫军中校。1790年7月，出席全国结盟节，成为罗伯斯庇尔的忠实支持者。第二年，他又发表了《法国大革命和宪法的真谛》，成为革命理论家。1792年9月，他入选国民公会，属山岳派，主张处死国王，反对吉伦特派的政策及其联邦制宪法草案。1793年5月底进入救国委员会，与罗伯斯庇尔、库东结成"三头联盟"。

谁被称为"里昂屠夫"？

富歇，出生于南特，法国大革命时期政治活动家，警务首脑。毕业于南特奥拉托利会中学，曾任中学教师。1781年入巴黎奥拉托利学院学习，后在阿拉斯加入一个自由主义俱乐部，与罗伯斯庇尔结识。1789年，富歇参加三级会议，1790年任南特雅各宾俱乐部主席。1792年被选入国民公会，属吉伦特派，后投票赞成判处国王死刑。1793年10月，作为埃贝尔派代表，被国民公会派往里昂平定联邦派和保王党叛乱。期间因肆行杀戮，被称为"里昂屠夫"，后被罗伯斯庇尔召回。

富歇是热月政变的主要策划者之一，但政变后被排斥出国民公会，并一度被捕，后获释。1799年，参与"雾月十八日政变"。"百日王朝"时期续任警务大臣。滑铁卢战役后为临时政府成员，为波旁王朝复辟效力，曾任路易十八的警务大臣，1815年9月离职。次年《弑君者法》颁布后，富歇亡命奥地利，后客死意大利的里雅斯特。

谁被称为"平民中的米拉波"？

丹东，法国大革命时期山岳派主要领袖之一。他生于一个检察官家庭，曾就读于特鲁瓦宗教学校。1789年7月14日起义后，丹东参加巴黎科尔得利区国民自卫军，10月任该区区长。次年创建科尔得利俱乐部，后又加入雅各宾派俱乐部。丹东因善于雄辩，被称为"平民中的米拉波"。1791年1月，丹东任塞纳省行政长官，同年7月，"马尔斯广场事件"发生后，因受拉法耶特迫害，丹东逃亡伦敦。1792年8月10日起义后，丹东任吉伦特派内阁司法部长，号召人民抵御外敌入侵。9月进入国民公会，主张处死国王。1793年3至4月，丹东倡议建立革命法庭、各级革命委员会和救国委员会，并

主持救国委员会工作。他对外主张合并比利时，实现自然疆界，并同敌人谈判。7月，在罗伯斯庇尔改组救国委员会后被排斥。同年底，因反对疯人派、埃贝尔派的极端恐怖主义和非基督教化运动，抨击罗伯斯庇尔的各项政策，要求实行"宽容政策"，结束恐怖统治，被称为"宽容派"。1794年3月被捕，4月5日被处死。

督政府是法国什么时期的政府？

法国大革命期间，1795年11月2日至1799年10月25日，督政府是掌握法国最高政权的政府，前承国民公会，后启执政府。

1795年8月，热月党控制的国民公会颁布了新的共和三年宪法，规定新立法机构分为上、下两院，上院称元老院，由250人组成，下院称五百人院，由500人组成。宪法规定现政府代表必须在新立法机构中占据三分之二以上的席位。根据五百人院的提名，元老院选举出5名督政官组成督政府，每年改选其中1人。督政府成员以3个月为期，每人轮流担任主席。

这个宪法遭到人们的反对。10月2日，反对派在法兰西剧院集会反对新宪法，并于10月3日发动暴动，即"葡月暴动"。同日，国民公会任命保罗·巴拉斯为军事领导人，并让拿破仑·波拿巴进行指挥。在拿破仑炮兵的轰击下，葡月暴动在10月5日被镇压。

根据新宪法，国民公会解散，新的立法机构选举出督政府，首任五人是保罗·巴拉斯、艾蒂安—弗朗索瓦·勒图尔纳、路易·玛丽·德·拉·拉勒维里、让·弗朗索瓦·勒贝尔和拉扎雷·卡尔诺。

"X·Y·Z事件"是怎么回事？

"X·Y·Z事件"是法国督政府官员向美国代表索贿的事件。1794年《杰伊条约》签订后，美法关系紧张。法国政府拒绝接纳美国派遣的公使，为避免发生公开冲突，美

国总统约翰·亚当斯派平克尼、马歇尔和格里出使法国，商谈新的商务协定。但是三人遭到了法国的冷遇。法国外长塔列朗派康拉德、豪特伏和贝拉米三名代理人与美国代表接洽，提出谈判须在美国支付 1200 万美元贷款，并在给塔列朗私人 25 万美元的基础上进行，遭到美国代表拒绝。次年 3 月 19 日，亚当斯总统向国会提交报告，里面涉及了谈判经过和美国代表与塔列朗代理人之间来往的文件，并对法国的无理行径予以强烈的谴责。4 月，此消息引起美国人民的公愤。因法方三代理人在以上报告和文件中用 X、Y、Z 代替，故称"X·Y·Z 事件"。

《海牙条约》有怎样的内容？

1794 年 4 月 19 日，英国、荷兰和普鲁士在荷兰的海牙签订了《海牙条约》，旨在促使普鲁士出兵比利时，参加反法军事行动。普承诺提供 6.24 万人供英、荷调遣；英、荷承诺每月付给普 5 万英镑补助金，并且一次付 30 万镑酬金，普军遣返时还会得到 10 万镑和每人 1 镑 12 先令的报酬。签约后，普鲁士没有出兵比利时攻法，而是将兵调到波兰，谋求瓜分波兰领土。同年，驻比利时和奥地利的军队被法军击败。英、荷谴责普背信弃义，英政府停止支付补助金，并声明废除《海牙条约》。

哪次会战促使第一次反法联盟彻底瓦解？

1795 年 4 月，拿破仑率军 4.2 万人远征意大利。法军接连取胜，并攻克米兰。6 月 4 日，法军包围了奥军在意大利北部的要塞曼图亚。奥军统帅部三次派兵救援曼图亚，均被法军击败。1797 年 1 月，奥援军第四次进入意大利，企图解救曼图亚。1 月 13 日，法军 1 个师（约 1 万人）阻击奥军（约 2.8 万人）进攻，被迫退守里沃利。1 月 14 日，拿破仑亲率两个师（约 1.3 万人）奔赴里沃利组织反击，打败奥军。15 日，奥军全线溃退，损失约 1.4 万人。困守曼图亚的奥军（2 万人）于 2 月 2 日投降。3 月，拿破仑率军进攻奥地利。4 月 18 日，奥军与法军签订了莱奥本停战协定。拿破仑在意大利战场的胜利，使得第一次反法联盟彻底瓦解。

欧美许多国家制定民法的范本是什么？

《拿破仑法典》又称《法国民法典》或《民法典》。这部法典的立法原则是自由和平等原则、所有权原则和契约原则，充分反映了资产阶级革命的成果。

除总则以外，《拿破仑法典》的内容共有 3 编 2281 条。第一编是人法，是关于个人和亲属法的规定，事实上是关于民事权利主体的规定；第二编是物法，规定了各种财产和所有权及其他物权；第三编是关于取得财产的各种方法。

《拿破仑法典》是资产阶级的第一部民法典，是日后欧美许多国家制定民法的范本。例如，卢森堡和比利时至今仍然把它作为自己的法典使用，一些法国的前殖民地也在使用这部法典。同时，很多国家在制定本国的民法典时也把这部法典作为参考。如丹麦、德国、瑞士、葡萄牙、巴西等国的民法典明显受到了《拿破仑法典》的影响。

什么是大国沙文主义？

"沙文主义"因 1815 年法国士兵 N. 沙文狂热拥护拿破仑一世，宣扬扩张主义，鼓吹本民族利益至上，煽动民族仇恨，主张征服和奴役其他民族，建立大法兰西帝国而得名。

大国沙文主义即大国主义，是国际关系中较大的国家对待较小的国家所表现出来的沙文主义倾向。大国沙文主义的主要特征是：不尊重对方的独立平等地位，把自己的意志强加于人，甚至粗暴地干涉对方的内政，侵犯对方的利益，损害对方的主权。它是资产阶级侵略性的民族主义思想在国际关系方面的集中表现。

沙皇俄国就有典型的大俄罗斯沙文主义思潮。沙俄政府对内推行压迫各非俄罗斯民族的政策，鼓吹俄罗斯民族优越论，宣扬俄罗斯民族应支配、歧视、欺压、限制和剥削其他民族，排斥其他民族的文化和语言，血腥镇压要求自治的少数民族，使俄国成为各民族人民的监狱；对外则进行侵略、扩张、征服外族，扩大沙俄疆域等。大俄罗斯沙文主义的影响给国内外带来了严重的后果。

什么是海尔维第共和国？

海尔维第是1798至1803年法国占领下的瑞士大部分领土的名称，分为18个邦，实行代议制民主政治。1798年初，拟定《海尔维第宪法》。按照宪法，原松散的联邦成为统一而不可分割的共和国，取消了邦和邦之间的边界；行政权仿照法国由5人组成的督政府行使。共和国得到1801年法、奥《吕内维尔和约》的确认。后内部主张中央集权的"统一派"与要求恢复各邦主权的"联邦主义者"争斗更加频繁。1803年，拿破仑颁布了新宪法——《调解法令》。该法令恢复了联邦，并以新的瑞士联邦代替统一的中央集权共和国。

拿破仑远征意大利是怎么回事？

1796年3月2日，法国督政府任命拿破仑为意大利方面军总司令，出征意大利。拿破仑带领3.8万名士兵投入战争。仅几天的时间，拿破仑就通过蒙特诺特战役、米尔西莫和蒙多维战役，打败了9万意大利、奥地利联军，迫使撒丁国王于1796年5月15日签订了《巴黎和约》，退出了反法联盟。拿破仑还从意大利掠夺了大量的黄金、钻石和珍贵的艺术品。征服了意大利之后，拿破仑又率军越过阿尔卑斯山攻入了奥地利本土，为法国战胜第一次反法联盟立下了汗马功劳。

拿破仑远征埃及是怎么回事？

1798年6月，法国督政府派拿破仑率军远征埃及。这一举动反映出法国领土扩张的意图。7月20日，法国军队在金字塔下击败了埃及骑兵，占领了开罗。但是英国舰队在海上歼灭了法国舰队，于是地中海就被英国控制。拿破仑军队和法国国内的联系被切断。1798年底，英国组织第二次反法联盟。法国大败，拿破仑只好一个人从埃及回国。

阿布基尔海战是怎么回事？

1798年5月，拿破仑在土伦港集结庞大舰队准备远征埃及。英国命海军少将纳尔逊率舰队追踪。8月1日下午，由12艘兵舰和一艘三桅舰组成的英国舰队出现在亚历山大港附近的阿布基尔湾，还有两艘主力舰隐匿在亚历山大港西面。当晚英舰乘法军不备，突然发起猛烈进攻。晚上10点，法军旗舰"奥里安"号起火爆炸。2日正午，战斗结束。法舰队司令、海军上将布吕埃斯阵亡。法军损失约3000人，英军伤亡800人。阿布基尔海战使英军切断了法国远征军和本土的联系，控制了地中海。

特拉法尔加角海战的重要结果是什么？

特拉法尔加角海战是拿破仑战争期间，英国舰队与法国、西班牙联合舰队进行的一场海战。1804年，英国、俄国、奥地利等国组成第三次反法联盟。10月21日12时，法、西联合舰队和纳尔逊海军上将指挥的英舰队在西班牙大西洋沿岸的特拉法尔加角附近相遇。维尔纳夫命令舰队返回加的斯港，以便在战斗失利时在港内躲避一下。英国舰队是排成两列纵队与法、西联合舰队的战斗线成锐角进行接近的。12时30分，科林伍德海军中将指挥的英国舰队一路纵队突破了法、西联合舰队的队形，切断了法、西的16艘军舰与其他军舰的联系，采取果决的行动,向敌舰猛烈开火。特拉法尔加角海战持续到17时30分,以法、西联合舰队失败而告终。这次海战中,英军俘获8艘法国战列舰,9艘西班牙战列舰,消灭了1艘法国军舰。特拉法尔加角海战的重要结果是英国掌握了制海权,阻碍了法国同殖民地的联系。

"三皇会战"是指哪一次会战?

拿破仑建立帝国后,试图在欧洲建立霸权,这引起了欧洲各国的极度恐慌。欧洲各国多次组织反法同盟。在第三次反法联盟对法战争期间,1805年12月2日,法军和俄、奥联军在奥斯特里茨进行了一次决定性的战役,因参战方是法国皇帝拿破仑·波拿巴、俄国沙皇亚历山大一世、奥地利皇帝弗朗西斯二世,所以又称"三皇会战",它是世界战争史中的一场著名战役。7.3万人的法国军队在拿破仑的指挥下,在奥斯特里茨村(位于今捷克境内)取得了对8.6万俄、奥联军的决定性胜利。此后,第三次反法同盟瓦解,奥地利皇帝也被迫取消"神圣罗马帝国皇帝"的封号。

奥斯特里茨战役的始末是怎样的?

1805年12月,著名的奥斯特里茨战役打响了。奥、俄皇帝在一条战线上,两国联军和法国军队展开了空前的大决战。战争一开始,拿破仑就命令一侧的法军佯败,引诱联军深入。在激烈的战火中,拿破仑来到战场的高地,并且命令多门大炮对准不远处空无一人的冰湖。

此时,俄、奥联军已经包抄过来,自负的亚历山大自以为稳操胜券。在他一声令下的时候,法军发起了全线反击,侧翼诈败的法军突然反扑,占领高地的法军主力居高临下,冲下山坡。联军阵脚大乱,溃不成军,法军从两面挤压过去,把溃逃的联军逼进冰湖,联军无路可逃。高地上接到命令的法军炮兵立刻开炮,密集的炮火炸碎冰面,联军几乎全军覆没,两国皇帝仓皇逃离战场,法军大获全胜。

普鲁士何时成为法兰西第一帝国的附庸?

1806年9月,英国策划组成了第四次反法同盟,作为同盟国的普鲁士因与法国有矛盾,遂联合俄国首先与法军开战。10月初,普鲁士即准备行动,而在奥斯特里茨战役取胜的法军也力量大增。10月8日,拿破仑率大军进入萨克森,并向北推进,欲在俄军主力与普军会师前,和普军单独决战。14日拂晓,拿破仑向霍亨洛厄亲王率领的驻在耶拿的普萨联军发起进攻。尽管联军获得了1.5万多人的增援,但仍大败于法军。战斗结束后,联军损失惨重。同日,在距耶拿21公里处的奥尔施塔特,法军元帅达武率军与不伦瑞克公爵卡尔率领的普萨联军主力相遇。两军激战,卡尔受重伤,联军遂由普王腓特烈·威廉三世亲自指挥,达武也调来炮兵向联军全线轰击。下午4时,在俄军到达前,战斗宣告结束。联军伤亡2.4万人,被俘约2万人,法军伤亡1.2万人。此战后,普军士气衰微,法军乘胜全线出击占领柏林。次年,普鲁士被迫签订《提尔西特和约》,成为法兰西第一帝国的附庸。

拿破仑是怎样遭遇滑铁卢的?

1815年6月18日,在拿破仑战争期间,拿破仑一世的军队和英、荷、普联军在滑铁卢(比利时布鲁塞尔以南20公里处的居民点)进行了一次交战。

为了对抗反法同盟(英国、俄国、奥地利、普鲁士、荷兰等国),拿破仑率12万法军进入比利时,企图在比境内将英军元帅威灵顿率领的英荷联军及布吕歇尔元帅指挥的普鲁士下莱茵集团军各个击破。6月16日,拿破仑在利尼附近和普军交战,取得较小的胜利,迫使普军向瓦夫勒撤退。格鲁希元帅指挥的步兵军(3.3万人)受命追歼普军，但行动不果断，使得布吕歇尔的集团军趁机得以保存实力并和威灵顿的集团军会合。最终，格鲁希的军队未参加决战。这成了后来拿破仑失败的重要因素：原准备与一路英荷联军作战的拿破仑，将被迫与两路联军同时作战。

6月17日，拿破仑率法军主力（7.2万人，243门火炮）前往贝尔阿利扬斯、罗索姆、普朗瑟努瓦地域。拿破仑确信格鲁希定能阻止住布吕歇尔，因此，没有急于向在滑铁卢以南有利地形设防的威灵顿军队（6.8万人，159门火炮）发起攻击。6月18日11时，当普军前卫接近交战地点时，双方开始了交战。拿破仑决定对威灵顿军队的左翼实施主要突击，以阻止普军与联军会合。法国雷耶军首先应对威灵顿军队的右翼实施佯攻。但联军从战斗一开始就进行了顽强抵抗，将拿破仑的军队完全打乱了。雷耶开始用少量兵力发起攻击，尔后陆续将全军兵力投入战斗，到最后也没有取得胜利。对威灵顿左翼的攻击于下午2点左右开始，进攻兵力是德尔隆军的4个师，各师均按营展开成大纵深的纵队。由于采用这种队形不能同时投入较多的力量发起攻击，而进攻部队在对方枪炮火力下伤亡惨重，所以攻击并没有产生任何效果。法军炮兵的射击效果很差，因为它配置的位置不当，距进攻纵队太远。下午，普军布吕歇尔的前卫抵达菲舍蒙地域，拿破仑被迫派洛博军1万人迎战普军，后又派部分近卫军前往支援。与此同时，拿破仑改变了主要突击方向，集中主要兵力攻击威灵顿军队的中部。法军多次发起攻击，同样没有成功。拿破仑的重骑兵曾两度进入英军阵地，由于步兵未及时支援，法军被打退了。于是拿破仑把自己的预备队10个老近卫军营投入该阵地，最后一次试图突破英军中央，结果又以失败告终。此时，普鲁士3个军（比洛军、皮尔希军、齐滕军）到来，兵力的对比已对盟军有利。盟军兵力计达13万人。晚上，英荷联军主力从正面转入进攻，普军则突击法军右翼。法军支持不住，开始退却。退却很快变成了狼狈逃窜。在滑铁卢交战中，法军损失了3.2万人和全部火炮，盟军伤亡2.3万人。拿破仑丢弃甲曳兵逃回巴黎，6月22日再度退位，后被流放到圣赫勒拿岛。

什么标志着拿破仑军事优势的最后丧失？

1813年春，英国、俄国、奥地利、普鲁士、西班牙、葡萄牙、瑞典等国组成第六次反法联盟。战事爆发于5月，8月27日德累斯顿战役法军告捷，10月16日至19日双方在莱比锡地区进行会战。整个会战有如下几个激烈的争夺战：利伯特沃耳科维次争夺战、瓦豪争夺战、马克勒贝格争夺战，以及康涅维茨渡口和廖斯尼格渡口争夺战。法军败北，向莱茵河方向撤退。为时4天的莱比锡会战，是拿破仑战争中规模最大的一次会战，标志拿破仑军事优势的最后丧失。

波旁复辟王朝是怎么回事？

法兰西第一帝国覆亡后，波旁王族恢复封建贵族统治的王朝（1814—1815年、1815—1830年）。1814年3月31日，反法联军攻入巴黎，4月6日拿破仑一世退位，5月3日路易十八回国即位，6月4日颁布《一八一四年宪章》，实行君主立宪制，封建贵族重新掌权。1824年，查理十世即位后加紧推行反动政策，企图恢复君主专制统治，镇压革命者。为恢复天主教和贵族的权威，查理十世又先后颁布《渎神法》和《关于补偿亡命贵族十亿法郎的法令》。严格限制出版、新闻等自由，经济上仍为农业国，实行自给自足和保护关税政策，使得工业革命缓慢发展。对外则听命于封建列强，1823年，波旁王朝出兵镇压西班牙革命，实行保守的殖民政策。1830年7月，查理十世签署《七月敕令》，企图制服反对派，却引发了七月革命，波旁复辟王朝就此瓦解。

法国为什么会发生七月革命？

波旁王朝第二次复辟后，路易十八逝世，其弟阿图瓦伯爵即位，称查理十世。1825年4月，查理十世颁布法令，变相地归还了法国革命时期没收的贵族土地。1830年7月26日，国王颁布敕令，限制言论、集会、出版自由，取缔一切反政府报刊；解散新议会；实行新选举法，进一步提高选举权资格，剥夺了劳动人民和工商业资产阶级的选举权。敕令引起人民的普遍愤慨，巴黎人民高喊"打倒波旁王朝！自由万岁"的口号。他们走上街头，举行集会并与警察发生冲突。7月28日，巴黎出现了数千个街垒，革命渗透更加猛烈，几个团的政府军走入了起义者的行列里，形势发生了很大的变化。7月29日，起义人民占领了杜伊勒里宫并在那里升起三色旗。自由派议员组成了以拉菲特为首的临时政府，并且让拉菲特出任国民自卫军司令。8月2日，查理十世逃亡英国，复辟的波旁王朝终于被推翻了，七月革命取得了胜利。但是此次的胜利果实被大资产阶级和金融贵族所攫取，他们建立了"七月王朝"。

世界上最早的工人武装起义是什么起义？

1831年11月和1834年4月，法国里昂爆发了两次工人起义，这是世界上最早的工人武装起义。

当时，里昂是法国的丝织业中心，约有9万名纺织工人。他们每天超负荷工作，却只能获得微薄的收入，甚至还有一些童工，处境极为悲惨。工人们曾多次要求增加工资、缩短工时，但均遭到拒绝。1831年11月21日，里昂工人举行了罢工示威，2000多名工人唱着《巴黎进行曲》向市中心前进。虽然遭到守军的残酷镇压，但仍不畏高压，顽强抗争。

虽然第一次起义失败了，但工人们仍决定用鲜血捍卫自身权利。1834年4月9日，里昂工人又组织了第二次武装起义，充分显示了工人阶级的力量，表明法国无产阶级已作为一支独立的政治力量登上了历史舞台。

法国的"七月王朝"是如何结束的？

1830至1848年间的法国君主立宪制王朝，也称奥尔良王朝。1830年七月革命推翻了波旁复辟王朝，宣布奥尔良公爵路易-菲利普为国王，金融资产者掌握政权。1830年8月颁布了经过修改的宪法。新宪法限制国王权力，扩大了众议院权力，将选民的财产资格进一步放宽，并且对国民自卫军实行改组。

1840年起，"七月王朝"组成苏尔特-基佐内阁，基佐掌握实权，坚决反对改革，但是国内要求改革的呼声日益高涨。1845和1846年法国农业发展不景气，1847年发生工商业危机，革命形势逐渐形成。1847年在巴黎举行的宴会演讲、示威等活动都要求改革。1848年2月22日工人们在巴黎街头开始建筑街垒。23日基佐被免职，24日，起义群众进攻杜伊勒里宫，路易-菲利普被迫将王位让与其孙巴黎伯爵后，逃往国外。25日早上，革命临时政府宣告法兰西第二共和国成立，七月王朝结束。

法兰西第二共和国是怎么灭亡的？

1792至1804年，法国曾建立共和国，史称第一共和国，故将1848年二月革命后建立的共和国称为第二共和国。

1848年的二月革命推翻七月王朝，成立临时政府，即法兰西第二共和国。2月25日共和国宣布成立。5月9日成立执行委员会代替临时政府。6月22日，执行委员会下令解散国家工厂，引起了工人的不满。23日，工人开始起义。24日，卡芬雅克将军掌握了独裁权，残酷镇压起义。

曾先后担任法兰西第二共和国总统和第二帝国皇帝的路易·波拿巴

11月,制宪议会制定共和国宪法,确立立法和行政分立原则。议会和总统皆由男性公民直接普选产生。参政院由议会任命,它预先审定政府的法案,并监督行政机构。12月10日,路易·拿破仑·波拿巴当选总统。1849年5月13日,选举立法议会,以保王派和天主教教士为核心的秩序党获多数席位,但宪法规定总统不能直接连任,波拿巴要求修改宪法,遭到立法议会多数人的反对。波拿巴于1851年12月2日发动政变,解散议会,建立专政体制。1852年12月2日宣布成立帝国,波拿巴被封为皇帝,即拿破仑三世,第二共和国就此结束。

普法战争是怎样的？

普法战争是普鲁士王国为了统一德国,并与法国争夺欧洲大陆霸权而爆发的战争。法兰西第二帝国企图保持多年欧洲霸权地位,竭力阻止德意志的统一,同时还想侵占莱茵河左岸的德意志领土,于是对德国挑起了战争。战争后期,普鲁士将战争由自卫战争转化为侵略战争,最后普鲁士大获全胜,并且于1871年1月18日建立德意志第二帝国。在德、法两国,此战役又称为"德法战争"。

法国是怎样侵略越南的？

17世纪初,法国的传教士和商人就已进入越南。1787年,越南的法国传教士头目阿德兰区主教代表越南同路易十六签订了军事援助条约,以恢复阮福映王位。但阮朝建立不久,就发生了危机。法国便乘此机会推进了对越南的殖民化进程。为了镇压人民的反抗,法国侵略军毁灭了几十个村庄,杀害了村中的老人、妇女和儿童。1862年,阮朝同法国和西班牙签订了第一次西贡条约。

此后,法国决心夺取越南统治者的全部权力。1867年,法军侵占了整个越南南部。1873年10月,法国侵略军向越南北部发动了突然袭击,侵占了古都顺化;接着,又于11月侵占了河内和红河三角洲一部分地区。1874年3月,法国强迫阮朝签订了第二次西贡条约。1883年法军再次侵犯顺化,迫使阮朝签订"顺化条约",以此取得对越南的保护权和外交监督权。法国在顺化设立总督,成为阮朝的太上皇。1884年6月,法国又拟定《巴德诺条约》,强迫阮氏王朝签字。这样,法国最终确立了其在越南的殖民统治。

"德雷福斯事件"是怎样一回事？

"德雷福斯事件"指的是19世纪90年代法国军事当局对军官A.德雷福斯的诬告案。

德雷福斯出生于阿尔萨斯的犹太商人家庭,在总参谋部任上尉军官。1894年9月,情报处副处长亨利以德雷福斯向德国武官出卖军事机密为由，以间谍罪对其加以逮捕。1894年12月22日，军事法庭在证据不足的情况下判处他在法属圭亚那附近的魔鬼岛终身监禁。1896年3月，新任情报处长皮卡尔在调查中发现，真正的罪犯其实是亨利的朋友埃斯特哈齐，便要求军事法庭重审。亨利伪造证件，反诬皮卡尔失职，后者被调往突尼斯。1898年1月，经军事法庭秘密审讯，埃斯特哈齐被判无罪，社会上一阵哗然。1月14日，作家左拉在《震旦报》发表致总统的公开信《我控诉》，要求重审德雷福斯案件的社会运动风起云涌，法国社会分裂为德雷福斯派和反德雷福斯派两个阵营。民族主义右翼分子妄图借此推翻共和政府。不久，亨利伪造证件的事实败露，被捕供认后自杀，埃斯特哈齐也畏罪潜逃至伦敦。在强烈的舆论压力下，1899年8至9月，经军事法庭重审，德雷福斯仍被判有罪，但改判10年徒刑。9月19日，总统决定赦免德雷福斯，以平民怨。直到1906年7月，最高法院才撤销原判，为其昭雪。德雷福斯恢复名誉，被晋升为少校。

俄国的发展

俄罗斯主体民族是怎样形成的？

公元862年以前，斯拉夫人——俄罗斯人的祖先在今俄罗斯的北部广袤的森林中生息繁衍。俄罗斯民族是东斯拉夫人的一个支系。

俄罗斯人、乌克兰人和白俄罗斯人源于同一祖先，他们的祖先是9至13世纪形成的古罗斯部族。13世纪，蒙古人征服了古罗斯地区，统治了该地区长达240年。在与蒙古征服者斗争和建立以莫斯科为中心的中央集权国家的过程中，古罗斯人逐步分化为三个民族，俄罗斯主体民族逐渐形成。随着沙皇俄国的对外扩张和领土的扩展，俄罗斯人于16至17世纪占据了伏尔加河下游、乌拉尔、北高加索和西伯利亚的广大地区，18至19世纪又扩展到波罗的海沿岸、外高加索、中亚、哈萨克斯坦和远东地区。在与其他民族杂居过程中，俄罗斯人又接受了其他民族的许多优秀文化成分和生产技术。俄罗斯主体民族就是这样不断发展壮大的。

莫斯科公国是怎样兴起的？

莫斯科公国是13世纪由弗拉基米尔大公国分封而成的，首都在莫斯科。14世纪初起，莫斯科公国陆续合并四周王公领地，国势渐强。14世纪20年代后，接受钦察汗国册封，取得代征全俄贡纳的权力。14世纪40年代时成为全俄最强的公国。1480年莫斯科大公伊凡三世击败钦察汗国，迫使其从俄罗斯撤退。到16世纪30年代，以莫斯科公国为中心的俄罗斯中央集权国家基本形成。1713年，以莫斯科公国为核心的俄罗斯统一集权国家正式形成，后来改名为俄罗斯帝国。

什么是罗曼诺夫王朝？

罗曼诺夫王朝是1613年至1917年统治俄罗斯的王朝，是俄国的封建王朝。1613年1月，米哈伊尔·费奥多罗维奇·罗曼诺夫（1596—1645年）被推举为沙皇，开始了罗曼诺夫王朝在俄国的统治。罗曼诺夫王朝统治期间，对内实行专制的农奴制，对外大肆扩张，镇压各国人民革命。罗曼诺夫王朝是俄罗斯历史上第二个也是最后一个王朝，它是俄国历史上最强盛的王朝。在该王朝时期，俄国从一个闭塞的小国发展为世界范围的强国之一。

18世纪初彼得一世在位时，俄国发展迅速，建立了俄罗斯帝国。后不断扩张领土，成为横跨欧亚两洲的强国，农奴制日益加强。1741年，伊丽莎白·佩德罗夫娜继位，男嗣断绝，外戚当权，但仍袭用罗曼诺夫王朝的名号。

伊凡四世为什么要采用"沙皇"的称号？

沙皇是俄罗斯皇帝1547至1917年的称呼。第一位沙皇是伊凡四世。到1721年，彼得大帝将其改名为皇帝。直到1917年为止，俄国的统治者一直采用"沙皇"的称号。

俄语中"沙皇"一词中的"沙"来自拉丁语恺撒的音译，也就是"皇帝"的意思。

15世纪，俄罗斯有一种说法，认为莫斯科大公是拜占庭皇帝的继承者。在君士坦丁堡落入土耳其人手中后，拜占庭帝国和皇帝的权力就落入了莫斯科大公的手中。到伊凡四世时期，"大公"称号显得权力不够大，为了显示自己至高无上的权力，也为了强调莫斯科大公在欧洲国家的地位，于是，伊凡四世于1547年1月16日加冕为沙皇。

你知道"乌格利奇奇案"吗？

伊凡大帝死后，皇位由他第一个妻子生的儿子费多尔·伊凡诺维奇继承。7年后，在费多尔执政期间，他同父异母的弟弟季米特里在远离首都的乌格利奇神秘死亡，年仅9岁。小皇子的死，成为俄罗斯历史上有名的"乌格利奇奇案"。

1591年5月15日早上，小皇子早早就起来到院子里去玩耍。突然，院子里响起了仆人紧急的呼救声，刚刚还活蹦乱跳的小皇子季米特里倒在血泊中。他脸色惨白，喉咙被利刃割断。是谁如此残忍地杀害了季米特里？而皇子的母亲玛利亚的剃度和众多人被流放使得这桩奇案显得更加神秘。最让人心生疑窦的是，在后来的俄国民间出现了多个"季米特里皇子"。大多数的人都认为，这是有人假借皇子的名义，以利于行事。但也有人分析推测，当初小皇子之死可能有诈，也许是玛利亚深知宫廷险恶，早已察觉到某些阴谋对爱子不利，为了保护年幼的爱子，她和女仆串通一气，导演了小皇子身亡的场面，巧妙地制造了一个假象，使爱子躲过宫廷内部的相互倾轧。无论何种解释，小皇子之死都显得扑朔迷离，成为历史上又一个没有定论的谜案。

"北方同盟"是怎么形成的？

"北方同盟"是17世纪末叶俄国为发动北方战争，与萨克森、丹麦、波兰订立的反对瑞典的军事同盟。彼得一世亲政后，试图把俄国从一个内陆国家变为濒临海洋的大帝国，争夺瑞典控制下的波罗的海出海口便是彼得一世实现上述计划的关键步骤。为了在外交和军事上掌握主动权，俄国利用北欧各国的矛盾，积极为自己寻求同盟者。1698年8月，彼得一世与萨克森选帝侯兼波兰国王进行了谈判，并于次年11月11日缔结俄萨同盟。

1699年11月26日，俄国又与丹麦订立俄丹条约，至此，旨在反对瑞典的"北方同盟"正式建立。后来，彼得一世利用"北方同盟"进一步打击瑞典，取得了北方战争的胜利。

俄国参议院是什么时候设立的？

彼得一世重视国家中央行政机构的改革。1711年，彼得正式签署了有关建立参政院的诏令。参议院取代了贵族杜马，由9个参议员组成。参议院成为一个直属沙皇的最高国家管理机构，从中央到地方的整个行政系统，从财政预算、贡赋征收到陆、海军的编制，都处于它的管理之下。参议院还有权力制定各项重大法令。为了监督法令的执行，彼得又设立了监察厅。参议院本身的活动也要受到总检察官的监督。参政院成立后，彼得就着手改造旧的衙门机构。彼得一世逝世后，参议院的职权也相应地发生了一些变化。

彼得一世为什么处死太子阿列克赛？

彼得一世的改革触犯了世袭贵族和教会的切身利益，招致了旧贵族和反动僧侣的不满，太子阿列克赛案件是这场斗争的高潮。

阿列克赛生于1690年，是彼得一世和第一个妻子的儿子，彼得不喜欢他的生母，因而父子关系并不融洽。而且反对改革的旧贵族和神父们也极力维护阿列克赛，形成一个"太子帮"，经常向太子灌输仇视改革的情绪。阿列克赛便成了反改革派的总代表。彼得一世多次争取皇太子支持改革事业，未果。1716年阿列克赛逃往维也纳，请求奥皇查理六世给予援助，夺取皇位。1718年1月，彼得亲自审问了返回莫斯科的阿列克赛，并将他和同谋者押送到圣彼得堡，继续受审。6月24日，由127人组成的最高法庭宣判皇太子犯了借助外国军队以密谋暴动、颠覆国家政权以篡夺皇位罪，处以死刑。

彼得大帝为何要密访西欧？

彼得·阿列克谢耶维奇·罗曼诺夫（1672—1725年），俄国伟大的政治家和改革家，卓越的国务活动家、战略家、海军统帅，出色的外交家。

彼得大帝的成功，从某个意义上讲得益于他对西欧各国的考察。彼得大帝亲政后，对内要巩固和加强自己的统治，对外要打败土耳其、瑞典，夺取黑海和波罗的海的出海口。这就需要强大的国力，于是他决定向西欧先进的国家学习，以便全面改革。

1697年3月，彼得随一个使团秘密出使西欧各国，考察学习。考察团还有一个秘密的使命，即巩固和扩大与欧洲国家建立反对土耳其的联盟。但是，彼得大帝却意外地发现有同波兰、丹麦建立起共同反对瑞典的可能。于是，彼得大帝把进攻土耳其、争夺里海出口，改为先攻瑞典、争夺波罗的海的出海口。

考察归来后，彼得大帝立即进行大刀阔斧的改革。彼得大帝的一系列改革，使俄国的面貌焕然一新，成为欧洲的列强之一。

彼得一世"书信退敌"是怎么回事？

18世纪初，为争夺在波罗的海的制海权，瑞典与英国发生了大规模的战争。遭受第一次进攻失败的瑞典经过认真的准备，纠集强大的海军和陆军，向俄国发起了猛烈的进攻。

来势汹汹的瑞典军队使俄国军民人心浮动，统治阶级内部也出现了严重的分歧。在危难之中，彼得一世异常冷静。他深知瑞典国王查理十二和瑞典军队的将领们，一向谨慎行事，优柔寡断，缺乏果敢的精神和坚定的意志。如果利用瑞典人的这一弱点，俄国必定转危为安。

于是，彼得一世派遣一大批紧急信使携带着他的亲笔命令奔赴各地。信中要求各地的指挥官立刻派援军支援沿海地区，其实，信中提到的这些援军根本不存在。负责传送命令的信使故意乱走，暴露身份。瑞典人将其俘虏，搜出密信。瑞典将领对彼得一世的绝密命令十分注意，他们认为俄国有着更深远的阴谋。在这种思想的支配下，瑞典军队放弃已占领的俄国沿海地区，迅速回国。

这就是彼得一世"书信退敌"的故事，他不费一兵一卒就解除了对沿海地区的围困，使俄国渡过了难关。

俄国为什么迁都圣彼得堡？

俄国和瑞典的"北方战争"爆发后，

彼得一世于 1703 年在涅瓦河右岸建彼得保罗要塞。1709 年，经波尔塔瓦战役对瑞战役取得决定性胜利后，彼得决定以彼得保罗要塞为基础，在涅瓦河口两岸建立新的都城——圣彼得堡，使它成为俄国面向欧洲的一个窗口。根据彼得的命令，从全国各地调集成千上万的农民前来筑城。彼得更是用砖石建成了新首都，且调集了全国优秀的石匠。1713 年，彼得正式将首都从莫斯科迁到了圣彼得堡。

哪次战役是北方战争的转折点？

波尔塔瓦战役是 1700 至 1721 年北方战争中的著名战役。北方战争爆发后，俄国军队曾一度处于劣势。1700 年 11 月 19 日，俄、瑞军队在纳尔瓦交战，俄国战败，被迫由战略进攻转入战略防御。之后彼得一世总结纳尔瓦战役的教训，开办新式工业，创建新式军队，为赢得战争、打败瑞典奠定了良好的基础。1709 年 6 月 27 日，俄、瑞双方在波尔塔瓦遭遇，俄军大获全胜。波尔塔瓦战役改变了俄国在外交上的孤立处境，在战争爆发后抛开俄国的波兰和丹麦重新同俄国订立反瑞军事同盟，"北方同盟"重新建立。之后，俄国一度处于领先地位，最终战胜瑞典，并通过《尼斯塔得和约》夺得波罗的海出海口。所以，人们通常认为波尔塔瓦战役是北方战争的转折点。

俄国于何时吞并了中亚三汗国？

19 世纪下半期，俄国先后征服了中亚的浩罕、布哈拉、希瓦三个独立汗国。
俄国对资源丰富、具有重要战略意义的中亚诸汗国觊觎已久。1717 年，彼得一世派遣别科维奇远征希瓦，几乎全军覆灭。19 世纪上半期，随着对哈萨克斯坦的征服接近尾声，俄国对中亚诸汗国发动新的攻势。1834 年，在曼格什拉克半岛建新亚历山大罗夫斯克要塞。1839 年秋，奥伦堡总督佩德罗夫斯基再次远征希瓦，未能得逞。此后俄国的主攻方向转向浩罕汗国北部一带。1847 年，在锡尔河口修建赖姆堡。1853 年，占领浩罕要塞阿克·麦吉特，形成锡尔河碉堡线。与此同时，俄军从塞米巴拉金斯克向南推进，1847 年，在巴尔喀什湖东南中国境内建立科帕尔堡。1854 年，建立维尔诺堡，形成另一条包抄哈萨克草原、进攻中亚诸汗国的碉堡线，即西伯利亚线。克里木战争后，俄国加快了侵略中亚的步伐。1858 至 1859 年，沙皇政府派遣 3 个使团分赴中国喀什噶尔、呼罗珊、希瓦和布哈拉收集情报，这就标志着它在中亚的扩张政策进入新的阶段。

为什么俄国执意要发动第四次俄土战争？

18 世纪初，俄国通过"北方战争"夺得波罗的海出海口。但在南方的彼得一世却屡屡受挫，始终打不开黑海的出海口。因此，彼得一世之后的历代沙皇都把控制土耳其、争夺君士坦丁堡和达达尼尔海峡及博斯普鲁斯海峡当作俄国对外政策的重点。为了实现这一对外政策，俄国女皇安娜·伊万诺夫娜继位之后发动了对土战争。1735 年，安娜·伊万诺夫娜乘波兰王位继承战争爆发之机，派军队从南面向土耳其发动战争，俄土战争爆发。在战争中，俄军一直掌握军事主动权。其间，奥地利也站在俄国一方。1739 年 7 月，奥军主力在克洛茨卡战役中几乎全军覆没，被迫撤出战斗。9 月，奥地利同土耳其媾和，单独退出战争。之后，俄国亦同土耳其谈判，俄土双方签订《贝尔格莱德和约》。

叶卡捷琳娜是怎样登上沙皇宝座的？

叶卡捷琳娜是俄皇彼得三世的妻子，在她为俄皇室完成传宗接代任务后，就遭到了丈夫的冷遇，一直忍受着孤独和寂寞。
但是叶卡捷琳娜不甘心做一名忠实的妻子和殉难者。她卧薪尝胆，耐心地等待着能使她成为女皇的机会。

为了达到目的，叶卡捷琳娜开始培植私党。她把禁卫军军官格里戈利·奥尔洛夫列为首选对象，奥尔洛夫的4个兄弟阿列克谢、费多尔、伊凡和弗拉基米尔都是禁卫军军官。后来奥尔洛夫成了她的情夫，为她的宫廷政变提供了很好的机会。

彼得三世对叶卡捷琳娜的阴谋早有所闻，他积极行动。叶卡捷琳娜清楚地认识到，必须先下手为强，否则就只能做阶下囚甚至是命归黄泉。

1762年，在奥尔洛夫兄弟的支持下，叶卡捷琳娜发动宫廷政变，政变之后，叶卡捷琳娜便登上了沙皇宝座。

掀起反对叶卡捷琳娜二世大起义的人是谁？

掀起反对叶卡捷琳娜二世大起义的人叫普加乔夫，他于1742年出生在顿河沿岸齐莫维斯克镇的一个贫穷哥萨克人家庭。年少时终日为生活奔波。他18岁时，刚结婚不久就去参加了七年战争，在军队里当传令兵。战争结束后，便回家务农。1768年俄土战争爆发后，普加乔夫再度应征入伍。由于作战勇敢，他很快被提升为少尉。他在战争环境中得到了很好的锤炼，掌握了基本的军事技能和指挥才能。

在叶卡捷琳娜二世统治时期，她的治国政策不得人心，因而英勇善战的普加乔夫发动了反对叶卡捷琳娜二世的起义。尽管普加乔夫起义失败了，但这次起义沉重地打击了俄国农奴制，动摇了农奴制国家基础，使女皇叶卡捷琳娜二世不得不改变统治策略，加强了与贵族地主的政治联盟。

命运最悲惨的俄国沙皇是谁？

俄国沙皇伊凡六世是众多沙皇中命运最悲惨的一位。

伊凡·安东诺维奇为彼得一世的侄孙女安娜所生，1740年10月，还在襁褓中的伊凡当上了俄国沙皇。1741年11月24日，俄国宫廷再次发生政变，彼得一世的女儿伊丽莎白逮捕了伊凡六世及他的父母，自立为皇，于是"执政"仅13个月的伊凡六世成了阶下囚。

为防止有人假借伊凡六世名义叛乱，伊丽莎白女王又下令将他从母亲怀中夺走，对于伊凡六世实行单独看押。从此，伊凡便终日与牢房为伴。

1756年，年满16岁的伊凡被秘密押送到施利色堡，编号为"一号囚徒"。长年的监狱生活使伊凡的体质、心理、性格都发生了严重畸变。

1762年，叶卡捷琳娜二世登上了沙皇宝座，她担心有人拥戴伊凡六世而危及她的统治，于是她亲下手谕，将其处死。

这样年仅24岁的伊凡，在度过了23年的铁窗生涯后，最终成为俄国宫廷政治的又一牺牲品。

沙皇彼得三世死于叶卡捷琳娜之手吗？

雄才大略的彼得大帝在1725年驾崩后，俄国就陷入了长期动荡中。1762年，沙皇彼得三世的王后叶卡捷琳娜发动宫廷政变，推翻了他的统治。7月彼得三世在狱中突然死去。彼得三世因何而死？他的死与叶卡捷琳娜是否有关呢？

当叶卡捷琳娜发动宫廷政变后，软弱无能的彼得三世被迫退位，接着又被软禁起来。尽管彼得对叶卡捷琳娜已构不成威胁，但叶卡捷琳娜并不愿轻易放过曾给她耻辱的彼得三世，彼得三世不久就遭谋杀。叶卡捷琳娜的诏书说彼得三世死于剧烈绞痛。实际情况真的是这样吗？一种说法称他是被人毒死的，当时法国外交部档案记载：一些人按照俄国风俗吻彼得三世的遗体以示告别，这些人的嘴唇后来却奇怪地肿了起来。还有种说法称彼得三世是在酒后与人打骂被人失手打死的。还有的说法则是为除后患，女皇派人勒死了彼得三世。彼得三世的真正死因是什么？叶卡捷琳娜又是否做了手脚呢？这一切都不得而知。

"巴尔同盟"是个什么样的组织？

"巴尔同盟"是波兰爱国者组织的反俄武装组织。1763年9月，奥古斯都三世辞世，叶卡捷琳娜二世联合普鲁士，以武力胁迫的方式将自己的情夫波尼亚托夫斯基推上波兰王位的宝座。1768年，叶卡捷琳娜二世又强迫波兰国会通过所谓"国家根本法"，规定保留自由选王制和自由否决权制。

1768年2月，波兰爱国者在巴尔城建立反俄武装组织"巴尔同盟"，该同盟得到了法国、奥地利和土耳其三国的大力支持。俄国试图派军镇压"巴尔同盟"，但"巴尔同盟"有生力量已经撤至土耳其。土耳其在法国支持下多次向俄国发出抗议，要求俄军撤出波兰和土耳其，但遭到了俄国的拒绝。"巴尔同盟"给俄国入侵者以沉重的打击，同时也显示了波兰人民不屈不挠的斗争意志。

为什么会爆发普加乔夫起义？

普加乔夫起义是因阶级矛盾激化而引起的。当时，俄国封建农奴制关系即将崩溃，资本主义关系日趋形成。贵族和专制国家不断加强农奴主压迫，激起了人民群众的强烈反抗。这次农民战争的主要动力是农民，此外，哥萨克劳动阶层和矿业工人也参加了这一运动。闻风举义的还有巴什基尔、鞑靼、卡尔梅克及伏尔加河中下游左岸地区的其他非俄罗斯民族。在这场农民战争爆发前不久，1771年，莫斯科就爆发了市民下层群众的起义。1772年，亚伊克哥萨克奋起反抗哥萨克上层首领，同年，伏尔加河和顿河哥萨克村镇也发生骚动。叶卡捷琳娜二世政府依靠军事力量，勉强统治着庞大帝国蒙受压迫的各族人民。之后爆发的俄土战争又使国内社会矛盾更加尖锐，日益沉重的负担激起了劳苦大众的不满。

《武装中立宣言》的基本内容是什么？

北美独立战争爆发后，英国实行海上封锁政策，不仅攻击交战国船只，还经常抢劫、搜捕中立国的船只，这就触犯了俄国等中立国的利益。因此，俄国女皇叶卡捷琳娜二世发表著名的《武装中立宣言》。基本内容是：第一，中立国船只可以自由同交战国进行贸易；第二，对于在中立国国旗下的敌方货物应予放行，不得侵犯；第三，只承认武器、军需品及其他直接用于战争目的的物品为战时违禁品；第四，为了保证这些规定的实行，俄国将派出强大的海军。之后，俄国又在武装中立宣言基础上同欧洲一些国家签订其他相关的条约，由此便出现了武装中立同盟。

哪次起义是俄国解放运动的起点？

1825年俄国发生了第一次公开反对农奴制度和沙皇专制统治的武装起义。这次起义发生在俄历12月，起义者被称为"十二月党人"，这次起义被称为"十二月党人起义"。此次起义中的一批具有民主主义思想的贵族军官成立革命组织，他们主张建立共和国或君主立宪政体，先后在彼得堡和乌克兰发动起义。结果是有五百多人受审，五位首领被处死，一百多人被流放。虽然这次起义失败了，但它强烈地震撼了沙皇专制统治

1773年9月普加乔夫率领群众起义

和俄国农奴制度，促进了人民的觉醒。1825年成为俄国解放运动的起点。

俄国农奴制是怎样废除的？

俄国在克里米亚战争中失败后，农奴制的落后逐渐暴露了出来，加剧了俄国的各种矛盾。在这内忧外患的情况下，沙皇亚历山大二世为了缓和阶级矛盾、巩固统治，进行了自上而下的改革。改革的内容包括：给农奴人身自由，地主不能任意买卖、典押、交换和转让农奴，农奴享有家庭和婚姻生活的自由，农奴有权享有财产、担任公职、从事工商活动以及同他人或机关订立契约或进行诉讼。但是，农奴要向地主缴纳赎金，才能成为自由农民，否则继续受地主的奴役和剥削；农奴在获得人身解放时，可分到一块份地和宅旁园地。但是，在法律上份地仍属地主财产，农奴仅有永久使用权，但要缴纳高于地价50%的赎金；取消地主对农奴的行政和司法权后，保留由政府和地主贵族掌握的村社作为管理农民的自治机构，并实行连保制，农民未经许可，不得到外地谋生。

这次改革废除了农奴制度，使农奴获得了人身自由，客观上推动了俄国资本主义的发展。

俄国废除农奴制后的乡村

华沙反俄起义是怎么回事？

从1815年起，沙皇兼任波兰的国王，在波兰实行专制的野蛮统治。1830年11月29日，华沙人民举行了声势浩大的反俄起义，起义军夺取了华沙军火库。1831年1月13日，起义者成立了国民政府，宣布波兰独立。1831年2月，沙皇尼古拉一世前来镇压波兰人民的民族起义。9月6日，华沙陷落，波兰民族大起义以失败而告终。这次起义沉重地打击了欧洲的反动势力，并且牵制了沙皇的兵力，从而使以沙皇为首的国际势力准备武装干涉比利时和法国的计划化为泡影。

俄国是怎样成为土耳其的"保护者"的？

19世纪初期，土耳其的属国埃及在阿里领导下，进行了政治、经济和军事改革，国力不断增强。希腊独立运动结束后，土耳其把克里特岛送给阿里作为酬谢，但阿里并不满足，他还想占有叙利亚。土耳其拒绝了埃及的要求，阿里起而反抗土耳其的统治。1831年11月，埃及派军入侵土耳其所辖的叙利亚，土埃战争正式爆发。处于劣势的土耳其向美、英、法求援，恰好俄国也想插手土耳其事务，于是就于1833年2月20日俄海军驶入了博斯普鲁斯海峡。俄国的军事行动危害到了英、法的利益，于是出面调停，迫使土埃双方媾和。之后，土埃签订了《屈塔西尼和约》。合约签订后，俄军被迫撤退，但在撤退之前还和土耳其签订了《温加尔－斯克利西条约》，使其成为"土耳其的保护者"。

"欧洲宪兵"指的是什么？

1848年2月12日，当俄国宫廷正在举行舞会的时候，尼古拉一世着急地说："诸位军官，备上你们的战马，巴黎发生革命了。"

这场资产阶级性质的民主革命席卷欧洲各地，首先从意大利开始，然后蔓延到巴黎、柏林、维也纳等广大地区。为了遏制革命"瘟疫"的传播，尼古拉一世和欧洲各国反动政府联合起来，共同镇压革命。1848年，俄军先后进入摩尔多瓦和瓦拉几亚，镇压了两公国的革命运动。后来，他又将下一个目标瞄准了匈牙利。5月，15万俄军侵入匈牙利，匈牙利革命遭到了俄军的血腥镇压。事实证明，沙皇俄国不但镇压了国内人民革命，而且镇压了欧洲其他国家的革命运动，成为欧洲反动势力的主要堡垒。因而，人们将沙皇俄国称为"欧洲宪兵"。

普希金之死和沙皇尼古拉一世有关吗？

普希金（1799—1837年）是19世纪俄国的著名诗人。1837年2月，他在和情敌丹特斯的决斗中身亡，人们在悼念他的同时也在思考一个问题：他究竟是怎么死的？

年轻的普希金风流倜傥，才华横溢，与莫斯科的绝色佳人娜塔莉娅·尼古拉耶芙娜·冈察洛娃一见钟情，后来结为夫妻。

几年后，沙皇禁卫军军官、法国纨绔子弟乔治·丹特斯在一次舞会上偶然结识冈察洛娃，对她展开猛烈的攻势。气急败坏的普希金毅然决定同丹特斯决斗，最后普希金不幸死于枪下。

但普希金难道真的是死于情场上的一场决斗吗？有关史料记载：普希金之死，完全是一个阴谋。原来沙皇尼古拉一世在此之前，就已经觊觎普希金妻子冈察洛娃的美色。丹特斯受沙皇指派，在各种公开场合引诱冈察洛娃，故意把普希金激怒，使其与他决斗，趁机把普希金杀害。

俄国民粹派为什么发起"到民间去"运动？

俄国1861年改革后，农民同地主和沙皇制度的矛盾日益尖锐。一批代表农民利益的平民知识分子，走上民主革命的道路，逐渐形成"民粹派"。"民粹派"主要由资产阶级自由知识分子和平民知识分子组成。由于受空想社会主义学说的影响，民粹派相信俄国村社是社会主义的基础，认为俄国可以绕过资本主义直接由村社过渡到社会主义；将农民理想化，认为农民是本能的社会主义者和天生的革命者；主张通过农民革命，推翻专制制度。民粹派的三位代表性思想家是主张宣传鼓动、否定暴力行为的拉甫罗夫，以及狂热推崇农民暴动的巴枯宁和寄希望于少数知识分子阴谋活动的特卡乔夫。

1873至1874年，民粹派发动了声势浩大的"到民间去"运动，他们穿着农民服装，深入到伏尔加河、顿河和第聂伯河流域的广大农村，号召农民起来革命。由于当时俄国不具备革命条件，民粹派的宣传鼓动并没有达到预期的目的，大多数农民没有跟他们一起革命。不久，沙皇政府进行镇压，"到民间去"运动以失败告终。

日俄战争是怎么回事？

日俄战争是1904至1905年间，日本与沙皇俄国为了侵占中国东北和朝鲜，进而争夺亚洲及整个太平洋地区的霸权，在中国东北的土地上进行了一场帝国主义战争。

中日甲午战争结束后，日本军国主义的侵略野心膨胀，疯狂推行侵略中国、吞并朝鲜的"大陆政策"。这样，就和沙皇俄国的"远东政策"发生了冲突。1904年2月8日，日军向旅顺俄国舰队发起突然袭击。10日，日俄正式宣战。经过一系列的恶战，俄军战败。

1905年9月5日，日俄两国背着中国在美国签订了《朴茨茅斯和约》，擅自在中国东北划分"势力范围"，并逼迫清政府接

1904年2月8日，日本偷袭俄国太平洋舰队，日俄战争爆发。

受此条约。1905年12月,在日本的压力下,清朝政府和日本签订了《中日会议东三省事宜条约》,除了接受日、俄《朴茨茅斯和约》中的所有规定外,还额外给日本以某些权益。

日俄战争是一场帝国主义之间的不义之战,交战双方以自己的利益为前提,以牺牲中国为代价进行争夺,给中国东北人民带来了巨大的损失。

近代欧洲其他国家

西班牙是怎么成为欧洲最强大的国家的?

1519年,西班牙国王查理五世即位。那不勒斯爆发了反对西班牙的起义,遭到了西班牙军队的镇压。此后米兰、那不勒斯、西西里、撒丁岛等处均被西班牙占领。

西班牙在意大利的势力猛烈扩张,爆发了持续几十年的"帕维亚战争",初战时,西班牙就占据了有利地位。法军被逐出意大利,包括帕维亚在内的整个伦巴底地区都落入西班牙人之手。弗朗西斯一世本人也成了瓮中之鳖,被俘虏到了西班牙。

次年,身处囚禁中的弗朗西斯一世试图与威尼斯、米兰及佛罗伦萨等摆脱西班牙统治的意大利主要小国缔结联盟协约,共同对付西班牙。但没想到西班牙又一次先下手为强,出其不意地发动了进攻。之后,西班牙和法国又进行了为期十年的战争。1557年8月10日,西班牙军队终于在圣奎提诺打败法军。两年之后,他们签订了《卡托-坎布雷西斯和约》。

在与法国争霸意大利的长期对抗中,西班牙不但没有丧失任何领土,反而建立了几乎囊括整个意大利的专制政权,西班牙国王菲利普二世成为当时欧洲势力最大的统治者。

尼德兰革命是怎么爆发的?

尼德兰以前属于神圣的罗马帝国,16世纪初归属西班牙。西班牙对尼德兰进行了残酷的经济剥削。到了16世纪中叶,尼德兰资本主义有了较为迅速的发展。新兴的资产阶级不愿忍受西班牙的剥削,于是决定用资产阶级革命的方式表示自己的反抗。

1566年,尼德兰城市平民和城郊农民捣毁教堂,破坏圣像,成为革命爆发的导火线。西班牙统治者派出大军镇压,试图把革命镇压下去。而此时的尼德兰人民组织了游击队,从海上和陆上双面夹击敌人。1572年,尼德兰北方爆发大起义。在莱顿城的战斗中,尽管尼德兰守军困在城中数月,弹尽粮绝,却仍然拒绝敌军的劝降。经过旷日持久的战争,西班牙被迫于1609年签订停战协定。此时,独立的荷兰共和国诞生了。

尼德兰革命是人类历史上第一次成功的资产阶级革命,建立了第一个资产阶级共和国,为以后欧洲资产阶级革命树立了榜样。

荷兰为什么被称为"海上马车夫"?

荷兰,原是西班牙属地尼德兰的一个省。1581年,荷兰共和国脱离西班牙走上独立道路,成为世界上第一个资产阶级共和国。本来工商业发达的荷兰,在资产阶级革命胜利后,有了更为迅猛的发展。整个17世纪,它在商业、海洋运输业、金融业各方面都占有绝对优势。在当时,世界各国间贸易的往来主要靠海上交通,哪个国家的造船业发达,拥有的商船数量和吨位最多,它就能控制东西方贸易,称霸海洋,从事海外殖民掠夺。而船只就像陆上运输的马车一样,哪个国家掌握了海上的马车,它便是海上的马车夫。

因此，荷兰就有"海上马车夫"的称号。

荷兰自何时直接统治了印度尼西亚？

1602年，荷兰国会通过决议，把当时经营东方香料、物品的各公司联合成一个大公司，称"联合东印度公司"，简称为"东印度公司"。东印度公司成立后，攻占了西班牙和葡萄牙人在印尼的据点，并把以前各公司分别设立的收购站统一起来，改为商馆。1616年，荷兰占领雅加达。1621年，将雅加达改为巴达维亚，巴达维亚成为荷兰侵略印尼和亚洲各国的大本营。东印度公司在爪哇建立两种占领制度，同时，还通过贩卖奴隶、垄断贸易等奴役方式掠夺了印尼的大量财富。为了加强对殖民地的统治和适应国内工商业的发展需要，荷兰政府接管了东印度公司的营业。1800年，东印度公司正式解散，荷兰政府接管了它的全部财产，承担了它的全部债务。从此，荷兰政府开始了直接统治印度尼西亚的阶段。

"三十年战争"的导火索是什么？

3世纪以后，哈布斯堡王朝统治下的神圣罗马帝国皇权日益衰落，各邦诸侯割据称雄。信奉新教（路德教、加尔文教）的诸侯和信奉旧教（天主教）的诸侯在宗教纠纷掩饰下争夺地盘和反对皇帝专权，并分别组成"新教联盟"和"天主教联盟"。哈布斯堡王朝极力限制新教活动，争取旧教诸侯重振帝国皇权，并得到罗马教皇、西班牙和波兰贵族的支持。法国为称霸欧洲，试图使德意志保持分裂状态，支持新教诸侯反抗皇权；丹麦、瑞典早已觊觎北海和波罗的海的德意志领土和港湾；荷兰和英国也不想让帝国势力在北欧扩张，英国还企图削弱西班牙的势力。这些国家都支持新教联盟。1618年捷克反对哈布斯堡王朝的起义，是三十年战争的导火线。神圣罗马帝国皇帝马蒂亚斯（1612—1619年在位）企图在捷克（波希米亚）

在一个村庄的桥上，骑兵团击溃了步兵军。三十年战争中，像这样惨遭蹂躏的村庄不计其数。

恢复天主教，指定斐迪南二世为捷克国王。斐迪南二世下令禁止布拉格新教徒的宗教活动，拆毁教堂，并宣布参加新教集会的人为暴民。1618年5月23日，武装群众冲进王宫，将皇帝的钦差从窗口抛入壕沟，史称"掷出窗外事件"，它成为三十年战争的开端。

"三十年战争"导致了什么结果？

1645年3月，瑞典军在波希米亚大败神圣罗马帝国军，同年8月，法军又在纳林根会战中击溃神圣罗马帝国军，神圣罗马帝国皇帝的德意志领土大部分被占领。1648年，法瑞两国联军在处斯马斯豪森会战及兰斯会战完胜神圣罗马帝国军。至此，双方都已元气大伤，便于10月达成和解协议，缔结了两个和约——《奥斯纳布吕克条约》与《明斯特和约》，合称《威斯特伐利亚和约》，至此三十年战争完全结束。这次战争削弱了哈布斯堡王朝的统治地位，加深了德意志境内分裂割据的局面；为法国称霸欧洲做好了准备；西班牙的国势衰落；瑞典的力量大增，成为北欧强国。

古斯塔夫二世为何被称为"北方雄狮"？

古斯塔夫二世（1594—1632年），是瑞典瓦萨王朝的第六代国王，17世纪欧洲卓越的军事改革家，著名的军事统帅。他博学多能，足智多谋，勇于实践，敢于创新。在执政的20多年里，排除内忧外患，使瑞典从一个政治动荡、经济凋敝和军事落后的国家，一跃成为波罗的海沿岸地区的强国。古斯塔夫二世一度称雄欧洲，有"北方雄狮"的美誉。

古斯塔夫二世戎马一生，为瑞典王朝的兴盛献出了全部精力，使瑞典有史以来第一次步入欧洲强国之列，而且他的军事思想与军事学术，也对后世具有深远的影响。但他毕竟是封建统治阶级的代表，因此他的侵略扩张给本国人民和外国人民带来了深重的灾难。

瑞典两党之争是怎么回事？

1738年，瑞典议会中霍恩的政敌——"平帽派"获胜。他们认为霍恩一派的政策只能被比作"睡帽"，因此，人们把霍恩一派人称为"尖帽派"。"平帽派"掌权后，希望能获得法国的援助，准备对俄战争，收复在北方战争中失去的土地。他们同法国结成同盟，法国大使供给他们金钱。"尖帽派"和"平帽派"两个贵族集团长期互相倾轧，争权夺利。1741年，俄瑞战争爆发。1743年，瑞典战败，双方签订了《阿波和约》。1739至1765年"平帽派"掌权。

哪一次战役被誉为"德意志民族之光"？

18世纪的普鲁士，在地理上处于法、奥、俄、瑞等欧洲列强的包围之中。1740年5月，新国王腓特烈二世继位，他一直想改变本国的不利形势。

要打破五国的战略包围，就必须首先击败奥军。腓特烈当机立断，他乘严冬敌人宿营之机，在15天内急行军170英里（合约273.6千米），直驱鲁腾，与奥军对峙。

对于鲁腾一带的地形，腓特烈大帝在过去的演习中就非常熟悉。针对奥军部署，腓特烈大帝决定首先攻下中路的波尔尼高地，然后佯攻奥军北翼，将其主力吸引到北端；继而用斜行攻击序列，以主力集中攻击奥军南翼，以达到切断其退路、全歼奥军于鲁腾的目的。

鲁腾会战结束后，普军大获全胜。腓特烈因此名声大振，他以劣势兵力，歼灭了3倍于自己的奥军，重新获得了西里西亚，也彻底瓦解了法、俄、瑞、奥联军的战略包围，将危亡中的普鲁士拯救出来，这一战被后人誉为"德意志民族之光"。它唤起了普鲁士人的德意志民族意识，增强了他们的民族凝聚力，使德国走上了统一的建国道路。

腓特烈为什么被称为"战神"？

普鲁士精神是建立在它的军国主义体制的基础之上的。"普鲁士精神"在腓特烈大帝时代发展到了极点，这个国王就以"战神"的形象被永远地载入史册。

腓特烈不仅是一个军事统帅，还是一个智慧的军事理论家。他创立了著名的"斜进战斗队列"理论，还确定了很多著名的作战原则，如"保护你的侧翼和后方""迂回敌人的侧翼和后方""以歼灭敌人有生力量作为主要目标"等。

腓特烈大帝在欧洲军事史上占据了重要的地位，他改变了欧洲的政治格局，为后来德意志的统一积蓄了力量。但是也有人认为，正是因为他统治时代的普鲁士精神为后来的纳粹思想埋下了伏笔。

什么是"逆转联盟"？

1748年奥地利王位继承战争结束后，欧洲国际关系发生了很大的变化，之前的普法同盟瓦解，英奥同盟崩溃，到1756年七年战争爆发之前，在欧洲形成了以英国、普鲁士为一方和以法国、奥地利、俄国为另一方的两大对立集团，史称"逆转联盟"。

18世纪以来，英奥一直是同盟者，哈布斯堡王朝的奥地利同波旁王朝的法国一直存在矛盾。在西班牙王位继承战争和奥地利王位继承战争中，英国还奉行亲奥、援奥政策。但到18世纪中期，英奥同盟关系发生了转折性的变化。奥地利在1740至1748年的战争中受到重创，英国对其能否保护英王领地汉诺威产生怀疑。同时，普鲁士由于进行了军事改革而成为中欧的强国。英国便想脱离与奥地利的同盟关系，转而向普鲁士靠近，雇用普鲁士保护汉诺威，并利用普鲁士强大的军事力量在欧洲大陆牵制法国。而普鲁士也有意通过寻找新同盟者的方式保住西里西亚。英普各有所求，双方于1756年1月订立《威斯敏斯特条约》。1756年5月1日，法奥订立《凡尔赛条约》，12月31日俄国加入该条约，法奥俄同盟形成。七年战争爆发后，"逆转联盟"成为交战双方，战争以英国和普鲁士的胜利告终。

《阿亨和约》的主要内容是什么？

奥地利王位继承战争爆发后，包括法国、普鲁士、巴伐利亚、萨克森、撒丁在内的一方与包括英国、荷兰、奥地利在内的另一方在欧洲、美洲和印度殖民地展开了激烈的厮杀。

双方停止军事行动后，在阿亨进行和平谈判，缔结了《阿亨和约》。和约的主要内容是：第一，确认查理六世的诏书，承认玛丽亚·泰利萨继承奥地利帝位的合法权利；第二，普鲁士夺得西里西亚；第三，西班牙、撒丁等五国取得奥地利在意大利的部分属地；第四，法国把在尼德兰境内所占领的地区、在美洲占领的地区、在印度占领的马德拉斯归还给英国；第五，法国拆毁敦刻尔克的防御工事；第六，英国将有关贩卖非洲黑人奴隶权利的条约延长4年。

《阿亨和约》不仅没有消除英法之间、普奥之间的矛盾，反而使它们的矛盾更加激烈，也因此导致了七年战争的爆发。

什么是施泰因-哈登堡改革？

施泰因-哈登堡改革是普鲁士的资产阶级性质的改革。1806年，在拿破仑战争中遭到毁灭性失败的普鲁士丧失近一半领土，并承担大量赔款。亡国的危机、财政的崩溃，迫使普鲁士封建王朝实行改革。改革始于1807年，先后由开明贵族、爱国改革家施泰因男爵及哈登堡侯爵主持。

1807年7月，施泰因到职后，即着手进行改革。改革的内容是：解放农民、城市改革、行政改革和军事改革。1807年10月9日的《十月敕令》，宣布取消全普鲁士农民的人身依附关系，废除等级限制，农民可以自由获得地产、离开土地，自由地选择职业和结婚等。1808年11月19日的《城市法规》规定城市自治，建立市参议会和市政府，使得城市获得完全的财政管理权。1808年11月24日的敕令宣布建立近代王家政府——国务院，下设内政、外交、财政、军事和司法五个部，统一领导国家事务。军事改革方面实行义务兵役制，组织地方武装，革新军官团和废除贵族特权。改革遭到了容克的竭力反对，而且施泰因也于1808年11月24日在拿破仑一世的压力下被迫解职。

1810年出任普鲁士首相的哈登堡继续施泰因的改革事业。哈登堡于1811年9月14日发布《调整敕令》，规定农民在把世袭耕地变成自由地产时，必须割让土地的三分之一给领主，农民只有缴纳赎金才能免除徭役和租税。改革还有一些其他的内容：宣布工商业自由，取消行会特权，承认犹太人的平等权利等。此外哈登堡根据施泰因的设想进行了军事改革。施泰因-哈登堡改革使普鲁士开始从封建庄园制过渡到资本主义容克地产制，从封建等级制的专制国家开始转向资产阶级君主立宪制国家，是普鲁士发展史上的转折点。

德国"三月革命"是怎么回事？

19世纪中叶，德国西南各邦首先爆发了革命。1848年3月13日，奥地利首都维也纳的工人、学生和平民举行反政府的示威。梅特涅调集军队进行镇压,人民迅速发起了起义。梅特涅见势不妙,男扮女装仓皇逃往英国。奥地利国王被迫宣布成立自由资产阶级内阁,答应召开立宪国民议会,制定宪法。维也纳起义成功的消息,点燃了德国各地的革命烈火,普鲁士国王被迫宣布立宪和召开议会,承诺尽力缔造一个德意志联邦国家。对此,人民群众并不满意,他们要求撤军,且呼声日益高涨。后来,他们还包围了王宫。国王下令对群众开枪,愤怒的群众举行武装起义,战斗持续了10多个小时后,最终取得胜利。普王被迫下令军队撤出柏林,答应立即召开国民议会,释放政治犯。

德国三月革命极大地推动了德国革命的发展,它为德国革命的最终胜利奠定了坚实的基础,并取得了阶段性的决定性的胜利。

俾斯麦为什么被称为"铁血宰相"?

俾斯麦于1815年4月1日出生在普鲁士勃兰登堡阿尔特马克雪恩豪森庄园的一个大容克贵族世家。幼时受过良好的教育,曾经在哥廷根大学和柏林大学学习法律、历史和外语,毕业后服兵役。俾斯麦体格强壮、个性粗野,为了达到目的可以不择手段,持现实主义态度。1839年以后,他回到自己的领地,经营庄园经济,采用新的耕作方法,改进农具,实行作物轮种,进行商品生产。1862年,俾斯麦任普鲁士首相兼外交大臣,极力推行"铁血政策",主张通过战争,由普鲁士统一德国。他相继发动了对丹麦、奥地利和法国的战争,逐步实现了德国统一。1871年,俾斯麦出任新成立后的德意志帝国宰相并受封为公爵。在后来的20年里,他权倾朝野,对内加强普鲁士和帝国政府的权力,促进容克和资产阶级的联盟和经济收益,镇压工人运动;对外采取现实主义态度,争霸欧洲,并向海外积极扩张。19世纪下半期,俾斯麦成为欧洲政治舞台上的风云人物。1890年,他被新皇威廉二世命令辞职,回到庄园,1898年去世。

为什么普奥战争又称"七星期战争"?

普奥战争指的是在1866年爆发的普鲁士与奥地利争取统一德意志领导权的王朝战争。

对丹麦战争获胜后,普鲁士展开积极行动,试图打败统一德意志过程中的最大敌人奥地利。1866年6月7日,普鲁士用普、奥两国有权力共同占领石勒苏益格与荷尔斯泰因两公国为借口,把军队开进了由奥地利管制的荷尔斯泰因。对此,奥地利做出强烈的反应。6月14日,普奥战争爆发了。意大利加入普方作战,但德意志各邦国大多数都支持奥地利,如巴伐利亚、汉诺威、萨克森、符腾堡和黑森等邦。开始时战争局势对普鲁士很不利。7月3日,双方在萨多瓦展开了决战,普军投入了29.1万人,奥军为23.8万人。奥军大败,普军开始逼近维也纳。法国出面调停后于8月23日签订了《布拉格和约》。战争前后一共持续了七星期(6月14日至8月23日),因此这场战争也叫"七星期战争"。

《巴黎和约》的主要内容是什么?

1856年签订的《巴黎和约》是为结束克里米亚战争而签订的和约,俄国、英国、法国、奥斯曼土耳其帝国、撒丁、奥地利、普鲁士于1856年3月30日在巴黎签订。

和约的主要内容有:俄国将卡尔斯城及其占领的奥斯曼帝国其他领土归还土耳其,法、英、撒丁将占领的塞瓦斯托波尔、巴拉克拉瓦等克里木城市归还俄国;承认奥斯曼帝国与欧洲列强同盟有共同利益,各国尊重其独立和完整;宣布黑海中立,黑海各港口和水域对所有国家的商船开放,禁止各国军舰航行,俄、土均不得在黑海沿岸设置兵工厂;多瑙河在国际委员会监督下实行自由通行和免税；俄国让出比萨拉比亚南部，使其并入摩尔多瓦公国；瓦拉几亚、摩尔多瓦和塞尔维亚诸公国仍处于土耳其政府宗主权之下。

《巴黎和约》对欧洲的国际关系具有重要的影响，它使俄国丧失欧洲霸主地位，国际地位大大下降。英国和法国则由此控制了土耳其，取得了在近东的优势地位。

普法战争是由被窜改的电报引发的吗？

1870年，普法战争爆发。让人想不到的是，这场大战的导火索竟然是一份被篡改了的电报。

当时，法国和普鲁士王国都有称霸欧洲的打算。1868年，西班牙女王伊莎贝拉在国内的大革命中被迫退位。普鲁士首相俾斯麦认为这是一个绝好的机会，便计划让普鲁士国王的堂兄弟利奥波德亲王接手西班牙的王位。这时，法国感觉到了威胁，于是拿破仑三世就让普鲁士国王用书面保证的方式承诺不让他的堂兄弟继承西班牙王位。

这一要求当然使得威廉一世心生愤怒，于是威廉一世马上拍电报给首相俾斯麦，并表示如果法国大使还要继续纠缠此事，那就拒不接待。强硬的俾斯麦很清楚，只有通过战争才能解决这个问题，于是就进行了精心策划，试图挑起战争。他将电文的最后一句话篡改为：以后，普鲁士国王陛下将不再接见法国大使，并由值日副官向法国大使转达，国王陛下同法国已经没什么好谈的了。果然，气急败坏的拿破仑三世像点着火的炸药一样爆发了，于7月19日正式向普鲁士宣战，由此爆发了著名的普法战争。

你知道色当战役吗？

1870年9月1日，色当战役开始了。普军70门大炮猛攻法军营地。色当全城陷于一片火海之中，法军死伤无数，剩下的急忙钻进堡垒。接着，普军20万人向色当发起猛攻，下午3时，法军终于支撑不住了，便在色当城楼上举起了白旗，拿破仑三世向普鲁士国王写了一封投降书。

9月2日，拿破仑三世会见德国首相俾斯麦，正式签署了投降书，拿破仑三世、法军元帅以下的39名将军、10万士兵全部做了普军的俘虏，650门大炮也被普军缴获。

1871年1月28日，普法签订了《巴黎停战协定》，宣布法国投降。5月10日，双方在法兰克福签订了《法兰克福和约》，法国把阿尔萨斯和洛林割让给了德国，并赔偿50亿法郎，战争由此结束，德国最终完成了统一。

德国统一后经济发展迅速的原因是什么？

普鲁士通过对法战争于1871年1月18日成立了德意志帝国，这一帝国的建立标志着德国最终完成了统一。统一后的德国，资本主义得到了迅速的发展，原因是：政治上的分裂消除促进了统一市场的形成；从法国攫取了50亿法郎赔款，用于工业的发展，尤其是军事工业；吞并了阿尔萨斯、洛林，将它们和鲁尔工业区联合起来，形成了重工业基地；德国产业革命较晚，易于接受外国先进的科学技术。所以，在19世纪七八十年代，德国经济迅速发展起来。

为什么说西班牙有"黑暗的十年"？

1820至1823年西班牙第二次资产阶级革命结束后，斐迪南七世再次复辟。在其统治期间，他进行恐怖统治，变本加厉地对革命人民进行报复。从1823年至1833年的10年间，有5万余名革命者被投入监牢，3万余人被枪杀或绞死，因此，1823至1833年这10年在西班牙近代史中被称为"黑暗的十年"。

匈牙利著名诗人裴多菲是怎么牺牲的？

诗人裴多菲，出生于穷苦家庭，因亲历

了祖国人民在奥地利皇帝的统治下所遭受的苦难，遂决定用文字表达自己的爱国热情。

在裴多菲的带领下，一万多群众自发参加了声势浩大的示威游行。持续了一天的游行，最后发展成了一场武装起义。起义群众包围了市政厅，迫使市长同意释放政治犯，接受《十二项要求》。

在高涨的革命形势面前，奥地利皇室只得做出让步。实际上，奥地利皇室却在暗地里准备进行疯狂的反扑。但是这次反扑行动过程中，奥地利并没有取得胜利，反倒是匈牙利独立战争的巨大胜利，引起了欧洲列强的恐慌。俄国沙皇在英、法的支持下，派兵镇压匈牙利革命。

1849年5月俄军进入匈牙利。7月31日，裴多菲参加了一支由300名骑兵组成的冲锋队，准备向包围起义部队的俄军发起最后的攻击。不幸的是，在作战的途中，裴多菲被两名哥萨克士兵追杀，壮烈牺牲。当时，他还不满26岁。

谁统一了意大利北部诸邦？

1859年4至6月，意大利托斯坎纳、帕尔马、莫德纳、教皇国的罗曼纳和翁布里亚省，先后爆发了人民起义。为了支援对奥战争，意大利北部诸邦起义军在推翻了当地的封建政权后，纷纷开赴前线对奥作战。加富尔趁机派遣行政长官到以上起义地区，建立了以自由派为核心的临时政权。1859年7月，拿破仑三世单独和奥地利媾和，签订和约。和约的内容之一就是恢复托斯坎纳、帕尔马、莫德纳的君主政权。在人民的强烈反抗下，意大利北部的复辟活动未能得逞。加富尔为了谋取人民的信任，曾一度辞去撒丁王国首相一职。1860年，加富尔再次出任首相，在他的策划下，起义的自由派组织了"公民投票"，正式宣布把托斯坎纳、帕尔马、莫德纳等地并入撒丁王国。

加里波第是怎样的一个人？

朱塞佩·加里波第（1807—1882年），1807年出生在威尼斯的一个水手家庭。他是一个意大利爱国志士及军人。他献身于意大利统一运动，亲自领导了许多军事战役，是意大利建国三杰之一（另两位是撒丁王国的首相加富尔和创立青年意大利党的马志尼）。他因在南美洲及欧洲对军事冒险的贡献，赢得了"两个世界的英雄"的美称。加里波第的一生都奉献给了民族解放事业。他为意大利的统一立下了不朽的功勋，也为民族解放做出了杰出的贡献。

芬尼运动是怎么回事？

芬尼运动是19世纪50年代开始的爱尔兰反对英国殖民统治、争取独立的运动，它以芬尼社为核心。芬尼运动主要在爱尔兰、英格兰和美国等地进行，主张推翻英国殖民统治，废除大地主土地所有制，建立独立的爱尔兰共和国。1866、1870年，美国的芬尼社社员先后两次攻入加拿大，企图迫使英国政府放弃对爱尔兰的统治，但没有取得成效。1867年，芬尼社社员在爱尔兰的一些城市发动起义，但均以失败告终。

芬尼运动不仅得到农民和市镇平民的大力支持，此外，第一国际也曾发动各国无产阶级支持芬尼运动。但由于领导内部的分歧、英国的镇压和美国政府的压力，19世纪70年代后，芬尼运动渐趋衰落。

近代美国

"五月花"号船与美利坚民族的形成有什么关系？

世界上有过无数的大小船只，不过像"五月花号"帆船这样对美国和世界产生深远影响的，却绝无仅有。因为在这艘船上，诞生了《五月花号公约》。

17世纪初，一艘曾被用来运酒的三桅帆船，名叫"五月花"号，从英国出发，一路向西航行。在今天美国马萨诸塞的科德角登陆之前，他们没有忙于上岸各自开荒掘金，他们当中的51个男人，集中在船舱里开了个会，以英国教堂里采取的社会契约为样本，制定了一份民间守则。这份翻译成汉语也不足300字的短文，便是《五月花号公约》。他们没有想到这个约束他们百余人小团体的民间契约会成为之后美国法律体系中的重要奠基石。

在整个人类文明史上，《五月花号公约》的意义几乎可以与英国的《大宪章》、法国的《人权宣言》等文献相比肩。美国几百年的根基就建立在这短短的几百字之上，信仰、自愿、自治、法律、法规……这些关键词几乎包含了美国立国的基本原则，今天美国总统宣誓就职时依然是手按《圣经》，向全体公民保证遵从和信守宪法与法律。

美国人为什么被称为"扬基佬"？

"扬基佬"这个词已经被说了300年。它原来是人们送给定居在美国东北沿岸地区的新英格兰移民的绰号，原本德国人是把制作干酪的荷兰人称为"扬基佬"。17世纪初，这些荷兰人来到了美洲，他们定居的地方离新英格兰移民很近，当他们看到当地居民想在殖民地北部建立农场时，觉得很好笑，于是就把自己的绰号送给新英格兰移民。这些新英格兰人不但没有生气，反而接受了这个称呼。于是新英格兰人就成为"扬基佬"了。美国南北战争时期，"扬基佬"一词有了新的内涵，比如南部军队就称北部军队为"扬基佬"。

美国独立战争爆发的导火索是什么？

美国独立战争爆发的导火线是波士顿倾茶事件。波士顿倾茶事件又称波士顿茶党事件。1773年发生的北美殖民地波士顿人民反对英国东印度公司垄断茶叶贸易的事件。1773年，英国政府为倾销东印度公司的积存茶叶，通过了《救济东印度公司条例》。该条例给予东印度公司到北美殖民地销售积压茶叶的专利权，免缴高额的进口关税，只征收轻微的茶税。条例明令禁止殖民地贩卖私茶。东印度公司因此垄断了北美殖民地的茶叶运销，而且价格也较为便宜。该条例引起北美殖民地人民的极大愤怒，人们饮用的走私茶占消费量的十分之九。纽约、费城、查尔斯顿人民拒绝卸运茶叶。在波士顿，一批青年以韩柯克和萨姆尔·亚当斯为首，组成了波士顿茶党。1773年11月，东印度公司装载342箱茶叶的船只开进波士顿港。12月16日，波士顿8000群众集会，要求停泊在那里的东印度公司茶船开出港口。被拒绝后，反英群众在波士顿茶党组织下，将东印度公司船上的342箱茶叶（价值1.8万英镑）全部倒入大海。英国政府采取高压政策，1774年先后颁布法令，封锁波士顿港口，取消马萨诸塞州的自治，在殖民地自由驻军等。这就更激起殖民地人民的强烈反抗，使英国政府与北美殖民地之间的矛盾尖锐，公开冲突日益扩大。至此，美国独立战争爆发。

美国第一届大陆会议通过了哪些措施?

"波士顿倾茶事件"后，英国当局通过了惩治波士顿的4个法令，这些法令侵犯了殖民地人民的权利和自由，剥夺了殖民地人民的政治和司法权力。之后，在人民内部掀起了反对"强制法令"的浪潮。为了统一各地反抗运动，1774年9月5日至10月26日，北美殖民地代表在费城召开了第一届大陆会议。10月14日，大陆会议重申北美殖民地人民反对英国殖民统治的基本主张，要求实现殖民地内部自治；要求英王取消对殖民地工商业的限制；废除各项高压法令，同意北美议会有权管理殖民地的商业。会议还通过决议，成立"大陆协会"进行对英贸易抵制。大陆协会负责在市镇和县成立"安全和视察委员会"，进行全面贸易抵制，以后，这些委员会掌握在革命者手中成为事实上的地方政权。此外，会议还决定，如果殖民地问题没有得到解决，将于第二年5月继续召开大陆会议。大陆会议的召开是北美殖民地朝着建立全国性政权方向发展的开始。

什么事件拉开了美国独立战争的序幕?

1775年4月19日，当英军行进至莱克星顿和康科德一带时，遭到了早已严阵以待的民兵的袭击。莱克星顿的枪声，揭开了美国独立战争的序幕。从此以后，北美殖民地人民进行了为期8年的摆脱英国殖民统治的独立战争，并于1776年7月4日宣布独立。1783年，英国殖民者被迫签订和约，承认美国独立。

北美独立战争的转折点是什么?

1777年6月，由布尔贡率领的英军从加拿大出发，沿哈得孙河南下，企图和从纽约北上的英军会合，以钳形攻势切断新英格兰和其他各州的联系，并击溃华盛顿的主力。

但孤军深入的布尔贡军在新英格兰遭到各州民兵的分割和伏击，被迫退守纽约州北部的萨拉托加城，被军民和大陆军包围。10月17日，布尔贡在多次突围失败的困境下，率部5600余人向美方盖茨将军投降。这次战役是独立战争的转折点，从此，美国从战略防御转为战略进攻。

美国为什么能够赢得独立战争的胜利?

1775年4月19日，莱克星顿的战斗打响了武装反抗英国殖民统治的第一枪，美国独立战争的序幕就此揭开。

莱克星顿的枪声响起后，武装反抗英国统治的浪潮在短时间内席卷了13个殖民地，国内外人民群众积极地拥护和支持(参加独立战争的国际志愿人员约7000人)，广大军民英勇奋战，对战争的胜利起了决定作用；战争中，美国还采取了灵活的外交政策，取得法、西、荷等国的援助；美军战略战术灵活，采取正规战与游击战相结合的作战样式，摒弃传统的线式战斗队形，根据地形采用疏散队形作战，不拼消耗，不计一城一地之得失，而是集中精力消灭敌人有生力量。

1777年，大陆军和民兵在萨拉托加一举歼灭英军5000人，这也成为整个战局的转折点。1781年，被围困在约克顿的英军统帅康华利走投无路，只好投降。1783年，英国承认了美利坚合众国，美国取得了最后的胜利。

独立战争的胜利，为美国资本主义的发展开辟了道路，对后来法国大革命和拉美民族解放运动均产生了重大影响。

你了解美国《独立宣言》吗?

美国《独立宣言》是一份由托马斯·杰斐逊(1743—1826年)起草，并由其他13

个殖民地代表签署的最初声明北美13个殖民地摆脱英国殖民统治的文件。

《独立宣言》由四部分组成：第一部分为前言，阐述了宣言的目的；第二部分高度概括了当时资产阶级最激进的政治思想，即自然权利学说和主权在民思想；第三部分历数英国压迫北美殖民地人民的种种罪状，说明殖民地人民是在忍无可忍的情况下被迫拿起武器的；宣言的最后一部分庄严宣告独立。

杰斐逊曾写到，《独立宣言》是"吁请世界的裁判"。自1776年以来，《独立宣言》中所体现的原则就一直在全世界传颂。

西点军校是一所什么样的学校？

西点军校是美国第一所军事学校，位于纽约州西点（哈得孙河西岸），距离纽约市约80公里，学校占地1.6万英亩。

在美国独立战争中，华盛顿将军鉴于西点战略位置的重要性，曾把它定为军事设施区，并在1779年将司令部设在这里。以后，他在总统任期内又力主在该地建立一所陆军大学。

西点军校的校训是"责任、荣誉、国家"，该校是美国历史最悠久的军事学院之一，曾经为美国输送了一批批的优秀军事人才，被誉为"美国将军的摇篮"，第二次世界大战中的艾森豪威尔、麦克阿瑟、史迪威和安诺德等著名美国军事首脑均系西点出身。西点军校曾与英国桑赫斯特皇家军事学院、俄罗斯伏龙芝军事学院以及法国圣西尔军校并称世界"四大军校"。

是谁在美国提出了"三权分立"的思想？

亚历山大·汉密尔顿（1755—1804年），美国的开国元勋之一，也是宪法的起草人之一。他是财经专家，是美国的第一任财政部长，他还是一位因政党恶斗而丧失生命的政治人物。

从一个来自英属西印度群岛的私生子和无家可归的孤儿，一跃成为乔治·华盛顿最信任的得力助手，在美国的开国元勋中，没有哪个人比亚历山大·汉密尔顿更富戏剧色彩了。在为美国后来的财富和势力奠定基础方面，也没有哪位开国老臣的功劳比得上汉密尔顿。

汉密尔顿采纳了孟德斯鸠的著名的"三权分立"思想，也就是三权分治，是西方资本主义国家的基本政治制度的建制原则。这一思想的核心是立法权、行政权和司法权，这三种权力相互独立，互相制衡。"三权分立"说是当前世界上资本主义民主国家广泛采用的一种民主政治思想。

美国爆发谢斯起义的原因是什么？

1786年秋，马萨诸塞州爆发了美国独立革命后最大规模的农民起义——谢斯起义。北美独立革命后，由于捐税暴涨、债台高筑、纸币贬值、通货膨胀，农民生活日趋恶化。以农民为主体的美国士兵，战时忍受欠饷，战后回家，发现家中妻儿负债潦倒，只得将服役期间领取的土地证低价出售。而不能如期偿付债务的农民，就要遭受逮捕入狱的惩罚。马萨诸塞州的情况尤为严重，于是爆发了谢斯起义。

起义军来势凶猛，震撼着整个马萨诸塞州。马萨诸塞州州长鲍杜温宣布废止人身保护法，动员全州兵力和物力、财力来镇压这支起义队伍。邦联政府陆军部长诺克斯也率骑兵团来围歼起义军。1787年1月底2月初，本杰明·林肯和威廉·谢泼德指挥部队进攻起义军，起义军寡不敌众，被镇压。谢斯起义是独立战争后第一次对美国制度的挑战，起义也使力主建立强大中央政权保护富商、债权人和大土地投机者利益的联邦派获得了更多的支持。

最早的一部成文宪法是什么？

世界上最早的一部成文宪法是美国于

1787年制定的宪法。独立战争结束后，美国建立了联邦国家。政权建立初期，美国的内政外交还处于动荡之中，于是各联邦决定召开制宪会议，加强统治。1787年5月，各代表开始讨论宪法草案，1789年正式宣布这一宪法为《美利坚合众国宪法》。这部宪法由序言和7条正文组成，以三权分立作为政府组织的原则，规定国会享有联邦立法权，而国会由参议院和众议院组成，掌管国家的行政权。总统任期4年，由选举产生；联邦最高司法权归联邦最高法院所有。它确定的三权分立的管理形式，为后来的许多资本主义国家树立了榜样，也对美国政治、经济的发展产生了积极的作用。

美国联邦制是怎样形成的?

美利坚合众国是典型的资产阶级联邦制国家，其形成有一个由"邦联"到"联邦"的曲折历程。

北美13州殖民地人民为反对英国殖民者，争取独立，于1775年5月召开了第二届大陆会议，这次会议通过了《邦联条例》，要求北美13个殖民地联合起来组成自己的政府。但是建成的这个政府组织极为松散。于是美国统治阶级就需要制定一个新宪法来取代《邦联条例》，以便建立强大的国家机器，这样，一场制宪运动就在美国展开了。由于担心《邦联条例》的废除会招致人民对政府的攻击，因此制定新宪法是秘密进行的。1786年9月，汉密尔顿和麦迪逊提议于次年召开各州会议，讨论修改《邦联条例》，共同起草了《美利坚合众国宪法》。1788年6月21日，联邦宪法正式生效，联邦制取代了邦联制，美国联邦制正式形成。

美国民主党与共和党是如何产生的?

在美国历史上，美国基本实行民主党和共和党两党通过竞选总统轮流执政的"两党制"。

美国民主党建于1791年，由部分种植园主和与南方奴隶主有关联的企业家组成，当时称为共和党。1794年改为民主共和党，1840年正式称民主党。1861年南北战争结束后民主党曾一蹶不振。1933年，罗斯福乘经济危机引起人民不满情绪之势，进行总统竞选获胜并连任四届总统，民主党因而连续执政20年。民主党群众基础主要是劳工、公务员、少数民族和黑人。

美国共和党成立于1854年，由反对奴隶制的东北部工商业主及中西部开发各州的农业企业家代表组成。1860年林肯当选总统，此后共和党开始执政，并在南北战争中击败南方奴隶主势力使内战得以平息。1860至1933年的70多年中，除16年外，美国均由共和党执政。该党群众基础主要来源于郊区和南方的白领工人及年轻人。第二世界大战后中产阶级为其新的支持力量。

两党政治主张在本质上并无差别。在每四年一次的全国总统选举中，由两党最高组织机构全国代表大会提出本党总统候选人和总统竞选纲领。两党以在国会大选中获席位多少来区分多数党或少数党。近两年共和党在参、众两院基本上算多数党。两党党员人数不固定，视投票情况而定。其中民主党的标志为驴，而共和党的标志为象。

美国何时迁都华盛顿?

1800年11月，美国政府将首都迁往华盛顿。美利坚合众国宪法生效后，1788年9月13日，即将卸任的邦联国会确定纽约市为美利坚合众国的临时首都。1789年新的联邦政府成立后，面临了一个问题就是确定和建设首都。1790年8月12日，费城被新政府指定为临时首都，12月6日，迁都费城。1790年国会选定了新首都的地址。1791年4月15日，政府在弗吉尼亚州亚历山德里附近举行典礼，将这里10平方英里（合约25.9

平方千米）的土地和马里兰划出的土地合成未来的哥伦比亚特区，并决定在这里建设美利坚合众国的首都。首都地址确定后，华盛顿总统邀请年轻的法国工程师皮埃尔·夏尔·朗方为新城市制定规划。1792年10月13日，华盛顿选定的总统官邸白宫举行奠基典礼。1793年9月18日，联邦国会大厦举行奠基仪式。1800年11月，美国政府正式定都华盛顿。华盛顿也成为世界上少有的专门建为政府驻地和国际都会的首都城市之一。

哪次战争使美国彻底摆脱英国的控制？

1775年至1783年，美国在独立战争中获胜。英国不甘心失败，妄图卷土重来，使美国重新沦为自己的殖民地，于是英国不断从经济、军事和政治上对美国施加压力。在拿破仑战争期间，英国在公海上任意劫持美国商船，抓捕美国水手。美国有近6000艘商船和近万名水手被英国扣押，损失惨重。而美国也对富饶广袤的加拿大垂涎三尺，想以武力吞并。于是，1812年6月18日，美国对英宣战，第二次美英战争爆发。这场战争在历史上具有重大意义，它使美国彻底摆脱了英国政治和经济的压迫，赢得真正的独立，从而为工业革命深入开展扫清了道路。

杰克逊总统在政治上的重要贡献是什么？

安德鲁·杰克逊于1767年3月15日出生在北卡罗来纳和南卡罗来纳交界地的一个新开拓的边远地区。他是美国历史上第一位平民出身的总统，他从一名边区律师起家，当过众议员、参议员、州最高法院法官和州民兵少将。杰克逊在任内大力加强总统职权，维护联邦统一，颇有政绩。

杰克逊总统第一任期内的冲突主要是关税问题。自1816年实行保护关税后，1824年和1828年又两次提高关税。高关税保护了制造业主和种植大麻与生产羊毛的农场主，但不利于北部新英格兰地区的海运集团和南部种植园，南卡罗来纳州对此怨言更大。

1830年，代表工业、金融业利益的丹尼尔·韦伯斯特同代表南部种植园主利益的罗伯特·海恩在参议院进行了辩论。1837年2月，国会通过了新关税法案，但南卡罗来纳州仍不满意。于是杰克逊发布公告，指出一个州擅自废止国会法令是违反宪法精神的。他要求国会通过《动用军队法案》，授权他必要时以武力强制南卡罗来纳就范，同时，杰克逊恩威并施，建议降低关税。于是国会通过了妥协性关税法案，扩大了免税商品的种类，这一妥协性协定解决了危机，维护了联邦的统一，阻止了国家分裂，是杰克逊总统在政治上的重要贡献。

美国何时开凿了伊利运河？

19世纪初期，美国从东部港口向西到内陆去的货物运输，主要靠马拉牛拽的大篷车队，与东部经济迅速发展的要求不相协调。于是，美国于1817开始了对从伊利湖东端至哈得孙河的伊利运河的修造，并于1825年完工。之后，该运河不断扩建，从1909年起经改建后，运河长544公里，宽45米，水深3.6米。伊利运河的建立，使五大湖的水运和纽约港连通，成为纽约州通航运河系统的主要水道，由伊利湖到纽约的货运只需要从前十分之一费用，使当时比费城和波士顿小得多的纽约，迅速发展成为全国最大的港口和城市。伊利运河的开凿对美国东部经济及纽约的发展，起了很大的推动作用。

美国自什么时候开始修筑铁路？

1830年5月24日，美国的第一条铁路建成通车，全长21公里，从巴尔的摩至埃利州科特。19世纪50年代，筑路规模扩大，80年代时，铁路修筑形成高潮。从1850年至1910年的60年间，共修筑铁路37万余公里，平均年筑路6000余公里。1887年筑路达20619公里，创铁路建设史上的最高纪录。1916年，美国铁路营业里程达到历史上的最高值，共408745公里。此后，由于其他运输方式迅速发展和其他原因，铁路不断被拆除或封闭，铁路线路长度也不断缩减。

美国反奴隶制协会是个什么样的团体？

美国反奴隶制协会是美国全国性反对奴隶制的群众团体。19世纪上半期，美国人民反对奴隶制的运动蓬勃高涨，该组织于1833年12月在费城建立，塔潘为协会主席。会员主要来自宗教界、慈善界和自由黑人团体。成员有工人、农民、黑人和知识分子。总部设在纽约，各地均有分会。协会组织集会，出版书刊，向国会请愿，并在各地举行演讲，揭露奴隶制的罪恶，主张无偿解放一切奴隶，给予奴隶各种平等权利。该协会对于推动奴隶运动的发展具有重要意义。1870年，该协会正式解散。

美国牛仔是在什么背景下出现的？

说到美国牛仔，不得不说说美国的牛。美国人是欧洲移民的后裔，而美国的牛也是欧洲牛的后代。美国的牛最早是由哥伦布带去的。当时，他把西班牙牛带到西印度群岛和中、南美洲沿海一带。1525年，西班牙种的牛从西印度群岛被引入北美大陆。1611年，英国人又把数量众多的牛运到弗吉尼亚的詹姆斯城，从此英国种的牛便遍布北美大陆，而且那里也出现了很多养殖点。

19世纪后期，得克萨斯州已有5000万头牛，是美国养牛最多的州。从19世纪60年代开始，得克萨斯人便驱赶大量牛群往北到堪萨斯的铁路边，然后转销美国各地。当时还有专门的"牛道"和"牛镇"。"牛道"是专门让"牛群"走的道路，"牛镇"则是沿途的歇脚站。

牛群长途跋涉，跨州越县，当然少不了人的带领和照管，这种人就是"马背上的英雄"——牛仔。

在漫长艰辛的旅程中，牛仔必须有吃苦耐劳的精神，同时还要机智、勇敢、沉着、冷静，能应付途中各种突发的事故和危险。首先要管束半驯服的牛，特别是性情凶野的西班牙牛，牛仔跟在牛群旁边，紧紧盯住它们，不能对其放松警惕。沿途还要留意狼群等野兽和毒蛇、毒虫的袭击，防范印第安人的冷箭、标枪。有时候可能会突遇大雷雨，电闪雷鸣往往会惊动牛群，牛乱奔乱窜，牛仔就要沉着地兜转它们，围成圈子，以消除其惊恐。

牛仔长途赶运牛群如同大规模的行军。押送特大牛群的牛仔们有严格的分工，他们各司其职。常常有两个最有经验的人担任总指挥，一个是通信员，前后左右负责传递消息。另外还有"游骑"，负责前后左右的巡视，"翼骑"则在队伍两边行进，"尾骑"殿后，专管小牛、病牛和懒牛。

牛仔，有的本身就是牧主，但大多为牲畜商人的雇工，他们在美国东部居民向西迁移的过程中起了很重要的作用。牛仔的长途放牧，本身就带有开拓性，也为美国的西进运动开辟了道路。

19世纪末，美国的交通运输日益发达，牛仔的地位日益降低。他们纷纷转行从事其他职业，他们矫健的身影也慢慢地淡出了人们的视线。然而他们奋进、开拓精神却激励着一代又一代的美国人。

什么是西进运动？

西进运动是美国人民由北美东部向西部地区开发、移居的过程。此运动开始于美国建国后，当初移民越过阿巴拉契亚山脉，进入密西西比河以东地区。从19世纪20年代起，移民开始越过密西西比河，进入美国新扩张的地区。40年代，加利福尼亚发现金矿，形成移民的"加利福尼亚热"。19世纪末，西进运动结束。

美国是怎样合并得克萨斯的？

1837年8月4日，刚独立的得克萨斯共和国申请加入美国联邦。1841年12月，休斯敦再任得克萨斯总统后推行和美国合并运动。1842年，墨西哥和得克萨斯再度交战，合并一事遭到了美国国内许多人士的反对。遭到美国拒绝后，得克萨斯转向欧洲，争取承认和援助。英国人对得克萨斯的兴趣使美国感到震惊，于是泰勒总统和得克萨斯总统进行了谈判。1844年4月12日，美德签订了合并条约。12月3日，泰勒在特别咨文中建议通过联合决议来合并得克萨斯。1845年2月，参议两院分别通过了合并决议案。1845年3月1日，泰勒总统正式签署了该决议。12月29日，得克萨斯作为美国的第28个州加入联邦，其面积为38.9万平方英里（合约100.7万平方千米）。

为什么会出现加利福尼亚"淘金热"？

1848年1月24日，美墨战争结束，双方签订和约的前9天，萨克拉门托河谷约翰·萨特锯木厂的监工詹姆斯·马歇尔在水车引水沟里发现了黄金。消息一经传出，许多农民、工人、公务员，甚至一些传教士、律师、记者和医生也纷纷加入进来，他们希望在短时间内成为富翁。他们带着干粮，驾着小船前往旧金山。1849年底，从北美、欧洲和世界各地来的淘金者，争夺着采矿权，从沙中淘金。几个月的时间里，旧金山就从一个小村庄变成一座拥有约2.5万人的城市。

什么使林肯在全美提高了政治声誉？

1858年，亚伯拉罕·林肯（1809—1865年）在伊利诺伊州和斯蒂芬·道格拉斯参议员竞选美国参议院席位。他向道格拉斯发起挑战，在整个州展开了一系列的辩论。道格拉斯是民主党全国性的风云人物，而当时的林肯还默默无闻。他们的辩论仅集中于一个问题——奴隶制。

1846年，道格拉斯入选参议院，他狂热鼓吹领土扩张。西部领土扩张引起了在新的准州里是否允许实行奴隶制的激烈争论。道格拉斯认为各州或准州的人民应自行投票决定是否实行奴隶制，而林肯则争辩说奴隶制不该扩展到现存的奴隶州以外的地方去了。林肯坚持认为奴隶制是邪恶的，而道格拉斯也同样坚持说国家的生存要求尊重民众的主权，即便这会使奴隶制扩展也并无大碍。

这次辩论后，林肯最终赢得了公众投票，林肯成为共和党全国领袖人物以及1860年总统大选的竞争者。

美国内战的前奏是什么？

1854年1月23日，美国参议院领地委员会主席斯蒂芬·道格拉斯提出的《堪萨斯—内布拉斯加法案》，把密苏里河以西，北纬37°以北地区组成堪萨斯准州和内布拉斯加准州。5月30日，皮尔斯总统将这一法案签署生效。这个法案实际上有利于南部奴隶主将新建州变为蓄奴州的愿望，因此，该法案引起自由移民和奴隶主争夺这两个准州控制权的斗争。堪萨斯出现了两个对立的政权，都要求联邦政府给予正式承认。

1857年6月15日，蓄奴派在利康普顿开会选举立宪会议代表，并制定了赞成蓄奴的《利康普顿宪法》。道格拉斯在众议院组织了反《利康普顿宪法》集团，强迫国会把这一宪法交堪萨斯居民表决。1858年8月2日，堪萨斯居民否决了这个宪法。在内战爆发前夕，堪萨斯才作为自由州加入联邦。堪萨斯内战成为美国内战的前奏。

在美国地图上为什么边界线都是笔直的？

通常情况，无论国家和国家之间，还是一个国家内部各级行政区之间，界线划分大多是山川、河流的走向等自然地理条件，或者以长期的社会历史沿革为依据的，这样的边界线多蜿蜒曲折，犬牙交错。但是如果你留意一下美国地图就会发现，它在这方面跟其他许多国家大相径庭。

先看美国的国界线，美国国土号称"从洋到洋"，这是几百年扩张的结果。除了东、西两面（大西洋和太平洋海岸）以及东南面（墨西哥湾沿岸）外，它同北邻加拿大的漫长边界线基本呈直线（东段以五大湖区天然分界），西南部和墨西哥的边界线也有将近一半的分界线呈直线状。

至于美国的州界线，从东到西，由南向北，基本是笔直的。这和美国短暂独特的建国历史、持续不断的开拓扩张，以及飞速发展的社会经济是密切相关的。

美国独立以后，大批拓殖者纷纷涌入。许多人从很远的地方赶来，其中不乏土地投机者，为了更好地管理和利用土地，美国国会先后在1784年、1785年和1787年颁布了三个有关土地的法令。其中1785年颁布的法令规定对西北领土进行勘察，大致内容为：土地划分的基本单位是镇，为每边长6英里（合约9.7千米）的正方形区域。然后，镇依据长方形格子再行划分属于个人的土地。土地买卖最小为1平方英里（合约2.6平方千米），每镇均预留土地以做建立学校之用。1862年《宅地法》通过前，这些条例为美国公共土地政策的基础。

就是根据这个法令使得美国中西部领土被按照棋盘形格局划成了一个个农场、乡镇和城镇，它们可以很方便地组成县和州，从而形成了我们今天看到的美国大小行政区划边界线笔直的格局。

美国首次提及建设太平洋铁路的是什么法案？

1862年7月1日，美国国会通过了经过修改的第一个建设太平洋铁路法案。7月2日，林肯总统正式签署生效，法案规定了联合太平洋铁路和中央太平洋铁路各自的起点。联合太平洋铁路公司自西经100°的共和谷南岸和普拉特河谷北岸之地向西修筑，在南山口越过落基山脉，到内华达准州的西部边界，其后在向西延伸。中央太平洋铁路公司则起自太平洋岸到加利福尼亚州的东部边界，其后再向东延伸。中央太平洋铁路的建设是史无前例的，在艰难的时刻和艰难的路段，中国劳工的参与突破了难点，顺利地实现了和联合太平洋铁路建筑合拢的艰难任务。

美国南北战争的经过是怎样的？

美国南北战争也称为美国内战。这场美国北方联邦政府各州与南方邦联政府各州之间的冲突，源于美国南北双方之间在经济、社会、政治和地理等诸多方面的差异。关键问题在于，每当增设新州时，双方都会在是否保留奴隶制度上发生激烈的争执。

19世纪中叶，美国南部种植园奴隶制与北部资产阶级雇佣劳动制矛盾激化，引起了政治、经济上的对立。1860年反对黑人奴隶制的共和党人林肯当选总统；南部蓄奴州南卡罗来纳首先脱离联邦，接着佐治亚、亚拉巴马、佛罗里达、密西西比、路易斯安那和得克萨斯相继宣布脱离联邦，并于1861年2月8日联合成立"美利坚诸州同盟"（简称"南部同盟"）政府，另选杰弗逊·戴维斯为总统，制定宪法，公开分裂国家。美国联邦政府反对南部种植园奴隶主武装叛乱，维护联邦统一。

4月12日，南部同盟军队炮击萨姆特要塞，首先挑起内战。4月15日，林肯政府发布讨伐令，内战正式爆发。不久又有弗吉尼亚、北卡罗来纳、田纳西、阿肯色四州退出联邦参加南部同盟，南方的力量不断壮大。战争之初，南方军处于优势。7月，在马纳萨斯战役中，联邦军队遭受重创，损失惨重。之后林肯政府重新调整军队，于1862年2月开始了新一轮的攻势。在西线，由格兰特统率军队沿密西西比河南下；南线则由巴特勒率军在海军协助下在奥尔良登陆；在东部联邦海军封锁了海岸；北线联邦军主力由麦克莱伦率领，在半岛战役中失利。

在战争中，为了鼓舞人民的参战热情，林肯政府采取了各种积极措施。先后于1862年5月，颁布了《宅地法》，9月又发表了《解放黑人奴隶宣言》，这些法令都大大提高了工人、农民和黑人的积极性。此后，战争形势逐渐有利于北方。1863年7月，联邦军先后在葛底斯堡战役、维克斯堡战役中告捷，取得胜利。1864年3月，林肯任命格兰特为全军大将军。1864年5月又由谢尔曼将军统率联邦军队10万人向南部进军。1865年4月3日，格兰特攻占了南部同盟首都里士满。9日，南军的白旗升起，南部联军统帅罗伯特·李缴械投降，战争宣告结束。

南北战争是美国资产阶级民主革命的继续，也是一次保卫国家统一的战争，因而它受到了人民的拥护，也保证了战争的胜利。虽然这次战争给南方带来了毁灭和混乱，但是，从长远来看，美国内战的结果使得奴隶制得以废除，促成了联邦政府的强化，国家经济一体化的形成，为美国资本主义进一步发展扫除了障碍，也为美国经济和政治的发展奠定了坚实的基础。

谁被称为美国历史上的"常胜将军"？

尤里西斯·格兰特（1822—1885年）是美国军事家、政治家，美国内战后期联邦军总司令，第18任总统，陆军上将。1843年，格兰特毕业于美国陆军军官学校（西点军校），参加过美墨战争。格兰特是美国历史上第一个从美国军事院校毕业的军人总统。他在美国的南北战争中屡立奇功，被人们称为"常胜将军"。

美国内战结束的标志是什么？

罗伯特·李（1807—1870年）毕业于西点军校，先后在工兵部队和骑兵部队服役。美国南北战争爆发后，1861年4月，罗伯特·李率领南军和联邦军在布尔伦一带首战获胜。1862年9月，在安提塔姆战役中，由于李将军的作战计划被联邦军所获，麦克莱伦将军的军团拦住了他的进攻，南军惨败。重整旗鼓后，李将军于1863年5月在钱瑟勒斯维尔战役中取得了胜利，迫使联邦军撤退。1864年5月，新上任的联邦军总司令格兰特以优势兵力进攻南军。1865年4月9日，罗伯特·李被迫在阿波马托克斯附近投降，这标志着美国内战的结束。

林肯为何遇刺？

南北战争胜利的五天以后，也就是1865年4月14日晚上，林肯兴致勃勃地同夫人一起去华盛顿城福特大戏院观看歌剧。当他们一走进包厢，戏院里观众立即起立欢呼，雷鸣般的掌声持续不断，直至歌剧开演的时候。正在这时，突然有一个黑影冲向包厢，"砰"的一声枪响，林肯顿时倒在座位上。而这个黑影纵身一跃，跳上舞台，大叫一声："我为南方的人报仇了！"旋即从窗口跳了出去。窗口外面早就准备好一匹壮马，他绝尘而去。

几天后，凶手被抓到了，他名叫约翰·蒲斯，是戏院里的一个演员，也是南方的一个间谍。可是，因为他在被捕时持枪顽抗，被当场击毙，所以他究竟是谁派来的，他幕后的策划者又是谁，都不得而知。这件事，说明了南方奴隶主的凶残和顽固。但是，解放黑人奴隶已经成为历史的潮流，谁都无法阻挡。废除了奴隶制，美国的资本主义就能获得更好的发展。

林肯是国家统一的坚强捍卫者，他为解放黑人奴隶、消除种族歧视做出了重大的贡献，同时有力地促进了美国经济的发展，他是一位受人尊敬的总统。

"三K党"是一个什么样的组织？

三K党是美国最早的种族主义恐怖组织

之一，因为组成该名字的三个字母都以"K"开头，所以称为"三K党"。

三K党是一个秘密组织。其势力所及之处，统称为"无形帝国"，下设各地方党部，其首领称"大龙"。三K党有自己的党旗和党规。它的党旗呈三角形，黄底红边，上面有一个黑龙图案。加入该党的人必须服从党内的规则，严格保守秘密，否则，就有可能被自己的同党处决。

三K党的恐怖活动十分猖獗，他们杀人的手段异常残忍，而且多在夜间活动。第二次世界大战后，在人民的强烈呼吁下，联邦政府才开始打击了三K党的恐怖活动，但是这一恐怖势力还会偶尔出现。

美国颁布《黑人法典》的目的是什么？

在1865至1866年之间，南方各州议会相继通过了《黑人法典》，以代替业已失效的"奴隶法典"。《黑人法典》旨在控制黑人的活动、限定黑人的社会地位。比如，南卡罗来纳州的《黑人法典》规定，制订签约合同时，黑人的身份为"奴仆"，白人的身份为"主人"；黑人未经允许不能离开所在地。密西西比州的《黑人法典》规定，黑人不许随便流浪，如被发现没有合法工作，黑人流浪者将会受罚；假如他无力支付罚款，地方法官有权把他们任意雇给白人地主或其他业主。在几乎所有的南方州，黑人被禁止参加民兵队，也不许拥有枪支；黑人要布道也需得到特别许可证。就这样，刚从奴隶制度桎梏中解放出来的黑人，在各种社会行动中又陷入种种限制之中。

后来，各种种族隔离政策也先后被制定出来，意在把黑、白人种分离开来，强行剥夺黑人本应享受的公民权利。

什么是"门罗主义"？

美国第5届总统詹姆斯·门罗（1758—1831年）于1823年12月2日在国情咨文

门罗主义的诞生
图为门罗（中站立者）召开内阁会议时的情景。

中提出的美国对外政策的原则，史称"门罗主义"，它是美国对外扩张政策的重要标志。

从杰斐逊执政开始，美国进入大肆扩张版图的时期，其扩张政策与英国发生尖锐的冲突。在1812年的美英战争中，美国向北扩张的企图受挫，因而把扩张的矛头指向拉丁美洲。可是，欧洲的"神圣同盟"企图干涉拉丁美洲的独立运动，英国也乘势向拉美地区扩张。1823年8月，英国外交大臣坎宁邀请美国共同反对俄、普、奥三国"神圣同盟"对拉美各国的干涉，禁止再把拉丁美洲殖民化，门罗对这一主张表示赞同。

1823年12月2日，门罗总统在致国会咨文中宣称：美国将不涉足欧洲列强的内部事务以及它们之间的战争；美国承认并且不干涉欧洲列强在拉丁美洲的殖民地和保护国；欧洲列强不得再在南、北美洲拓展殖民地；欧洲任何列强控制或压迫南北美洲国家的任何企图都将被视为与美国为敌，并且提出"美洲是美洲人的美洲"的口号。实际上，这就是宣布拉丁美洲属于美国的势力范围。从客观上讲，门罗主义起到了防止已独立的拉美国家再度沦为欧洲列强的殖民地的作用。

起初，国外并没有给门罗宣言以足够的重视，1870年以后，才有"门罗主义"的提法。美国日渐上升为世界强国后，在门罗主义的指导下，美国于1876年调解阿根廷与巴拉圭间的边界纠纷；1880年调解哥伦比亚与智利间的纠纷；1881年解决墨西哥与危地马拉，智利与阿根廷、智利与秘鲁间的边界纠纷。1895年美国在英属圭亚那与委内瑞拉边界问题上，迫使英国让步，同意成立仲裁法庭，以明确两国边界。1904年西奥多·罗斯福（1901—1909年在任）提出"罗斯福推论"，对门罗主义做了进一步的补充。他指出，某个拉美国家一旦"闹事"，美国可以插入其内部事务。在西奥多·罗斯福、威尔逊任内，美国还经常干涉拉丁美洲，尤其是加勒比地区的内部事务。1933年以后，富兰克林·罗斯福执政时放弃干涉政策，转而施行睦邻友好的政策。

8小时工作制是怎样产生的？

19世纪80年代初，美国工业已跃居世界第一位。但是美国资本主义的发展是建立在残酷剥削工人阶级基础之上的，美国工人平均每天的劳动时间长达12至15小时。工人的工作时间长，但工资却很少，沉重的阶级压迫激起了无产者的愤怒。

1877年，美国历史上第一次全国罢工开始了，在工人运动的强大压力下，美国国会被迫制定了8小时工作制的法律。但是刚开始这个法律并没有真正实行，于是工人们把这个运动推向高潮。1886年5月1日，资本家才正式实行8小时工作制。

世界上第一部反垄断法是什么法？

美国南北战争之后，资本主义飞速发展，经济结构发生了显著的变化。随着生产规模的扩大，美国出现了大批托拉斯垄断组织。这些垄断企业并不十分关心公共利益，而是试图通过不公平的商业行为减少竞争，获取垄断利润。它们利用强大的经济实力，恶意排挤竞争者，严重威胁美国经济的良性发展。

面对这样的情形，美国一改自由放任的经济政策，授权联邦政府控制和干预经济。于是，美国历史上第一部反垄断法，也是世界上第一部反垄断法——《谢尔曼反托拉斯法》应运而生。

日本的发展

织田信长有哪些功绩？

织田信长1552年继位，至1582年死于本能寺之变，短短30年的时间里从一个小小的尾张藩国大名，发展成为天下霸主。其间，他做出了卓有成效的业绩。

军事上，织田信长不断创出新战法、新兵种，他还会虚心地向敌人学习；人才上，织田信长注重唯才是用，不拘一格。当然，对于无德无能之臣，织田信长也会毫不犹豫地驱逐，以精简人事；商业上，织田信长被认为是已经粗通现代经济学里的宏观经济和微观经济理论。首先，信长废除了"关

所"制度，使得商旅可在境内自由通行，而免交"通行税"，这就大大刺激了经济的增长。为保障商家利益，织田信长还废除了某些商品的专卖权，打破以往一些商家和工会的垄断。除此之外，织田信长还制订了一些免税政策，并且以法律形式确立了信贷制度。

织田信长还大修道路，不仅加快了军队的调动速度，还使商业网四通八达。有了强大财力保障，日本的国库始终充盈。

织田信长本身就是个艺术爱好者，他还推动了文化生活的发展。茶道在日本贵族间是最普通的社交礼仪，歌舞伎也是从织田信

长的年代兴起的，流传至今。织田信长还是有记录可查的首个着欧式服装的日本人。尽管从未笃信任何教义，但织田信长奉行宗教自由政策。

以上就是织田信长的政绩，正因其革新的军事思想，不拘一格的人才制度，极具现代气息的经济政策，保证了织田家在征伐天下的过程中连战连捷。虽然他在本能寺遇弑身亡，但其苦心经营30年奠定的基础，对之后日本的统一具有很大的影响。

丰臣秀吉是怎样的一个人?

丰臣秀吉，出生于尾张国爱知郡中村，贫农之子，原名叫木下藤吉郎。因与浅井长政和朝仓义景作战有功，1573年被封为近江国长滨城城主。

在本能寺之变中，丰臣秀吉击败明智光秀，因其功绩在清州城重臣会议上占据了主导权，并于贱岳之战击败了柴田胜家、泷川一益和织田信孝，使丹羽长秀和池田恒兴归服，在小牧・长久手之战与德川家康和织田信雄战和，成为织田信长的实际继承者。

1586年受赐姓丰臣并就任太政大臣，确立了政权。先后经过纪州征伐、四国征伐和九州征伐，征服了西日本全境。1590年远征关东，包围小田原城并击败北条氏，使陆奥国的伊达政宗等东北诸大名皆归服，统一日本，结束了日本战国时代。其间，他振兴商业、确立税制、彻底实现了地兵农分离，为江户时代的幕藩体制打下了基础。

1592至1597年间，丰臣秀吉先后两次出兵朝鲜，1598年8月18日逝世。

日本关原大战是怎么回事?

1598年，掌握日本全国政权的丰臣秀吉死后，统治集团内部就出现了分化。一派是丰臣秀吉的文吏派，组成西军；另一派是以丰臣秀吉的部将，关东德川家康为首的武将派，组成了东军。1600年9月14日，东军率先出兵，夺取了和佐和山。9月15日，两军大战于美浓国的关原地区。东军取得了胜利，西军全线溃败。至此，德川家康开始了称霸全日本的大业。

德川家康是怎样崛起的?

德川家康（1543—1616年），为日本江户幕府的创建者。1590年随丰臣秀吉灭北条氏，领有关东八州，改建江户城。1600年关原之战打败丰臣氏，掌握全国大权。1603年任"征夷大将军"，开幕府于江户（今东京）。1614年11月，德川家康消灭了势单力薄的丰臣家族，之后颁布"一国一城令"，只准大名领域内留下一个城池，其余均毁掉。为了加强对大名的控制，德川家康还通过没收和调换领地等手段，把有势力的大名置于边境地区和政治、经济、军事上无关紧要的地方，而把自己家族的成员安置在要害地区。他还颁布《禁中并公家诸法度》，规定天子以学问为第一，使天皇完全脱离政治，并对朝廷有关的皇族、公家的名次，制定年号的办法都做了详尽的规定。它通过这些手段加强了对朝廷的控制。同时，他还制定了限制寺院势力的法规。1615年，德川家康灭丰臣氏的残余势力，次年病死。

江户幕府存在于何时?

"江户幕府"又称"德川幕府"，是日本第三个封建军事政权。德川氏以江户为政治根据地，开幕府以统治天下，所以又称江户幕府。该幕府存在的时间：自1603年德川家康受任征夷大将军在江户设幕府开始，至1867年第十五代将军德川庆喜，将政治大权奉还朝廷（即大政奉还）为止，约265年。

日本的锁国体制是怎样的?

为了防范西方殖民主义者利用传教活动对日本进行殖民侵略，1612年，幕府发布了第一次禁教令。1616年，规定贸易限

这幅19世纪的木刻画描绘的是两艘日本渡船降帆的情景，是日本奉行锁国政策的真实体现。

制在长崎、平户两港。1624年，幕府拒绝和西班牙通商，从1633年2月起到1639年7月，德川幕府又5次颁布了锁国令，最终确立了锁国体制。这个政策暂时起到了防范西方殖民主义势力的渗透，维护幕府封建统治的作用。与此同时，它也严重地影响了资本主义萌芽的成长，阻碍了日本社会经济的发展。

日本朱印船制为什么被废除？

朱印船又称为"御朱印船"，是日本持有幕府将军朱红印执照、获得特许对外贸易的商船。1592年，丰臣秀吉为了限制自由贸易，确定了这个制度。朱印船大多航行于南洋各地，靠晚秋初冬的北风从日本起航，向南至马来半岛、柬埔寨、暹罗（今泰国）、吕宋（今菲律宾）各港。出口的商品有银、铜、铁、樟脑、硫黄、米谷、漆器、瓷器、刀剑等。在返回日本的时候，这些船又可以乘初夏的南风。进口的商品有丝、丝织品、棉布、苏木、皮革、铅、锡、糖等。

德川幕府统治时期，采取对外锁国的政策，严格限制外国贸易船只到日本。1639年，幕府颁布最后一道"锁国令"，禁止对外贸易，朱印船制就此废止。

福泽谕吉为什么被称为"日本的伏尔泰"？

福泽谕吉（1835—1901年），1835年生于大阪，少年时代曾拜在汉学家白石常人门下研读经史。1858年起，他自修英语，两年后就熟练掌握。从幕府晚期的1860年到明治维新前的1867年，福泽三次周游西方诸国，受到欧洲思想的洗礼，尤其是近代西方的科学技术与资产阶级的民主思想，对他的一生都产生了重要的影响。福泽谕吉拒绝做官，把全部精力都放在著书立说上。1867年著《西洋事情》，发行40万册，全面介绍了西方诸国的政治、经济、文化、社会各方面情况；1872年，其名著《劝学篇》开始陆续问世。他从"天赋人权"出发，猛烈抨击封建专制制度与旧道德观念，发出了"天不生人上人，也不生人下人"的呼喊，强调"一国之独立，基于一身之独立，乃学问之急务"。《劝学篇》的总发行量达340万册，这在日本历史上也从未出现过，它是民主主义思潮在东方兴起与发展的明证。1885年，福泽的又一力作《文明论概略》发表，号召全日本人民要不惜一切代价，勇敢地走向近代文明。由于《劝学篇》与《文明论概略》起到了巨大的思想启蒙作用，使尚处在蒙昧时代的日本人始知大洋彼岸的先进与文明，故福泽谕吉被称为"日本的伏尔泰"。

日本的天保改革是怎么回事？

19世纪中叶，日本德川幕府为了维护即将崩溃的封建统治，进行了一系列的改革。在幕府改革的同时，诸藩也实行了藩政改革。1841年，天保改革开始了。此次改革的主要措施是：解散"株仲间"，欲通过废除城市工商业行会垄断组织，压制商业和手工业的发展，恢复自然经济秩序；强迫外出做工、流入城市的农民重返农村；严禁奢侈，整顿风俗，进而统治庶民生活；发布征收土地的《上知令》，扩大并集中幕府将军的治下领地。这次改革遭到了人民的一致反对，且导致了藩主的不满，因而走向了失败。

什么是"黑船事件"？

黑船事件是指1853年美国以炮舰威逼日本打开国门的事件。19世纪上半期，当日本还在闭关锁国政策下局限于东北亚一隅时，世界正在发生快速的转变。英、法、俄、美等国成为新一波称霸世界的强国，在经历了产业革命、交通革命的洗礼之后，他们为寻找产业革命需要的原料、市场、殖民地与转运站，开始积极经营远东。

"黑船事件"后的日本政局一天比一天混乱，也为幕府灭亡埋下了伏笔。

你知道明治天皇吗？

明治天皇（1852—1912年）出生于嘉永五年（1852年），是孝明天皇的第二个皇子。万延元年（1860年），他被定为储君，并被赐名为睦仁。1894至1895年，明治天皇发动了中日甲午战争，1904至1905年进行了日俄战争。随着甲午中日战争、日俄战争的胜利，明治天皇越来越占据了重要的地位。

在他在位期间，日本资本主义发展迅速，并走上了军国主义的道路。明治四十五年（1910年），61岁的天皇死于尿毒症。可以说，他的一生都和日本近代资本主义发展是同步的。

你知道"明治三杰"吗？

"明治三杰"指日本明治维新的三大元勋，明治维新时期著名的政治家。他们是大久保利通、西乡隆盛和木户孝允。

大久保利通和木户孝允都出生于下层武士家庭，两人不但是同乡，还是同学。而西乡隆盛出生于中上层武士家庭，他们三人的年龄相差不大。三人早年就积极参加了本藩的政治活动，并逐渐成为藩权中掌握实权的人物。1866年，三人又策划建立了"萨长倒幕联盟"，成为推幕府的铁拳头。两年后，他们依靠这个联盟，联合倒幕的宫廷势力，让天皇宣读了他们预先准备好的"王政复古大号令"，宣告剥夺幕府统治日本的最高统治权，天皇重新掌握国家大权。

他们三个人因为有开创之功，因而被称为"三杰"，掌握了新建立的明治政府的实际权力，担任过很多地位显赫的高官要职。

殖民地人民的抗争

大西洋奴隶贸易是怎样进行的？

因为奴隶贸易主要在大西洋东西两岸进行，所以"大西洋奴隶贸易"由此得名。大西洋奴隶贸易大体可以分为三个阶段：

第一阶段，15至17世纪中叶。最早侵入非洲的是葡萄牙、西班牙和荷兰等国，此时的奴隶贸易多由私人出面，由国家支持而经营。他们的重要贸易据点和军事要地均设在大西洋两岸。

第二阶段，17至18世纪中叶。在此期间，欧洲海运发达的国家纷纷来到非洲西部海岸，参加奴隶贩运，并成立了众多的奴隶专卖公司，建立起组织严密的贩奴系统，而且动用正规军队以保障其垄断贸易的利益。

第三个阶段，从18世纪下半叶至19世纪下半叶。欧洲废奴运动蓬勃兴起，致使大西洋奴隶贸易日趋衰落。

在对长达数百年的大西洋奴隶贸易中黑人奴隶的数量进行分析之后，世界各国的历史学家做出了各种不同的估计，尽管没有确切的数字，但不可否认的是罪恶的奴隶贸易给非洲人民带来了深重的灾难。

帝国主义国家是怎样瓜分非洲的？

帝国主义瓜分非洲是一个逐步深入的过程，大致可以分为以下几个阶段：

15至18世纪中期：在非洲沿海地带占据据点。帝国主义国家从事奴隶贸易，还没有深入非洲腹地；18世纪晚期至19世纪晚期：到非洲内地探险，其中以英、法两国表现最为积极；19世纪晚期：掀起瓜分非洲的狂潮，几乎侵占整个非洲。1884年柏林会议标志着帝国主义瓜分非洲新高潮的到来，列强分别制订了侵略非洲的计划，如英国的"三C"计划、法国的"二S"计划、德国从西南非到东非斜跨大陆的计划，等等；到19世纪晚期，欧洲殖民国家侵占了除埃塞俄比亚和利比里亚的整个非洲。

壬辰卫国战争是怎么回事？

壬辰卫国战争是16世纪末朝鲜人民抗击日本侵略军的战争。1592年（农历壬辰年）4月，日本丰臣秀吉派军入侵朝鲜半岛。朝鲜政府即遣使赴明朝求援。在明军援助下，1593年两国联军击退日军。1597年，日本为了消灭朝鲜水师，再施阴谋诡计，派遣一名奸细打入朝鲜军队的内部，再次入侵朝鲜。朝鲜爱国将领李舜臣率水军大败日军。1598年，明朝再度出兵相援，打败日军。丰臣秀吉死后，日本撤军。同年11月，在露梁海战中，朝、明联军重创日军，取得了重大胜利。这次战争中，中国水师将领邓子龙也英勇牺牲，但是不可否认的是这次战争的确取得了辉煌的胜利。

澳大利亚的流刑者移民是怎么回事？

最早定居澳大利亚的外国人中，有从英国送来的囚犯。英国政府认为通过让囚犯移民澳大利亚，可阻止别国抢占澳大利亚的领有权。英国飞利浦船长率领的船队，载有759名犯人，于1787年离开英国，8个月后到达波塔尼湾。其中有一些人犯有重罪，但大多数是因生活穷困而犯小罪的人。新地方的生活极度困难，很多犯人生了重病。刑期结束后，他们大多留在澳大利亚，享有土地权利并继续开荒。犯人的移送在1868年被废除。这一时期，被送往澳大利亚的女性有25000人，男性有13700人。

海地人民是怎样摆脱法国统治的？

18世纪，拉丁美洲受到了欧洲启蒙运动和美国、法国资产阶级革命的巨大影响。一些到过欧洲或受到革命影响的知识分子，开始在殖民地宣传资产阶级革命的思想，并且开展了一系列的争取独立的准备和秘密活动。在拿破仑战争期间，西班牙、葡萄牙参加欧洲"大陆封锁"，英国隔断了他们与美洲殖民地的联系，使拉美殖民地更容易摆脱宗主国的统治。

海地首先吹响了争取独立的号角。它原为西班牙殖民地，1697年被法国占领。到18世纪末，统治海地的法国殖民者约4万人，而占海地人口十分之九的黑人奴隶就有48万人，没有一点人身自由，处境十分悲惨。还有约3万人的自由有色人种，包括混血人和自由黑人。1789年法国大革命给海地人民以极大的鼓舞，促使了海地革命爆发。1790年发生自由有色人种的武装起义被镇压。1791年又发生大规模武装暴动，大批黑人奴隶参与其中，起义领导人是杰出的黑人领袖杜桑·卢维杜尔（1743—1803年）。他原本是一个种植场的奴隶和马车夫，自己钻研过启蒙思想家著作，也向往自由。他率领起义黑奴打败了1万多名法国远征军，紧接着又打败了接踵而至的西班牙、英国殖民军。1801年宣布海地独立，颁布了宪法，废除了奴隶制。1801年，拿破仑派遣自己的妹夫勒克莱尔率领54艘战舰和近3万名军人在海地登陆。遭起义者痛击后，拿破仑一派于1802年以"和平谈判"为名把杜桑骗去，逮捕后送往法国，1803年杜桑死于法国监狱。海地人民展开了更加英勇的斗争，1803年10月，法军终于被迫投降。拿破仑先后派去的4.3万侵略军中，死亡人数就达3.5万人，勒克莱尔本人也死于传染病。法国舰队最后载着8000名残兵败将离岛回国时，中途又被英国海军掳去。1803年11月29日，海地人民发表《独立宣言》，1804年1月1日，海地正式独立。海地革命对推动拉丁美洲独立战争具有重要的意义。

"多洛雷斯呼声"标志着什么？

墨西哥独立运动领导人伊达尔哥因受到海地独立的鼓舞，于1810年9月16日在多洛雷斯镇召集印第安人教徒，发动了反对西班牙殖民者的起义。人们愤怒地高喊："绞死殖民强盗！""独立万岁！"这就是墨西哥历史上有名的"多洛雷斯呼声"。多洛雷斯呼声标志着墨西哥独立战争的开始。因此，9月16日被定为墨西哥的国庆日。

伊达尔哥领导的起义军占领了墨西哥中部的重要城市——瓜达拉哈拉，并建立了自己的政权。后来，伊达尔哥被叛徒出卖，被俘牺牲。莫雷洛斯继续领导独立运动，于1813年11月宣布墨西哥独立，建立共和国。

墨西哥是怎样摆脱西班牙统治的？

1810年墨西哥地区在伊达尔哥领导下爆发人民起义。米克尔·伊达尔哥（1753—1811年）是多洛雷斯镇的牧师，对启蒙学者著作有深入的了解，并积极宣传法国革命的"自由"和"人权"思想。起义席卷西北部地区并逼近墨西哥城，队伍人数扩大到8万。但因起义领导人缺乏军事经验，丧失了歼敌的战机。1811年在转移中伊达尔哥和几名主要领导人遭伏击被俘牺牲，而他的学生和战友莫瑞洛斯（1765—1815年）

继续指挥战斗。1813年11月墨西哥独立，1815年莫瑞洛斯被捕后壮烈牺牲。1820年西班牙本土爆发资产阶级革命后，墨西哥反动军官伊都维德篡夺政权，1822年建立墨西哥帝国，不久人民将其推翻。1824年通过新宪法，确定墨西哥为联邦共和国。

中美洲地区由于受到墨西哥独立运动的影响，于1821年宣布独立并加入墨西哥，1823年又脱离墨西哥建立联邦共和国（中美洲联合省）。1838年又分成5个国家，它们分别是危地马拉、萨尔瓦多、尼加拉瓜、洪都拉斯和哥斯达黎加。

谁被称为南美的"解放者"？

西蒙·玻利瓦尔1783年出生于委内瑞拉的加拉加斯，他从小目睹了西班牙殖民者、天主教会和垄断商人对人民的剥削，希望摆脱殖民统治，实现民族独立。1813年，玻利瓦尔率领革命军解放了加拉加斯的大片土地，并建立了第二共和国。直到1819年，玻利瓦尔率领大军进攻新格拉纳达，全歼敌军并迅速南下，收复了波哥大，解放了大片领土。同年12月，玻利瓦尔在代表会议上提议委内瑞拉和新格拉纳达进行合并，成立了大哥伦比亚共和国，因此他也成为南美共和制度的奠基者。为了永远纪念这位功勋卓越的革命者，他被授予了"解放者"的光荣称号。美洲有很多城市以"玻利瓦尔"为名字来纪念他。

委内瑞拉是怎样摆脱西班牙统治的？

海地独立后，西班牙殖民地又爆发了更大规模的民族独立运动。1808年，法国拿破仑军队入侵西班牙，囚禁了国王全家。1810年，法军占领西班牙全境，这一消息便成为西属美洲殖民地独立的信号。

独立战争前，委内瑞拉人弗朗西斯科·德·米兰达（1750—1816年）曾在美国组织了一支远征队，企图于1806年在委内瑞拉登陆，但遭到失败。1810年法军占领西班牙的消息传到委内瑞拉，4月19日加拉加斯爆发起义，成立革命政府，各地纷纷响应。1810年，米兰达回到委内瑞拉，1811年召开国民议会，并于7月通过《独立宣言》，委内瑞拉正式宣布独立，成立了以米兰达为首的共和国政府。但新政府还没有站稳脚跟，就被殖民军于1812年扼杀，米兰达本人被捕，后死于西班牙狱中。第一共和国虽然夭折，但另一领导人西蒙·玻利瓦尔（1783—1830年）继续领导人民进行斗争。玻利瓦尔出身于土生白人地主家庭，曾留学欧洲，受到法国大革命影响，第一共和国失败后，他历尽千难万险，重组队伍，打回加拉加斯。1814年4月，又宣布成立第二委内瑞拉共和国，但很快就遭到了镇压，玻利瓦尔流亡海地。他积蓄力量，1816年又回到委内瑞拉，1818年10月宣布成立第三委内瑞拉共和国。1819年，他率军远征，翻越险峻的安第斯山，解放了哥伦比亚地区。1819年12月，又成立了包括委内瑞拉在内的"哥伦比亚共和国"。1822年占领厄瓜多尔首都基多后，成立了统一的"大哥伦比亚共和国"，玻利瓦尔当选为共和国总统。至此，南美北部的独立战争取得了胜利。

巴西是怎样摆脱葡萄牙统治的？

葡属巴西于8世纪末至19世纪初展开了争取独立的运动，但是因起义和斗争比较分散，最终没能推翻葡萄牙统治。1807年底，拿破仑军队侵入比利牛斯半岛，葡萄牙王室逃往巴西，使巴西一度成为葡萄牙王国的政治中心。1820年葡萄牙本土爆发资产阶级革命，在新议会的要求下，葡王约翰六世于1821年回国，并且让儿子佩德罗统治巴西。当时巴西局势十分复杂，要求独立呼声很高。葡议会要求佩德罗也回国，但遭到拒绝。1822年，佩德罗自立为帝，宣布巴西脱离葡萄牙独立。1823年7月，最后一批葡牙殖民军被迫从巴西撤走。

就性质而言，拉丁美洲独立战争是一次资产阶级革命。它摧毁了西班牙、葡萄牙等国的殖民统治，建立了17个独立国家，绝大部分建成为地主资产阶级共和国（只有巴西保存帝制到1889年），对推动拉丁美洲社会的发展具有重要的意义。但由于领导权掌握在土生白人地主手中，大地产制被保留下来，阻碍了后来的发展。另外，拉美各国的独立也为现在南美大陆政治格局奠定了基础。

阿亚库乔战役的经过是怎样的？

阿亚库乔战役是拉丁美洲独立战争中的一次重要战役。1824年12月9日，在秘鲁南部阿亚库乔附近平原上，由苏克雷率领的起义军与西班牙殖民军展开激战。苏克雷采用将殖民军分割切断、用骑兵中间突破的战术，打乱了殖民军的作战计划，击溃了敌军。这次战役使得殖民军死伤1000多人，俘获了包括殖民总督在内的14名将军及数千官兵，从而迫使敌军投降，承认秘鲁独立。这是反对西班牙殖民军的一次关键战役。

阿根廷是怎样独立的？

16世纪前阿根廷居住着印第安人。1535年西班牙在拉普拉塔建立殖民据点，1776年西班牙设立以布宜诺斯艾利斯为首府的拉普拉塔总督区。1810年5月25日，布宜诺斯艾利斯人民掀起反对西班牙统治的"五月革命"，成立了第一个政府委员会。从1812年起，阿根廷人民在民族英雄圣马丁的领导下，开展了反对西班牙殖民军的大规模武装斗争。1816年7月9日，拉普拉塔联合省宣告独立。

1853年，阿根廷制定了第一部宪法，建立了联邦共和国，由乌尔基萨出任第一任总统。1862年巴托洛梅·米特雷担任总统，结束了独立后长期的分裂和动乱。自20世纪30年代起又出现军人和文人交替执政的局面。1983年，阿方辛民选政府上台，恢复宪制，大力推进民主化进程。

密拉特起义的原因是什么？

19世纪上半期时，英国在印度实行疯狂的殖民掠夺，给印度人民造成了沉重的灾难。当时，英国在印度的军队大部分是殖民当局招募的士兵，他们备受民族压迫和宗教歧视，生活条件非常恶劣。1857年初，英国殖民当局发给印度士兵一种涂有牛脂和猪油的纸包装的新子弹，并且要求他们使用时必须用牙咬开。士兵认为这是对他们宗教信仰的侮辱，大为恼火，并发誓要消灭英国殖民者。4月底5月初，密拉特85名士兵拒绝使用新子弹，殖民者给他们判了七年徒刑。5月9日，英国军官召集全体军官集会，当众剥去85名士兵的军装，把他们戴上脚镣押往监牢。士兵忍无可忍，立刻发动起义。5月10日，当英国军官在教堂里祈祷时，士兵们打开了牢房，释放了被捕者，封锁了交通要道，"杀死英国人"的呼声响彻密拉特的上空。起义军民烧毁了英国殖民者的住宅、教堂、兵营和衙署，惩罚了英国殖民军政官员，并在当夜向德里挺进，印度民族大起义因此爆发。

赛义德是怎样改革土地制度的？

1854至1863年，赛义德任埃及总督。1858年，他颁布了全国改革土地制度的法令。法令的主要内容是：重申了封建持有者享有买卖、馈赠土地及捐献土地给寺院等权利；准许份地持有者死后将土地传给男性和女性继承人，但耕种土地者必须按时纳税；准许份地持有者长期将土地抵押给他人；准许份地持有者将土地租给他人一年至三年，期满可续租。

赛义德法令有助于调动土地持有者经营和种植的积极性，推动了埃及农业的发展。

新奥斯曼协会的主要奋斗目标是什么？

克里米亚战争后，土耳其进一步走向半殖民地化，在此期间，土耳其的民族资本在重重障碍中得到了发展，一批资产阶级知识分子也随之产生，那米克·基马尔是其中的著名代表。1865年，这些知识分子及一部分代表资产阶级利益的官吏，在基马尔的领导下，成立了"新奥斯曼协会"。该党的主要奋斗目标是力图通过上层政变实行政治改革。

新奥斯曼党人活动初期无明确的政治纲领，他们密谋除掉阿里帕夏，必要时准备废黜苏丹阿卜杜·勒阿齐兹，另立穆拉德为苏丹。阴谋失败后，1867年基马尔、齐亚等人逃往欧洲，继续倡导立宪。19世纪70年代，新奥斯曼党人又活跃起来。1876年新奥斯曼党人领导人之一——米德哈特·帕夏主持制定了奥斯曼帝国第一部宪法，并出任宰相，将新奥斯曼人的活动推向高潮。不久，苏丹阿卜杜勒·哈米德二世放逐米德哈特，恢复了专制统治。新奥斯曼党人的立宪运动失败，组织瓦解。

朝鲜东学党起义是怎么回事？

日本明治维新以后，开始推行所谓的"大陆政策"。其首要目标是朝鲜和中国。1876年，日本迫使朝鲜李氏王朝签订了不平等的《江华条约》。从此，朝鲜逐渐沦为日本的半殖民地。

1860年，崔济愚为了对抗西方的基督教，融合中国古代传统的诸子百家学说，创立了"东学"，并用宗教的形式宣传平等思想，反对封建统治和外国侵略势力。后来，东学思想深入人心，东学党遍布朝鲜半岛。

1893年，朝鲜发生灾荒。1894年1月，东学党领导人发起了农民起义，攻占了古阜郡衙，活捉郡首，并建立了革命政权"执纲所"，提出"灭尽权贵""逐灭倭夷"的口号。3月，农民军击溃政府军队。4月底，农民军一举攻占南方重镇全州，起义浪潮席卷全国。

哪个国家的资产阶级革命是亚洲觉醒的标志之一？

20世纪初叶伊朗反帝反封建的资产阶级革命是亚洲觉醒的标志之一。20世纪初，伊朗沦为半殖民地。1905年底，德黑兰、大不里士等城掀起大规模的人民运动，迫使国王召开国会，颁布宪法。群众在斗争中建立了革命政权"恩楚明"和革命武装"费达依"。1908年，国会发动政变，宣布解散国会和革命组织，随即伊朗人民以大不里士为中心掀起护宪运动。第二年4月，英、俄进行武装干涉。7月，人民武装攻克首都德黑兰，废黜国王阿里，另立王子阿赫美德为王，宣布恢复宪法。11月，第二届国会召开，自由派地主资产阶级掌权。1911年10月，英、俄继续武装镇压革命。12月，革命失败，原来的封建王朝复辟。这次革命是亚洲觉醒的标志之一。

国际共产主义运动

卢德运动是怎么回事？

卢德运动是英国工业革命期间工人自发组织的工人运动。它以破坏机器为手段，反对工厂主的压迫和剥削。据传，运动是由名叫卢德的工人首先发起的，因此得名。工业革命时期，大批手工业者破产，工人失业，工资下滑。当时的工人尚未认识到资本主义剥削的实质，他们把机器视为贫困的根源，用捣毁机器的方式作为反对工厂主、争取改善劳动条件的手段。1811年初，卢德运动的高潮到来了。诺丁汉郡针织工人首先成立争取提高工资的群众组织，并开始了大规模破坏新发明的织机的行动，不久这些活动进一步扩展。1812年，英国国会通过《保障治安法案》，动用军队进行镇压。1813年，政府颁布《捣毁机器惩治法》，规定可用死刑惩治破坏机器的工人。1814年，企业主又成立了侦缉机器破坏者协会，残酷迫害工人。但是，卢德运动仍在继续。

"正义者同盟"是个什么样的团体？

"正义者同盟"是侨居法国的德国政治流亡者、工人和手工业者的秘密革命团体，它的前身是德国"人民联盟"和"流亡者同盟"。在此基础上，1834年建立的"流亡者同盟"的成员发展到几百人。政治上，正义者同盟主张推翻德国君主制，建立自由、平等、统一的共和国。组织上，同盟奉行内部等级森严的原则。1836年，"流亡者同盟"中的部分激进成员分裂出来，在巴黎正式成立了"正义者同盟"，主要领导人有魏特林、沙佩尔等。该同盟的指导思想是魏特林的空想社会主义，宗旨是使一切人享有自由与平等，主张通过少数人的密谋活动来建立财产公有的新社会。该同盟的口号是"人人皆兄弟"。

1839年5月，"正义者同盟"密谋起义，最终失败。1847年2月，马克思、恩格斯应"正义者同盟"中央执行委员会之邀，加入了"正义者同盟"。6月，"正义者同盟"改组为"共产主义者同盟"。

什么是宪章运动？

宪章运动是19世纪三四十年代英国发生的争取实现"人民宪章"的工人运动。1832年英国议会改革为工业资产阶级打开进入议会的大门，而在改革斗争中起重要作用的人民群众仍无实权。他们决心进行独立的政治斗争，争取新的选举改革。1836年伦敦工人协会成立。次年6月，协会拟定一个争取普选权的纲领性文件，提出年满21岁的男子普选权、秘密投票、废除议员候选人的财产资格、议员支薪、设立平等的选区和议会每年改选一次等6条要求，并于1838年5月8日以《人民宪章》名称发表，宪章运动由此得名。宪章拥护者在全国各地集会、游行，要求实现宪章。宪章运动共经历了三次高潮，1848年出现第三次高潮，约197万人在请愿书上签名，但都遭到了政府的镇压。1848年后，运动逐渐衰落。

德意志西里西亚纺织工为什么要起义？

19世纪40年代的德意志，资本主义得到了迅速的发展。西里西亚地区是当时德意志的纺织业中心、亚麻布的主要产地。纺织工人一面受到厂主们日益加深的剥削，一面又须向封建地主缴纳一种名为"纺织税"的特别税，工人在沉重苛繁的资本主义和封建的双重压迫下，极为痛苦，这就更引起工人的强烈愤懑。织工们编唱一支名为《血腥的屠杀》的歌曲，表达对企业主，尤其是最残暴的企业主茨凡奇格尔的痛恨。1844年6月4日，西里西亚纺织业中心——彼得尔斯瓦尼达渥镇的织工们高唱这支激越的革命歌曲，走过企业主茨凡奇格尔住宅窗下，遭到反动军警的毒打和逮捕，这就成为西里西亚纺织工人起义的导火线。为了反对资产阶级剥削，工人的斗争日益广泛展开，并于1844年爆发了震撼全欧的西里西亚纺织工起义。

这次起义标志着德意志工人阶级已开始成为独立的力量登上政治舞台，不断冲击着资产阶级统治。

马克思为什么要成立"共产主义者同盟"？

1847年，马克思和恩格斯在巴黎成立了第一个无产阶级革命组织——共产主义者同盟。

在这之前，欧洲各国工人革命组织受各种错误思潮的影响很大，马克思和恩格斯首先加强了和这些组织的联系，然后传播共产主义思想，肃清错误思潮。"正义者同盟"是一个影响比较大的国际组织，但是有明显的宗派主义倾向。马克思和恩格斯认为有必要进行根本的改造，才能适应无产阶级革命斗争的需要，于是就对它进行长期耐心的工作。"正义者同盟"中大多数成员接受了马克思和恩格斯的观点，并邀请他们参加同盟，帮助改组同盟。

1847年6月，"正义者同盟"在伦敦召开代表大会，改名为"共产主义者同盟"。之后，马克思和恩格斯还为同盟草拟了纲领《共产党宣言》。

《反杜林论》反映了什么思想？

欧根·杜林（1833—1921年），柏林大学讲师，从1871至1875年连续出版了《国民经济学和社会主义批判史》《国民经济学和社会经济学讲义》《哲学教程》等著作，攻击马克思主义的观点，宣扬自己的折中主义哲学、资产阶级的庸俗经济学和小资产阶级社会主义，自诩发现了终极的绝对真理的体系。李卜克内西多次写信给恩格斯，建议他发表文章制止"杜林热"。由于杜林思想对党造成了威胁，使马克思、恩格斯下定决心进行清算。由此，《反杜林论》应运而生。

《反杜林论》全面系统地论述了马克思主义哲学。恩格斯对杜林的各种错误观点进行了深入批判，正面论述了唯物论的一元论、唯物论的反映论、唯物辩证法的时空观、运动观和生命观，阐述了唯物辩证法同形而上学的对立，对唯物辩证法的三个主要规律进行了详尽的分析和论证，并运用历史唯物论对社会历史、道德与法做出了科学和透彻的说明。

"六月起义"是怎么回事？

1848年，法国发生了"二月革命"，巴黎人民推翻了"七月王朝"，但资产阶级窃取了革命果实，成立了法兰西第二共和国。临时政府设立"国家工厂"，收纳失业工人，驱使他们从事铺路、挖土等劳动，但只付给低微的工资。临时政府向工人宣扬这就是社会主义，还借口供养"国家工厂"的工人向农民增税，挑拨农民和工人的关系。同时，临时政府在流氓无产者中间组织别动队，用来对付巴黎工人。等到这些阴谋策划就绪后，临时政府悍然下令解散"国家工厂"。6月22日，愤怒的"国家工厂"工人游行示威，六月起义爆发。23日起，激烈的巷战持续了4天。最终，政府军队和别动队镇压了这次起义。尽管法国六月起义失败了，但它将永垂史册。马克思称它为"现代社会中两大对立阶级间的第一次伟大战斗"。

《共产党宣言》的主要内容是什么？

《共产党宣言》是马克思、恩格斯在吸收《共产主义原理》的基本观点后写成的。它是科学社会主义的第一个纲领性文件，对哲学、政治经济学和空想社会主义做了有机而完整的叙述。

《共产党宣言》的主要内容是：论述了马克思主义的阶级斗争学说，说明了无产阶级政党的性质、特点、目的和任务以及共产党的理论和纲领，批判了当时流行的各种假社会主义，分析了各种假社会主义流派产生的社会历史条件，并揭露了它们的阶级实质，论述了共产党人革命斗争的思想策略。

《共产党宣言》的问世标志着科学社会主义的诞生，标志着人类思想史上的一次伟大革命。解决了马克思主义诞生以前的社会主义者和共产主义者所难以解决的问题，并且使社会主义同具体的工人运动结合在一起，使国际共产主义运动进入一个新的历史阶段。

无产阶级政治经济学诞生的标志是什么？

1867年9月在德国汉堡出版的《资本论》是马克思研究政治经济学20多年的结晶。1843年底，马克思在巴黎开始系统地研究政治经济学。1848年革命使他的研究暂时中止了。他侨居伦敦后，继续自己的研究，到1866年写完了《资本论》的全部草稿。为了写这本著作，马克思甚至牺牲了健康和家庭幸福。在写作的过程中，恩格斯也给予了马克思巨大的帮助，他不仅在生活上支援马克思，还为其提供意见和参考，参与了第一卷的定稿。在书中，马克思从分析商品着手，详尽地阐述了劳动价值理论和剩余价值学说，揭露了资本主义的本质，更深层次地揭示了资本主义社会的基本矛盾，论证了资本主义必定灭亡和社会主义必定胜利。《资本论》的问世，标志着无产阶级政治经济学的正式诞生。

《国际歌》的歌词是谁创作的？

欧仁·鲍狄埃（1816—1887年），出身巴黎一个制作木器的手工业工人家庭，在艰难的环境里，他刻苦自学，不断吸取知识的营养。法国革命民主主义诗人贝朗瑞的诗，在他心灵里留下深刻的印记。1830年七月革命爆发时，年仅14岁的他就写出了他的第一首诗歌《自由万岁》。从此，他用诗作为武器，踏上了革命的征途，并逐渐完成了民主主义者向社会主义者的转变。鲍狄埃于1870年加入了第一国际，成为第一国际巴黎支部联合会的委员。

1871年，法国巴黎公社革命爆发。英勇的巴黎工人建立了第一个无产阶级政权，3月28日，巴黎公社成立了。鲍狄埃先后担任国民自卫军中央委员会委员、二十区中央委员会委员、公社委员。他在担任公社社会服务委员会委员时，被人们称誉为"最热情的公社委员之一"。

巴黎公社失败后，鲍狄埃在群众的掩护下，躲进了蒙马特尔人基特家的阁楼，才得以逃过一劫。在悲痛的日子里，他起伏的心情久久不能平静。6月，他用战斗的笔写了震撼寰宇的宏伟诗篇——《国际歌》，正式宣告向敌人"开火"。

巴黎公社的"五月流血周"是怎么回事？

普法战争结束后，失败的法国建立了以梯也尔为首的临时政府，实行投降卖国和敌视工人的反动政策。随后，巴黎成立了国民自卫军。1871年3月18日凌晨，政府军企图偷袭蒙马特尔高地并抢走国民自卫军的大炮。这次行动被发现，就引发了革命，并成立了巴黎公社。

巴黎公社成立后，资产阶级卖国政府逃往离巴黎不远的凡尔赛，他们在那里组织反革命军队，并勾结普鲁士军队对巴黎公社进行镇压。

到5月26日，政府军已经占领巴黎的大部分地区，那些被俘的公社战士被押至拉雪兹公墓，在东北角的一堵墙前被枪杀。

巴黎公社的社员们为了捍卫成果，与政府军展开了一周的激战，时间为5月21日到5月28日，这就是著名的"五月流血周"。

尽管巴黎公社失败了，但巴黎公社社员们英勇战斗的精神鼓舞了一代又一代的人。

为什么巴黎公社会失败？

巴黎公社是一个在1871年3月18日到5月28日期间短暂地统治巴黎的政府，巴黎公社失败的原因大致有以下几个。

从主观上说，巴黎公社失败是由于当时法国工人阶级在政治上还不成熟。3月18日革命后，公社没有乘胜向凡尔赛反革命巢穴进军，消灭已濒于瓦解的梯也尔政府的反动军队；在同凡尔赛的战争中，公社缺乏统一的军事指挥中心，并错误地采取了消极防御的战略；公社没有没收法兰西银行以加强自己的经济实力，也没有用它对凡尔赛政府施加政治压力；没有最大限度地团结广大农民，没能建立工农之间的联盟；公社委员会内部始终没有形成一个权威的领导核心，在宗派斗争上浪费了不少时间和精力，从而削弱了革命的力量。

不过从深层次上分析，当时法国的无产阶级缺乏取得革命胜利的客观历史条件。19世纪70年代初的法国，还处于资本主义的"青年时代"，小生产仍占绝对优势，经济发展的状况还没有成熟到可以铲除资本主义生产方式的程度。以上一系列的原因导致了巴黎公社的失败。

国际妇女节是怎么来的？

3月8日是国际劳动妇女节，又称三八节、妇女节，是世界各国妇女争取和平、平等、发展的节日。

1909年3月8日，美国伊利诺伊州芝加哥市的女工和全国纺织、服装业的工人举行规模宏大的罢工和示威游行，她们要求增加工资、实行8小时工作制和获得选举权。这是历史上劳动妇女第一次有组织的群众斗争，这次斗争得到全国乃至世界其他国家妇女群众的广泛支持，最后取得了胜利。

1910年8月，国际第二次社会主义者妇女大会在丹麦首都哥本哈根召开。领导这次会议的著名德国社会主义革命家、杰出的共产主义战士克拉拉·蔡特金倡议，以每年的3月8日作为全世界妇女的斗争日，与会代表一致认同她的想法。从此，"三八"妇女节就成为世界妇女的节日。

第四篇
两次世界大战与全球格局的变革
——现代史

第一次世界大战

三国同盟是怎样形成的？

19世纪七八十年代，德国、奥匈帝国和意大利建立了针对俄国和法国的三国同盟。1879年，在俾斯麦的推动下，《德奥同盟条约》首先缔结，这个条约具有明显的反俄性质。后来，意大利在同法国争夺突尼斯的斗争中遭受损失。俾斯麦趁机拉拢意大利，企图共同对付法国。1882年，《德奥意三国同盟条约》签字，三国同盟正式建立，德国是三国同盟的核心。

三国协约是怎样形成的？

为了对付三国同盟，1892年，法国和俄国缔结了军事协定，法俄同盟由此形成。法俄同盟的建立，标志着欧洲出现了两大军事集团对峙的局面，这也是向三国协约方向发展的第一步。后来，英德矛盾成为帝国主义的主要矛盾，英国调整了同法国、俄国的关系。20世纪初，英国分别签订了英法协约和英俄协约。英法、英俄协约的签订，意味着英、法、俄三国协约的建立。这样，欧洲两大军事集团最终形成了。

海牙国际和平会议有什么重要内容？

1899年5月18日，第一次国际和平会议在荷兰的海牙召开。26个国家派代表出席会议。会议声明：禁止使用人身变形枪弹；禁止使用专门施放窒息性瓦斯或有害瓦斯的毒气弹；禁止从气球上或其他类似的新方法投掷炸弹和爆炸物。会议签订了《和平解决国际争端公约》《陆战法规与惯例公约》《将关于伤病战士待遇的1864年日内瓦公约的原则推行于海战的公约》。会议决定将总部设在海牙，以处理各国争端为宗旨的"常设仲裁法庭"得以建立。有关裁军的问题，出席会议的代表还没有达成一致的协议，仅表示"希望限制陆海军军力及军事预算"。

你知道德国施里芬计划吗？

阿尔弗莱德·格拉夫·冯·施里芬（1833—1913年），是德意志帝国著名的陆军元帅，德国杰出的天才战略家。

施里芬出生于德国柏林，其父是普鲁士中将，任陆军军需总监和副总参谋长。1891年，施里芬代替了阿尔弗莱德·冯·瓦德西伯爵成为德国的总参谋长，直到1906年退役，1911年又成为晋升陆军元帅。施里芬计划是由他策划，由他的继任者小毛奇修改完成的。

该计划的主要目标是应付来自德国东西两面的两个敌盟国——俄国与法国的夹攻。此作战计划利用了两国总动员速度上的差异：由于俄国疆域辽阔，士兵众多，但其铁路系统极不完善，因此总动员的速度大约需要一个月；而法国则只需一个星期左右就能完成总动员令。故而德国希望在日后战争爆发时，先以精兵在西线强攻法国，在攻克法国后再将军队调至东线以应付俄国的进犯。

总体而言，施里芬计划是一把砍向法国的镰刀，但它本身有点纸上谈兵的味道，整个计划没有考虑到部队的战后休整和给养。在行动的初期，捷报频频传来，可是时间一

巴尔干战争一共打了几次？

巴尔干战争是1912至1913年间为争夺土耳其在巴尔干半岛的属地而发生的两次战争。

巴尔干地区位于欧、亚两洲接壤处，扼黑海、地中海的咽喉，战略位置十分重要。同时，这里民族成分复杂，宗教多样。因此，被人们称为"欧洲的火药桶"。

第一次巴尔干战争（1912—1913年），是巴尔干同盟对土耳其的战争。结果是，使巴尔干半岛各国人民摆脱了土耳其的长期封建统治，具有进步的民族解放的性质。第二次巴尔干战争（1913年），以保加利亚为一方，希腊、塞尔维亚、罗马尼亚、黑山和土耳其为另一方的战争。结果是，使巴尔干各国重新分化，罗马尼亚与英、法、俄协约国靠近，保加利亚则加入德奥同盟国。

两次巴尔干战争使欧洲大国关系失去平衡，加速了第一次世界大战的爆发。

萨拉热窝事件是怎么回事？

1914年6月28日，萨拉热窝事件发生于巴尔干半岛的波斯尼亚，此日为塞尔维亚之国庆日，奥匈帝国皇位继承人斐迪南大公夫妇被枪杀。此次事件直接导致了奥匈帝国向塞尔维亚宣战，成为第一次世界大战的导火线。

马恩河战役是怎么回事？

第一次世界大战爆发后，德国按照1905年制订的施里芬计划，采取集中优势兵力、速战速决的策略，将战争的重点放在西线，首先在西线集结包括150万大军的5个集团军。1914年9月5日至9日，德军主力第一集团和第二集团军与英法两国联军在马恩河两岸展开激战，双方投入兵力约180万人。结果，法军和德军都伤亡惨重。

9月10日，德军实施总退却。马恩河战役挽救了巴黎，稳固了西线。至此，战争进入了武装对峙的状态，对于任何一方来说都极为不利。

这场战役与凡尔登战役、索姆河战役并称为第一次世界大战中影响最深远的三大战役。

德国巡洋舰"埃姆登"号在哪里被击沉？

1914年11月9日，德国巡洋舰"埃姆登"号在印度洋科科群岛附近被澳大利亚巡洋舰"悉尼"号击沉。在这以前，这艘德国巡洋舰在印度洋上已经拦截并击沉了22艘英国商船。英国印度洋舰队几星期以来都在搜索这艘战船，未果。俄国巡洋舰"谢姆楚"号和法国驱逐舰"木盖"号也先后成了"埃姆登"号的牺牲品。

"埃姆登"号被击沉后，船上的幸存者绝大部分被关进战俘营，其中49人后来逃脱。他们抢了一艘停泊在季林岛的三桅船"艾莎"号，并于次年1月15日在阿拉伯海岸登陆，然后取道君士坦丁堡回国。

凡尔登为何被称为"绞肉机"？

1916年，德意志帝国决定把进攻重点再次转向西线，力图打败法国。因为凡尔登是协约国军防线的突出部分，对德军深入法国、比利时有很大威胁，同时它也是通往巴黎的强固据点和法军阵线的枢纽，因此，德军统帅部决定把法国的凡尔登要塞作为进攻目标。

凡尔登的这次战役是典型的阵地战、消耗战，双方伤亡近100万人。由于伤亡惨重，凡尔登战场被称为"绞肉机""屠场"和"地狱"。

谁被称为"凡尔登的救星"？

亨利·菲利浦·贝当（1856—1951年）是一位著名的法国陆军将领、政治家，也是法国维希政府的元首、总理。在第一次世界大战中,他被称为"凡尔登的救星"。

1916年,在凡尔登战役中,贝当提出了著名的防御口号"他们不会通过",带领部队经过几个月的战斗,成功阻止了德军的前进。凡尔登保卫战证实了贝当的防御战略思想,贝当本人也因此战被视为"法兰西的救星",出任法军总司令。

1918年11月19日,贝当因为其战时的卓越表现被授予法国元帅军衔。在两次世界大战之间的和平时期,贝当曾任法国陆军总监,还曾在1925年率军镇压摩洛哥独立起义。1934年,贝当一度入阁,担任陆军部长。在此期间,他极力推行消极防御战略,力主构筑马其诺防线。

坦克首次在战场上亮相是在什么时候?

1916年9月15日,英国把坦克投入战场。坦克是一种新式武器,它是由强有力的马达推动的、外覆装甲的履带式车辆,既可抵抗机枪等轻武器的杀伤,又可在崎岖不平、弹坑累累的地方行走,还能冲压堑壕等障碍。

这次战役中,有9辆坦克突破索姆河德军的前沿阵地,长驱直入。但是,英国人对坦克的功效思想准备不足,缺乏后援,所以不能利用它组织大规模进攻;又由于初次试用,从坦克工厂出产的49辆坦克,17辆在开赴前线途中抛锚,只有9辆能真正发挥功效,其中的一辆还被德军俘获。

英国人对于坦克的态度更是喜忧参半:一方面,他们为坦克初露锋芒、所向披靡感到高兴;另一方面,他们认为这种秘密武器用得不是时候,应在有足够数量的坦克进行重大突破时才使用它,而索姆河战役中它并没有把自己的功效充分发挥出来。

索姆河战役的经过是怎样的?

1916年7月1日,英国第4集团军(由罗林森将军指挥)从马里库尔至埃比泰恩25公里正面向巴波姆方向发起主要突击,由英国第3集团军第7军在其左翼掩护;法国第6集团军(由法约勒将军指挥)从罗西耶尔以北索姆河两岸向佩罗讷方向实施辅助突击。当天,法军和英军右翼突破德军第一道阵地,但德军的壕沟阵地阻止了英军左翼。英军采用密集队形突击,但遭到德军马克沁机枪的强大火力杀伤,损失近6万人。

7月2日至3日,英军右翼和法军攻占德军第二道阵地,法军一度占领巴尔勒、比阿什等德军防御要地。

7月19日,德军指挥部又投入新一波预备部队,为了方便指挥,将第2集团军分编为由贝洛将军指挥的第1集团军和加尔维茨将军指挥的第2集团军。7月中旬,英法联军仅向前推进数公里,未达成作战的预期目标。

7月底至8月中旬,英法联军将其部队增至51个师,飞机增加至500架;而德军增加到31个师、飞机增到300架,由于作战迟缓,最后形成了消耗战。

9月3日起,法国米舍莱将军的第10集团军、英国加夫将军的第5集团军分别投入战斗,战场正面范围扩大到50公里宽的战线。德军继续增兵,还不断加强防御工事。

9月15日,英军第一次使用新式兵器——坦克(共49辆坦克,实际参战仅18辆),配合步兵进攻,推进了4至5公里。

恶劣的天气成为索姆河战役的一大阻碍。

但由于坦克的技术还不够成熟，因而收效甚微。

进入秋季后，气候开始恶化，阴雨连绵、道路泥泞，战斗才慢慢平息。11月，索姆河战役结束，英、法两国的作战计划宣告失败。

第一次世界大战中美国为什么对德宣战？

第一次世界大战开始后，美国于1914年8月4日发表中立声明。1917年，战争已接近尾声，协约国和同盟国都已经疲惫不堪；俄国爆发二月革命，单独和德国媾和，导致协约国有失败的危险；美国的经济实力大增，成为协约国最大的债权人，如果协约国失败，美国的经济将遭受巨大的损失。因此，美国统治者认为，美国参战的时机已经成熟，所以积极寻找各种借口。1917年初，德国恢复实行"无限制潜艇战"，击沉了10艘美国船只。与此同时，英国在此期间截获了一份德国外交部给其驻墨西哥公使建议墨西哥联德反美的密电，并告知美国。于是美国以上述两件事为借口，于4月6日对德宣战。

谁击毙了"红色男爵"？

冯·里希特霍芬（1892—1918年）是第一次世界大战时德国最神勇的飞行员，他曾创造了击落80架飞机的惊人纪录，成为德国空军王牌中的王牌。他的双翼飞机被漆成了深红色，因而人们称他为"红色男爵"。他于1916年9月首次升空作战，不久后就将英国的王牌飞行员拉诺·霍克击毙。不过，他最后的死也让许多军事史家困惑不已。

1918年4月21日，里希特霍芬为了追逐一架无援单机而一头钻进了英军高炮阵地。此时的里希特霍芬已无法正常判断形势，他已飞进英军阵地2英里（合约3.2千米），还在继续向纵深深入。他先是被子弹击中飞机，接着被击中身体右部，子弹先打到脊柱，偏向后再由左腔穿出。此时，飞机发动机吼叫了一声，就熄了火。它摇摇晃晃滑向一座废砖厂边的一片菜地，随后一头栽下……

尸检报告指出他是因子弹穿肺而过，造成大出血而死亡，但他至死仍紧紧地握着操纵杆。

人们不禁要问：这样一位一生行事谨慎、深谋远虑的德国空军王牌为什么会为了追一名初出茅庐、穷途末路的飞行员而忘记了一切支援、掩护等重要空战要素，并违反他自订的所有用以取胜并约束部下的空战规则，而孤军低空深入敌人的防区？因为缺乏确凿的证据，所以真相究竟是怎样的现在还不知道。

第一次世界大战给人类带来了哪些灾难？

萨拉热窝事件是第一次世界大战爆发的直接原因，而此次战争爆发的根本原因是资本主义政治经济发展的不平衡性。

这一次大战给人类带来了巨大的灾难，具体表现为：战争期间，协约国总计动员军队4218万人，损失2210万人，其中死亡515万人。同盟国总计动员军队2285万人，损失1540万余人，其中死亡380万人。交战双方直接战费约为1863亿美元。不仅如此，战争还造成了巨大的物质和文明损失，给各国人民留下了巨大的精神创伤。同时由于对德惩罚，煽起了民族仇恨和复仇情绪，为第二次世界大战爆发埋下了隐患。

"一战"后的政治经济形势

为什么会发生第三次英阿战争？

第三次英阿战争爆发于1919年。19世纪末，阿富汗国内安定，经济复苏，出现了民族资本主义萌芽。第一次世界大战后，印度民族解放运动高涨，在很大程度上牵制了英国的力量。国际国内形势发生的变化就为阿富汗摆脱英国外交控制、争取彻底独立提供了有利的时机。1919年2月，阿富汗改革派代表人物控制政权后，宣布阿富汗独立，不承认任何外国特权，并采取联苏抗英的政策。英殖民者拒不放弃它在阿富汗享有的特权，他们在阿富汗边境集结兵力，试图发动新的侵略战争。

阿军的英勇抗击和印度解放运动的蓬勃发展，使英国侵略军身陷困境，只好放弃继续作战的计划。6月3日，双方停火，进行谈判。1921年11月22日，英阿签订和约，英国承认阿富汗独立。至此，阿富汗人民抗英战争彻底胜利了。

为什么要召开巴黎和会？

1918年11月，德国签订投降书，第一次世界大战宣告结束。1919年1月，战胜国在巴黎凡尔赛宫召开和会，对战败国德国、奥地利等实行全面的清算，按照各战胜国的实力进行分赃，史称巴黎和会。这次会议上，各战胜国都有自己的打算，都想乘机捞一把，一开始就充满了明争暗斗。

巴黎和会的主要内容是什么？

《凡尔赛和约》共分15部分，440条。根据条约规定，德国损失了13%的领土，12.05%的人口，所有的海外殖民地（包括德属东非、德属西南非、喀麦隆、多哥以及德属新几内亚），16%的煤产地及半数的钢铁工业。莱茵河西岸由协约国占领，东岸50千米内为不设防区。禁止德国实行义务兵役制，只准保留陆军10万人。禁止德国拥有空军、坦克和潜艇，海军力量受到严格限制。

在疆界方面，巴黎和会规定：割让阿尔萨斯和洛林给法国，恢复法国在普法战争前的疆界；北石勒苏益格经过公投，回归丹麦；承认波兰独立，并给予波兰海岸线。把原属波兰的领土归还，包括西普鲁士、波森省、部分东普鲁士及部分上西里西亚；东上西里西亚给予捷克斯洛伐克。但泽由国际联盟管理，称为但泽自由市；割让尤本及萨尔梅迪给比利时；克莱佩达地区给立陶宛（1923年）；萨尔煤矿区由法国开采，德国承认奥地利独立，永远不得与它合并；承认卢森堡的独立；归还山东给中国；所有海外殖民地被战胜国分配。

此外，还与其他战败国签订了其他不平等条约。

苏俄为什么没有参加巴黎和会？

十月革命胜利后的第二天，即1917年11月8日，苏维埃政府颁布了由列宁签署的《和平法令》，向第一次世界大战的所有交战国建议，立即缔结公正的和约，实行不割地、不赔款、各民族平等的和平政策，并且宣布苏俄退出战争。

苏维埃之所以这样做，是因为当时的国际局势错综复杂，帝国主义国家之间勾心斗角，企图扼杀新生的苏维埃政权。刚刚诞生的苏维埃国家百废待兴，亟待巩固政权、恢复经济、建立武装，苏维埃想借此机会巩固自己的政权。正是因为以上原因，苏维埃并没有参加1919年1月的各个战胜国在巴黎召开的"分赃"会议。

巴黎和会解决列强的矛盾了吗？

1919年1月18日至6月28日，第一次世界大战的战胜国（协约国）和战败国（同盟国）在巴黎凡尔赛宫召开和平会议，即巴黎和会。这次会议共27国参加，苏俄未参加。会议标榜通过媾和建立世界永久和平。从本质上说，它是英国、法国、美国、日本、意大利帝国主义战胜国分配战争赃物、重新瓜分世界、策划民族解放运动的会议。因此，这次会议也被世人看成一次分赃的闹剧。

这一次会议并没有真正解决帝国主义之间的矛盾，而且对战败国德国的苛刻勒索还给德国人埋下了复仇的种子。正如法国元帅福煕所说："这不是和平，这是20年的休战。"历史不幸被言中，就在巴黎和会召开后的二十年零两个月时，希特勒发动了第二次世界大战。

什么是国际联盟？

国际联盟，简称国联，1920年1月正式成立，是第一次世界大战后成立的国际组织，宗旨是减少武器数目及平息国际纠纷。国际联盟的主要机构有国联大会、行政院、秘书处和国际常设法院。总部设在日内瓦。盟约规定通过集体安全、裁军、和平解决国际争端等措施，以保障会员国的领土完整和政治独立，并规定对违背者实行经济制裁。国联成立后，在解决地区性冲突方面发挥了一定的积极作用，但它是西方资本主义大国维护凡尔赛－华盛顿体系、分割殖民地、争夺世界霸权的工具。它不能有效阻止法西斯的侵略行为，在第二次世界大战后被联合国取代。

什么是国联委任统治制度？

根据《国际联盟盟约》第二十二条规定，第一次世界大战爆发前德国在非洲和太平洋中的殖民地和属地以及奥斯曼土耳其帝国在近东的一部分领土，归国联委任"先进国"管理。委任统治是指第一次世界大战后帝国主义战胜国通过国际联盟对原属于战败国的殖民地进行瓜分的一种形式，国联规定的"先进国"有英国、法国、比利时和日本等国。委任统治地分为三类：甲类委任统治地包括原属奥斯曼帝国近东部分地区领土，这些地区较为发达，可暂被承认为独立国之程度，受委任统治国指导；乙类包括原德国在中非和东非的殖民地，这些地区短期内不赋予独立之诺言，委任统治国必须负地方行政职责；丙类包括原德国在西、南非的殖民地和在太平洋的岛屿属地，受委任国可将本地区作为本国领土的一部分进行管理。委任统治的期限还没有最终确定。第二次世界大战后，委任统治国承认了其中一些委任统治地的独立，而其余获得独立的委任统治地则被转为联合国托管地。

洛桑会议是怎么回事？

洛桑会议是第一次世界大战后重新讨论并签订对土耳其和约的国际会议。1920年，协约国将奴役性的《色佛尔条约》（又译《塞夫勒条约》）强加于战败的土耳其。土耳其人民在凯末尔·阿塔图尔克的领导下，击败英国支持的希腊干涉军，迫使协约国重新讨论对土和约。1922年11月20日，以英国、法国、意大利、日本、希腊、罗马尼亚、南斯拉夫等协约国为一方，土耳其为另一方，在瑞士洛桑召开和会，美国派观察员出席。

英法排斥苏俄参加对土和会，只邀请了苏俄、保加利亚出席关于黑海海峡问题的讨论。

什么是鲁尔危机？

1923年1月11日，法国联合比利时，以德国不履行赔款义务为借口，出动10万军队占领德国的鲁尔工业区。对此，德国实行"消极抵抗"的政策。德国的企业停工，工业生产产量下降，资金大量外流，失业工人激增，通货膨胀相当严重；柏林工人罢工，德国政局动荡不安，这就是"鲁尔危机"。这次危机对德国造成的影响很大。英、美两国担心德国经济陷于崩溃导致社会危机甚至引起革命，于是就要求尽快结束鲁尔危机。此时，德、法双方也都难以坚持原来的政策。鲁尔冒险的失败导致法国得不偿失，这样，英、美两国就利用法国的困境，把德国赔偿问题的主动权掌握在自己手里。

什么是道威斯计划？

1923年11月30日，协约国赔偿委员会决定成立以美国为主的两个专家委员会，以研究德国的"资源和偿付能力"。1924年4月9日，第一专家委员会主席、美国芝加哥中央信托公司董事长查尔斯·道威斯向赔偿委员会提出了道威斯计划。该计划除对德国今后的偿付额及偿付办法、款项来源和担保等做了规定外，还要求协约国向德国提供第一批约8亿马克（约合2亿美元）的贷款，作为第一年偿付的主要部分；将赔偿转换外汇的工作交由一个专门的兑换委员会承担，不再由德国政府负责；改组德意志银行，摆脱国家控制，发行新马克，建立一半成员为外国人的总理事会，确保银行法规得到尊重；不应存在本计划建议之外的一切外国经济控制或干涉等。

事实上，这一计划并没有真正解决德国的赔款问题，20世纪30年代经济危机爆发后，"杨格计划"将其取代。

第二次世界大战前美国有什么样的移民政策？

20世纪20年代美国在经济繁荣的同时，政治上却表现得很保守，在对待移民的问题上思想狭隘。劳联和其他工会自19世纪90年代以来就主张限制移民。美国很多社会学家和社会工作者认为移民会造成动乱，他们对一些新的移民表现出了很大的反感。为此，国会于1921年通过了《移民紧急配额法》，规定每年从任何一国进入美国的移民限额为1910年该国已居住美国移民数的3%。这种政策有利于北欧和西欧的移民。对此，有的顽固派并不满足，他们于1924年制定了《国别来源法》，用来限制东、南欧移民，这实际上有利于西方国家的移民。

哪个公约表明法国西欧霸主地位的丧失？

《德法比英意相互保证公约》，又称《莱茵保安公约》，是《洛迦诺公约》中最重要的一个。它的主要内容是：德法和德比边界维持现状；应该遵守《凡尔赛和约》中关于莱茵非武装区的规定；德法和德比互不侵犯，用和平手段解决争端；德国和法比，任何一方对另一方发动侵略，越过边界或在非武装区集结军队时，英国和意大利应立即援助被侵犯的一方。这一公约明确表明，法国必须与德国平起平坐，平等地承担维持现状的义务，同时也说明法国已经丧失了它在西欧的霸主地位，而英国达到了它所追求的目标——扶持德国抑制法国。

什么是"柯立芝繁荣"？

第一次世界大战后，美国的经济得到了飞速的发展。这一时期，恰巧在总统卡尔文·柯立芝任期之内（1923—1929年），因此美国将这一时期的经济繁荣称为"柯立芝繁荣"。20世纪20年代经济的繁荣表现在：美国在第一次世界大战后经过了短期经济萧条后，从 1923 年直到 1929 年经济开始复苏，并逐渐趋于繁荣，每年工业生产率增长近 4%。这一时期，美国工业生产增长近一倍。国民总收入由 1919 年的 650.9 亿美元增至 1929 年的 828.1 亿美元。人均收入从 1919 年的 620 美元增至 1929 年的 681 美元。美国这次经济繁荣还表现在工业生产的膨胀，尤其是汽车、电气工业、建筑业和钢铁工业生产的高涨。

总之，"柯立芝繁荣"得益于第一次世界大战后有利的国际、国内环境，又是建立在科技进步的基础上的。

什么是杨格计划？

杨格计划，即第一次世界大战后战胜国为代替道威斯计划而实施的德国支付赔款计划。因由美国银行家杨格主持制订，故名。杨格计划的内容是：规定了德国的赔款总额和支付年限。把赔款总额由 1320 亿马克（1921 年 4 月伦敦会议确定）削减为 1139 亿马克，分 59 年偿付。规定 1929 至 1930 年度支付 7.4 亿马克，下一个年度支付 17 亿马克；以后逐渐增加，到 1965 至 1966 年度达最高点 24.29 亿马克；然后再逐年减少，最后一个年度即 1987 至 1988 年度为 8.98 亿马克；赔款来源为德国铁路和政府预算收入，由美、法、英、德、比、日、意 7 国中央银行行长和金融界代表组成"国际清算银行"，行使征收和分配赔款的职能。"杨格计划"大大减轻了德国的经济负担，基本上免除了德国对德国财政的管制，从而有利于德国经济的发展。

1929 年经济危机是怎么回事？

20 世纪 20 年代，美国出现了经济繁荣的局面。在经济繁荣的背后，美国长期盲目投资，经济比例严重失调，农业不景气，失业人员激增。日益膨胀的供应量大大超过国内外的支付能力，潜伏着生产相对过剩的危机。到 20 年代后期美国经济出现危机和萧条。盲目扩大的生产规模与国内市场极不协调，由此导致了 1929 年经济危机的爆发。危机以美国纽约股票价格狂跌开始，很快波及全美国，并迅速席卷整个资本主义世界。

1929 至 1933 年世界性的经济危机爆发。而且"大萧条"也是对这次危机的一个特定称呼。具体表现为：商品实际价格下跌，购买力减弱，供给大于需求，失业增加，库存扩大，生产萎缩，公众恐慌，以及商业活动一度低迷。在此期间出生的孩子成为著名的"萧条的一代"。

1929 年的经济危机对德国有何影响？

1919 年签订的《凡尔赛和约》对德国实行了严厉的经济制裁，使德国丧失了海外殖民地，缺乏国外市场和原料产地成了德国经济发展的致命弱点。

1929 年 10 月，一场规模空前的世界性经济危机爆发了。首先从美国开始，然后席卷整个资本主义世界。而德国的形势更为恶劣：工业生产跌了近一半；工商业企业纷纷倒闭。国家的全部生产设备只有三分之一在勉强运转；社会上滞留了 800 万的失业工人。整个德国陷入了严重的灾难之中，德国工人阶级掀起了罢工的浪潮。

德·里维拉军事独裁何时终结？

普里莫·德·里维拉（1870—1930 年）是西班牙 20 世纪 20 年代初期最有权威的一位将军，在国王阿方索十三世号召军队做君主制的支柱时，德·里维拉企图夺取政权，扬言要把西班牙从无政府和混乱的状态中拯救出来。1923 年 9 月 13 日，作为加泰罗尼亚军区司令的里维拉在巴塞罗那发动军事政变，阿方索十三世委托他组织政府，里维拉组成清一色的军人执政内阁。

军队的大多数将军和军官成为军人内阁最可靠的支柱。独裁统治不得人心，1929

年 12 月 31 日，里维拉被迫承认独裁统治失败。1930 年 1 月 28 日，里维拉向国王辞职，西班牙军事独裁终结。

谁有"加勒比狼狗"之称？

1916 年美军占领了多米尼加后，特鲁西略帮助美国占领军镇压多米尼加的爱国志士，深得美国赏识。美军撤离后，他担任多米尼加陆军首领。1930 年 5 月，特鲁西略发动政变，夺取了政权。他上台后实行独裁统治，禁止一切反对党的存在，对国会议员随意任免，还残酷镇压人民起义，下令屠杀越境居住在多米尼加的 1.2 万名海地人。在经济上，他大量掠夺人民的土地和财富，他的家族控制着全国的经济命脉，成为全国最大的垄断集团。因此，特鲁西略被称为"加勒比狼狗"。

谁提出了"睦邻政策"？

1933 年 3 月 4 日，富兰克林·罗斯福在就职演讲中宣布了在对外政策中奉行"睦邻政策"。赫尔行动后，美国的"睦邻政策"使美国和拉美国家的关系发生了很大的变化。"睦邻政策"包括：美国不干涉拉美国家内政；发展双方贸易关系；实行民族平等；美国对拉美国家进行技术援助等。这一政策的实施，不仅有利于美国对这一地区的控制，也有利于西半球反法西斯阵营的形成，同时也在客观上推动了这一地区国家政治的独立和经济的发展。

什么叫"罗斯福新政"？

富兰克林·罗斯福刚开始执政的时候就开始实行"新政"。简言之，就是政府用行政手段强行干预社会经济，干涉企业生产，调节消费和生产的矛盾，从而把资本主义从经济危机中挽救出来，这一政策的理论基础是凯恩斯主义。由于这一政策是在罗斯福上任后的约 100 天中颁布的，因此又称为"百日新政"。

罗斯福新政对美国社会起到了重要的作用。美国的经济得到了一定恢复；缓解了劳动人民的痛苦，压制了一些法西斯势力，恢复了人们对美国国家政治制度的信心；扩大了民主党的社会基础和影响；强化了美国联邦政府，扩张了官僚机构，联邦开支大幅度增加；促进了国内市场的再开发，使美国资本主义经济制度和社会结构现代化。国家公开承认劳工权利，促进了 20 世纪 30 年代工人运动发展迅猛；加强了垄断资产阶级的阵地，并且提供了垄断资本主义向国家垄断资本主义过渡的一个模式。

总之，新政的实施缓和了国内的阶级矛盾，加强了国内的民族团结，美国也可以更好地参加反法西斯战争。战后，美国作为超级大国登上了世界舞台。

美国《中立法案》的主要内容是什么？

1935 年 8 月 31 日，也就是意大利侵略埃塞俄比亚前夕，美国国会通过并由罗斯福总统签署了《中立法案》。该法案规定：只要总统宣布在美洲以外存在战争状态，就禁止向交战国出口武器弹药；经总统指定可以出售的某些物资，在从美国出口前必须把款付清，而且要用外国船只运载；交战国向美国购买所有其他商品都必须现金交易，但可以用美国船只运载。此外，该法案还禁止美国公民乘交战国船只旅行，禁止向交战国提供贷款。

第二次世界大战爆发后，美国国会于 1939 年 11 月 4 日修订了中立法，允许交战国购买美国武器和军用物资，事实上支持了英、法两国。

"一战"后的民族民主运动

墨西哥资产阶级革命是怎样爆发的?

1876年,在美国支持下,迪亚斯发动政变,攫取了总统职位。在担任总统期间,他一直实行全权的独裁统治,这就引起了墨西哥中下阶层人士的反对。1910年,代表资产阶级和自由派地主利益的马德罗被推为总统候选人。他提出保护民族工业、反对独裁、建立宪政国家等口号,这一口号得到了南、北两支农民武装的支持,于是向首都墨西哥城进军。1911年5月,迪亚斯被迫下台,逃往欧洲。

马德罗上台后,并未实现其解决农民土地问题的诺言,他下令解散农民武装。之后,韦尔塔捕杀马德罗,出任总统。这次政变再次激起人民的愤怒,南、北两支农民武装又开始同新的反动政权作战。1914年4月,美国总统伍德罗·威尔逊以几个美国水兵在墨西哥边境被扣留一个半小时为借口,派军舰侵犯墨西哥湾。墨西哥工人武装、农民武装和护宪军结合起来,爆发了资产阶级革命,并于这年7月推翻了韦尔塔的反动统治。11月,美国干涉军被迫撤走。

谁领导了墨西哥资产阶级革命?

1910年,代表墨西哥资产阶级利益的自由党领导人马德罗号召人民起来反抗迪亚斯的独裁统治。1911年5月,迪亚斯在查巴塔和维拉领导的两支农民军的夹击下被迫下台,马德罗出任总统。1913年在美国支持下,迪亚斯旧部乌埃尔塔发动政变,将马德罗杀死,重建反动政权。第二年,美国出兵支持这一政权,墨西哥人民掀起新的斗争高潮。工人阶级成立"红色大队"参加斗争。查巴塔和维拉领导的农民军队再次进军墨西哥城,推翻乌埃尔塔政权,政权再次落入自由派卡兰萨手中。1917年,政府颁布资产阶级宪法,以法律形式巩固了这次反帝反封建斗争的革命成果。

墨西哥的标志性图案

朝鲜哪些起义受十月革命影响?

在俄国十月革命的影响下,朝鲜人民举行了反对日本殖民统治、争取民族独立的起义。1919年3月1日,汉城学生和群众2万余人在塔洞公园举行集会,会上宣读了《独立宣言》,会后举行了有30多万人参加的游行示威。一时间,全国各地纷纷响应,相继举行了罢工、罢市、罢课和示威游行,许多地区迅速转为武装起义。4月,运动达到了高潮。后来因资产阶级民族主义者的妥协和日本帝国主义的残酷镇压而告失败。尽管这次起义失败了,但它却唤醒和锻炼了朝鲜人民,从此朝鲜进入了无产阶级领导的民族解放运动新时期。

李熙的死因究竟是怎样的?

自朝鲜独立以来,朝鲜一直是李氏家族统治的封建王朝,这种局面一直持续到1910年。这一年,朝鲜最后一位君王李熙被迫退位。1919年1月22日，李熙在他的旧王宫中突然死去，一时掀起轩然大波。

消息传出，全国上下群情激愤。很多百姓披麻戴孝，从各地涌进汉城，愤怒的人们认为李熙的死并不是正常的，而是日本人蓄意谋害。

关于李熙的死因，民间还流行这样一种说法：李熙是在喝了一杯红茶之后突然倒地身亡的，死的时候，两眼发红，七窍流血，身上全是红色斑点，有些部位还开始腐烂。很显然，有人在红茶里放了毒。但是毒是谁放的，受谁指使至今还不得而知。这种传说是否准确，目前尚无定论。

匈牙利苏维埃共和国的建立有什么意义？

匈牙利苏维埃共和国自1919年6月16日建立至8月1日被颠覆，政权仅存在了133天，但它在国际共产主义运动史上有着重要的意义，为国际共产主义运动提供了宝贵的经验。

首先，无产阶级政党在任何时候、任何情况下都必须保持党的独立性和纯洁性，要和机会主义划清界限。

其次，必须建立巩固的工农联盟，这是无产阶级的基础。

再次，彻底粉碎旧的国家机器，坚决打击一切敌对分子的破坏活动，这是巩固无产阶级专政的必要条件。

阿根廷"一月流血周"是怎么回事？

1919年1月，阿根廷罢工工人和警察、军队奋战了7天，最后惨遭镇压，史称"一月流血周"。1918年11月，在首都布宜诺斯艾利斯英国瓦塞纳冶金厂2500名工人罢工，要求实行8小时工作制、优化劳动环境并增加工资。1919年1月7日，罢工工人集会，警察向该厂的工人开枪，工人纠察队和警察发生冲突，有四名工人当场死亡。9日，总罢工开始了，工人武装和警察形成了激烈的对峙，起义工人几乎控制了整个城市。1月15日，军队和警察共同镇压罢工工人。一周内，工人死伤无数，还有上万人被捕。为了控制局面，政府出面和工人进行谈判，结果政府答应了工人的请求，释放了被关押的工人。

这次斗争显示了阿根廷劳工团结战斗的精神和力量，同时也暴露了阿根廷政府的资产阶级本性。

尼泊尔是什么时候独立的？

1814年，英国借口尼泊尔、印度的边界纠纷，出兵入侵尼泊尔。1816年，英国与尼泊尔签订了《萨高里条约》。尼泊尔被迫将南部约1万平方公里的土地割让给英属印度。尼泊尔实际上就沦为了英国的附庸。英国人的统治激起了尼泊尔人民的强烈反抗，这种反英斗争断断续续地延续了好多年，直到1923年，英国才承认了尼泊尔的独立。当年，尼、英签署了《永久和平与友好条约》。虽然签订了条约，但英国实际上继续控制尼泊尔，并且享受着种种特权。

美国进步党运动是怎么回事？

19世纪末20世纪初美国历史上掀起了进步主义运动，其中拉福莱特在威斯康星州领导的进步运动，堪称各州进步运动的典范。拉福莱特进行的改革包括：进行选举制改革，实行无记名投票、直接预选制、创制权、复决权和罢免权；进行社会经济改革，这次改革是全国性改良的前奏。1924年，拉福莱特在克利夫兰组建了进步党，并且主张运用联邦政府的权力消灭个人垄断。由于20年代经济繁荣、政治稳定，进步党的很多主张被两大党竞选纲领吸收，另外一些进步主张则遭受攻击，因此导致了拉福莱特在选举中的失败。1925年拉福莱特死后，进步党的影响变小。

谁被称为"土耳其之父"?

穆斯塔法·凯末尔（1881—1938年）被称为"土耳其之父"，1881年出生于萨罗尼加（今希腊境内）的一个木材商人家庭。凯末尔的青少年时代，帝国的政治体制即将崩溃，并开始沦为英、法、德等国的半殖民地，各种新思想迅速传播。因此，凯末尔从小就萌发了强烈的民族意识和变革图强的思想。

他极力主张军政分离，曾一度献身于军事活动和军事研究中，并结识了一些志同道合的青年军官，这些人成为和他一起缔造共和国的支持者。1919年5月，凯末尔开始领导土耳其民族独立战争。1919年冬，凯末尔党人在帝国议会选举中获胜。不久，议会通过《国民公约》，宣布土耳其应该享有完全的独立、自由和领土完整，废除治外法权。

面对日趋高涨的独立运动，妥协的苏丹政府决定解散议会，逮捕凯末尔党人。在凯末尔的号召下，部分议员改在安卡拉召开"大国民议会"，选举凯末尔为大国民议会主席兼国民军总司令，并组建了以他为首的国民议会政府。从此，安卡拉成为民族独立运动的中心。

土耳其共和国是如何成立的?

第一次世界大战后，土耳其国内局势动荡，面临着亡国的危机。1919年5月，希腊军队占领土耳其天然良港伊兹密尔，一时间，土耳其反对外国占领的斗争在各地展开。爱国军官基马尔在统一各地分散的民族主义组织后，成立了土耳其民族代表委员会。1920年4月，在安卡拉召开的大国民会议成立了以基马尔为首的国民政府。1922年，土耳其军民赶走希腊侵略军。11月，大国民会议宣布废除君主（苏丹）制度。1923年7月，列强承认土耳其独立。10月，土耳其共和国正式成立。

英国"红色星期五"是怎么回事?

1925年，英国煤炭工业受德国煤炭工业竞争的影响发生了危机。6月，煤炭主决定降低矿工工资，取消最低工资限制，延长工作时间，并以同盟歇业相威胁。这一决定遭到工人阶级的坚决反对。7月31日（星期五），运输、煤矿、铁路工人的"三角同盟"举行罢工。保守党政府被迫做出让步，于当天宣布向矿主提供一笔9个月的补助金，使他们如期给工人发放工资，这样，一触即发的劳动冲突暂时得以缓解。这是英国工人取得的第一次重大胜利，显示了团结的力量。因此，7月31日被称为"红色星期五"，这是1926年总罢工的序幕。

反帝国主义同盟是怎么来的?

"反帝国主义同盟"是1927年2月，由高尔基、巴比赛等人在比利时首都布鲁塞尔发起的，亦称"反帝大同盟"。该同盟是一个国际性的和平保卫组织，宗旨为反对帝国主义侵略，支持被压迫民族的独立运动。该同盟成立后，发起并组织过一系列的反帝活动。1933年8月，"反帝国主义同盟"与"国际反法西斯同盟"合并，名称改为"国际反战反法西斯同盟"。

古巴马查多独裁政权是怎么垮台的?

1923年5月29日，格拉尔多·马查多（1871—1939年）就任古巴总统。马查多上台后采取独裁统治，用暗杀手段对待人民的反抗。他对外投靠美国，在其执政期间，美国垄断资本控制了古巴的制糖业、矿业、银行、通信、交通运输等行业。同时，马查多政府还向美国政府借贷，到1929年已借了1.45亿美元。这些政策都引起了国内人民的不满。1933年初，世界资本主义经济危机爆发的时候，马查多政府每况愈下，民怨沸腾，矛盾进一步升级。人民纷纷反抗马查多政府，8月7日，共产党发动大罢工。罢工浪潮迅速席卷整个古巴岛，全国进入瘫痪状态，就此，古巴马查多独裁政权垮台了。

桑地诺是怎样遇害的？

奥古斯托·塞萨尔·桑地诺（1893—1934年）于1893年出生于小庄园主家庭，尼加拉瓜著名游击队领导人。1921至1925年先后在洪都拉斯、危地马拉和墨西哥当机械仓库管理员和机械师，参加过1923年墨西哥人民反美爱国斗争，1926年2月回国。同年12月，美国为支持保守党迪亚斯政权而展开了军事行动，派出海军陆战队2千人在尼加拉瓜登陆。桑地诺组织当地工人、爱国青年和一部分士兵，掀起反美的斗争，以拉斯塞戈维亚斯山区为根据地，展开游击战，得到人民的一致响应。1927年2月，部队扩至300余人。1927年4月，与自由党首领蒙卡达在拉斯梅赛德斯会师。5月，蒙卡达放下武器，与美国谈判，签订《黑山楂条约》。9月，桑地诺提出"把美国侵略者全部赶走"的口号；主张把美国垄断资本掠占的土地分配给农民，发展农业合作社和开发自然资源；整顿军队，规定起义军不发工资、不得侵害居民等纪律。1928年，美国总统胡佛提出与桑地诺谈判，遭到拒绝。到1931年，起义军增至3000余人，控制一半以上国土。1933年1月，美军被迫撤出尼加拉瓜。次年2月21日，桑地诺在赴首都与自由党政府谈判时，被尼加拉瓜国民警卫队司令索摩查·加西亚指使的凶手谋害。

墨西哥卡德纳斯改革的举措有哪些？

卡德纳斯改革指的是墨西哥总统拉萨罗·卡德纳斯在其任内（1934—1940年）实施的资产阶级改革。改革的主要内容包括以下几个方面：打击军事寡头势力，确立中央集权的资产阶级民主政治体制；大力推行土地改革，打击封建大庄园势力；实行铁路、石油工业的国有化；在文化教育方面大力推行改革，大力扫除文盲，普及普通教育。

改革基本上摧毁了封建大庄园制，使民族资本取代外国资本掌握了全国最主要的经济命脉，基本上完成了1910至1917年革命以来由半封建社会过渡到民族独立的资本主义社会的任务，有利于墨西哥资产阶级民主制度的形成和发展。

"撤离印度"运动是怎么回事？

1942年3月克里普斯计划破产，国大党采取反英行动。同年4月甘地发表文章，对英国提出了挑战。7月，在国大党会议上，工作委员会接受甘地的决定。8月7日，国大党全印委员会通过"撤离印度"的计划，并向英国殖民当局发出最后的通牒，如果英国拒绝成立国民责任政府，国大党立即发动大规模的群众非暴力斗争。但决议通过后的第三天，殖民当局几乎把国大党领袖全部抓获。殖民者的镇压激起了印度人民的反抗，暴力斗争席卷全国，造成了很大的损失。尽管斗争失败了，人民自发的暴力行动却沉重打击了英国殖民者。

法西斯的兴起

什么是纳粹党？

纳粹党即德国的法西斯政党，前身为1919年1月5日由德莱克斯勒和哈勒建立的德国工人党。1920年9月30日，该党用德意志民族社会主义工人联盟的名义在慕尼黑登记。1921年6月29日，阿道夫·希特勒任党的元首。1946年9月30日，被纽伦堡国际军事法庭宣判为犯罪组织。"纳粹党"也称为"民族社会主义德国工人党"，宣扬种族主义、复仇主义和沙文主义的法西斯政党，是第三帝国的执政党。

希特勒为什么要发动啤酒馆政变？

1923年，德国又遭遇了新的不幸。法国以德国不履行赔款义务为由，出兵占领德国鲁尔区，给德国经济带来致命的一击。

德国鲁尔危机后，德国的政治、经济、社会形势全面恶化，这给德国各种反政府势力带来了机会。而当时希特勒建立的纳粹党还是个无名小党。1922年10月，墨索里尼组织了法西斯罗马进军，这就让希特勒更加心急如焚，希特勒认为夺取政权的时机已到。

希特勒得知，巴伐利亚州长卡尔、州国防军司令洛索夫将军、州警察局局长赛塞尔上校等名流将出席在慕尼黑格勃劳凯勒啤酒馆举行的聚会。他认为自己可以趁这个时机扣留巴伐利亚三巨头，胁迫他们参与政变。于是，就在卡尔上台演讲的时候，希特勒指挥他的党羽将三巨头带到一间屋里，要求他们支持革命，啤酒馆暴动事件由此爆发。

为什么把独裁统治称为"法西斯"？

"法西斯"这个名词最早出现于古罗马。当时，国家最高长官——执政官出巡时，有24名随从，扛着一束用皮带捆扎的笞棒，中间插有一把锋利的战斧。这束笞棒就是"法西斯"，象征着权威和暴力，它是罗马国家最高权力的标志。到第一次世界大战后，墨索里尼在意大利建立了"法西斯党"党派，进而夺取了国家政权。墨索里尼对外扩张侵略，对内残酷镇压共产党和人民群众，实行恐怖的独裁统治。因此，这种思想和主张被称为法西斯主义，这样的政权也叫法西斯政权。后来，德国、日本也推行法西斯主义，挑起了第二次世界大战。"法西斯"作为恐怖、独裁统治的代名词一直为人们所痛恨，随着第二次世界大战的结束，法西斯主义彻底崩溃了。

希特勒为什么称纳粹德国为第三帝国？

希特勒上台后，对内取消民主自由，确立纳粹党一党统治，对外疯狂扩军备战。1933年9月1日，希特勒在纽伦堡召开的纳粹党党代会上用"第三帝国"比喻纳粹统治下的德国。

第一帝国指的是法兰克王国分裂后，中法兰克王国形成的"德意志神圣罗马帝国"，但这仅是一个形式上的国家，与中国的东周相类似。而德意志第二帝国指的是19世纪末德国在俾斯麦的"铁血政策"下统一后建立的德意志帝国，经历了威廉一世、威廉二世两代，第一次世界大战后被魏玛共和国取代。希特勒认为他是前两个帝国的继承人，所以称自己建立的政权为第三帝国。

国会纵火案是怎么回事？

1933年1月30日，德国总统兴登堡任命希特勒为总理。希特勒想实行魏玛共和国宪法规定的特别授权法，该法律规定总理可以不必通过议会自行制定规章以代替法律，但是授权法需要议会三分之二的多数议员通过才能生效，但希特勒的纳粹党在议会中只占有32%的席位。所以希特勒上台后想尽快要求总统兴登堡解散议会。于是希特勒于1933年2月27日晚发动了轰动世界的"国会纵火案"。案情发生仅半小时，希特勒的得力干将、国会议长兼内部部长戈林就驱车赶到现场，便穷凶极恶地嚎叫："这是共产党反对新政府的罪行！"后来，经过专门调查，才知道"国会纵火案"是纳粹党人为寻找打击共产党人的借口，自己一手导演的丑剧。原来是戈林指使了一个荷兰青年——卢贝，安排他和纳粹党的冲锋队员预先从暖气管道进入国会大厦，遍洒汽油和易燃品，并故意放卢贝进入国会大厦纵火，然后将其逮捕。

为什么盖世太保成了"杀人魔窟"的代名词？

盖世太保是德国秘密警察组织的译音，它是庞大的德国警察机构的一部分，专门服务于希特勒的法西斯党。

盖世太保成立于1933年6月，最初的头目是戈林。但不到一年，盖世太保由希姆莱掌管，戈林成为名义上的领袖。1934年以后，实际负责盖世太保工作的是希姆莱的部下海德里希。海德里希原本是党卫队保安处的头目，是一个极其残忍的人。在他的领导下，盖世太保几乎成了杀人魔窟的代名词。

作为秘密的政治警察，盖世太保享有不受法律限制的特权，可以未经审判就对公民采取拘留、警告、逮捕，直至送进集中营的措施。对于纳粹党的政敌，他们干脆采取暗杀的手段。第二次世界大战爆发后，盖世太保还参与制造许多起国际阴谋，并且其势力范围还扩张到了整个欧洲。另外，还参加了大规模屠杀犹太人的行动。

希特勒为什么要血洗冲锋队？

1936年6月30日凌晨，法西斯魔王希特勒在戈培尔及大批随行陪同下，进行了一场骇人听闻的大屠杀。一天内，包括参谋长恩斯特·罗姆在内的数百名冲锋队要人干将惨遭杀戮。随后希特勒又宣布解散冲锋队，这就是震惊世界的血洗冲锋队事件。希特勒为什么要这么做呢？

在1925年希特勒制造的啤酒馆暴动中，冲锋队发挥了主力作用。希特勒当上总统后，冲锋队队长罗姆力图把冲锋队和国防军合并成一支统一的军队，并将它置于自己的控制之下。这样，有征服全世界野心的希特勒自然不服气，他认为罗姆没有这个资格和实力。于是，希特勒决定以牺牲罗姆来获得国防军的合作。1934年6月底，希特勒就发动了血洗冲锋队的行动。

德国开始扩张的标志是什么？

第一次世界大战结束后，德国战败，《凡尔赛和约》就萨尔区归属问题做出规定：该地区由国联委员法国代管15年。15年后，该地区的归属由居民投票决定。为使萨尔回归德国，受到德国政府资助的"德意志阵线"在期满前积极在该地区展开活动。1935年1月13日，萨尔地区在国联主持下举行公民投票，在近54万张有效票中，有47.5万票赞成并入德国，4.6万票赞成仍归国际联盟监督管理，2万票赞成并入法国。主张并入德国的票数占总数的90%以上。国际联盟根据投票的结果做出决定，从1935年3月1日起，萨尔地区交给德国，这就标志着德国扩张的开始。

纳粹德国是怎样扩军的？

德意志法西斯建立独裁统治后，就开始了扩充军备活动。1935年3月13日，纳粹二号头目戈林宣布德国将重建空军。对此严重违反《凡尔赛和约》的行为，英、法等国没有提出任何的异议，这样，希特勒就更猖狂地进行冒险了。3月16日，德国政府公布法令，宣布实行普遍义务兵役制，这就意味着希特勒单方面终止了《凡尔赛和约》。对于这一严重的挑战，英、法等未能采取任何行动加以制止，后来也仅限于向德国提出抗议照会而已。希特勒德国的"毁约扩军"冒险再次得逞，进一步放手扩充军备。

《柏林－罗马轴心协定》的内容是什么？

在意大利侵略埃塞俄比亚的过程中，德国给予了大力支持，在共同干涉西班牙的过程中，双方的关系密切起来。1936年10月

政治投机主义使墨索里尼和希特勒走到一起，结成柏林－罗马轴心。

20日，意大利外交部长齐亚诺访问柏林，德、意两国就武装干涉西班牙等问题进行了磋商，两国达成了秘密协议。其主要内容是：德国正式承认意大利吞并埃塞俄比亚，意大利在埃塞俄比亚给德国以特权；两国划分在多瑙河流域和巴尔干半岛的势力范围；双方承认西班牙佛朗哥政权，并商定在干涉西班牙和其他重大国际问题上采取共同方针；两国相互合作，共同发展空军。

这个秘密协定表明德、意两国在建立侵略集团的道路上，迈出了决定性的一步。

德国是怎样吞并奥地利的？

1938年3月12日，德国武装占领奥地利。奥地利共和国地处欧洲心脏地带，战略地位重要，是希特勒觊觎的第一个对象。早在1933年，德国间谍就在奥地利活动。1934年7月，德国策动维也纳法西斯分子叛乱，刺杀奥总理恩格尔伯特·陶尔斐斯（1892—1934年）。1936年7月11日，德国强迫奥地利签订《德奥协定》。

1938年2月12日，希特勒在贝希特斯加登迫使奥总理舒施尼格（1897—1977年）答应德国的一些不合理的要求。3月12日，纳粹党徒大肆宣扬奥政府被共产党暴徒包围，伪造奥政府请德出兵镇压骚乱的"紧急请求"。接着，德国军队长驱直入，兵不血刃地占领了奥地利。但是对于德国的这一侵略行为，西方国家未予有效制止。希特勒吞并奥地利后，德国的经济、军事实力和战略地位都进一步增强了，它的侵略和战争计划也更加肆无忌惮了。

苏台德危机是怎么回事？

苏台德指的是第二次世界大战爆发前于1938年发生在捷克斯洛伐克与纳粹德国之间的一次冲突。事件的起因是对苏台德地区主权的争夺。

1938年4月24日，由德国一手扶植的苏台德日耳曼人党魁汉莱因，提出了要求苏台德自治的纲领。5月19日，希特勒下令向德捷边境集结军队，对捷克斯洛伐克进行了战争威胁。5月20日，捷政府决定实行局部动员。德捷军队在边境紧张对峙，形成了"五月危机"。此时的英法采取绥靖政策。9月中旬，德捷边境局势再度急剧恶化。英、法决定牺牲捷克斯洛伐克，以维持所谓的"欧洲和平"。1938年9月30日深夜，英、法、德、意签订了承认德国吞并苏台德地区的《慕尼黑协定》。

什么是《慕尼黑协定》？

1938年9月29日，希特勒、墨索里尼、张伯伦和达拉第等人在慕尼黑的"元首宫"里进行秘密会谈。第二天一点半，四国签订了《慕尼黑协定》，又叫"慕尼黑阴谋"。依据协定规定，捷克必须从10月1日开始的10天内，将苏台德地区和附属的一些设备无偿地交给德国。而此时的捷克却没有发言权，只能默默等候其他几国的决定。

1939年3月，德国侵占了整个捷克。

1938年9月,英、法、德、意在慕尼黑举行会议,签订阴谋瓜分捷克斯洛伐克的《慕尼黑协定》,图为希特勒(左二)与张伯伦(左一)在一起。

五个月后,德国侵略了波兰,挑起了对英、法的全面战争。

《慕尼黑协定》是20世纪30年代英、法对法西斯政策妥协的继续和顶峰,助长了德国法西斯的侵略扩张,加速了世界大战的爆发。

德国是怎样占领捷克斯洛伐克的?

《慕尼黑协定》的签订为希特勒德国打开了吞并捷克斯洛伐克的大门。根据该协定,只要是德国提出要求的捷克斯洛伐克领土,未经公民投票,一概交由德国占领。德国还策动斯洛伐克在1939年3月14日宣布独立。当天晚上,希特勒召见捷克斯洛伐克总统哈查和外长赫瓦尔科夫斯基,强迫他们在德国起草的《德捷协议》上签字。第二天,德军以保护为借口进入捷克境内。3月16日,希特勒宣布成立波希米亚和摩拉维亚"保护国"。这样,德国就占领了整个捷克斯洛伐克。

日本"五一五事件"是怎么回事?

"五一五事件"指的是1932年(昭和七年)5月15日,海军少壮军人古贺清志、中村义雄、三上卓和山岸宏勾等人联合士官学校学生举行的法西斯政变。政变者袭击了首相官邸、政友会本部、内大臣官邸等地,杀死了首相犬养毅。在军部镇压下,参加者或自首或被捕,暴乱被平息。事件后,日本成立了以海军大将斋藤实为首的"举国一致"内阁。"五一五事件"的发生大大加强了日本的法西斯进程。

日本为什么会形成军人法西斯政权?

20世纪二三十年代的世界经济危机席卷全球,日本也遭受了重创。但是,日本缺乏英、美等国那样相对完善的资本主义机制,因而难以减轻经济危机的猛烈冲击。因此,当时的日本统治集团企图利用强烈的民族化情绪,通过发动侵略战争将国内的危机转嫁到国外,以摆脱困境。

但是随着侵略行为的推进,在控制政府权力和扩充军备的速度等问题上,统治集团内部出现了分歧。于是1932年,一些少壮派军人发动了政变。叛乱平息后,海军大将斋藤实组成"举国一致"的内阁,迈出军人干政的第一步。尤其后来的"二·二六兵变"发生后,军人掌握了国家的独裁大权,标志着日本军人法西斯独裁政权终于形成。

日本的"二二六事件"是怎么回事?

1936年2月26日凌晨4时,以皇道派青年军官率领的近卫步兵第三联队为中心的1500名日本军人,袭击了首相官邸等数处枢要部门,杀害了内大臣斋藤实、教育总监渡边锭太郎和大藏大臣高桥是清,重伤天皇侍从长铃木贯太郎,之后占据永田町一带达四天之久。这些人发动事件的目的在于"尊皇讨奸",实行"昭和维新"。但事实上起事的缘由却是皇道派与统制派之间、部队军官与幕僚军官的长期倾轧,以致最后反目,酿成了这起震惊天下的突然事件。

事件发生后,日本政府对这次叛乱的策划者进行了秘密审讯。7月12日前后做出判决,13名叛军首领和包括北一辉在内的4名文官被处以死刑,更多的人被判刑。这次事件不久,冈田启介内阁辞职,具有法西斯背景的广田弘毅出任首相。

五相会议是怎么回事?

"二二六事件"后的广田弘毅内阁,标志着日本军部法西斯独裁政权的确立。这一独裁政权,从一开始就为夺取亚洲和太平洋地区的霸权,建立"大东亚共荣圈",加紧制定对外扩张的根本国策。

1936年8月7日,广田主持召开了"五相会议"(包括首相、外相、海相、陆相和藏相),会议决定了《基本国策纲要》。其基本方针是:外交与国防互相配合,确保帝国在东亚大陆的地位,同时也向南海扩展;帝国要真正成为东亚的安全势力,为确保此地位,须充实国防军备;日本要排除列强在东亚的霸道政策。上述文件表明,南北并进、向外扩张,是日本的基本国策。

这次国策的制定是日本第一次具体表明除对中国进行全面侵略外,还要向南亚扩张的侵略计划,也表明了日本走上了国家战争总动员的道路。

意大利为什么要侵略埃塞俄比亚?

20世纪上半叶,非洲东北部的埃塞俄比亚还是一个落后的封建王国,虽然地处沙漠,经济落后,地下资源却异常丰富,盛产黄金和白银等贵重金属,再加上埃塞俄比亚扼守红海南部出口,于是成为兵家必争之地。

其实早在1887年和1895年,意大利就曾两次发动侵埃战争,均以失败告终。20世纪30年代初,意大利法西斯头子墨索里尼为独霸地中海、控制地中海的战略要地,以此为据点重新瓜分东非和北非的英法殖民地,以摆脱国内经济的危机,于是又悍然发动了新一轮的侵埃战争。1935年10月,意大利实际上已经占领了索马里和厄立特里亚,逐渐就形成了对埃塞俄比亚的包夹之势。

什么是"史汀生主义"?

20世纪30年代初,遭受经济危机沉重打击的美国,为避免在争夺国际市场的外交活动中陷于失败,决定实行以孤立主义为标志的中立政策。1931年日本发动"九一八事变",侵占中国的东北。美国不但不谴责这一侵略行动,反而表示了谅解的态度。1932年1月3日,日本侵占锦州,逼近中国关内。7日,美国国务卿史汀生照会中国和日本政府,对日本强占中国东北的局面和足以损害美在中国的权益,违反"门户开放"及中、日间的任何协定、条约,美国均持不承认的态度,但在次日,美国国务院又表示美无意干涉日本在中国东北的"合法条约权利",这就是"史汀生主义"。"史汀生主义"的实质是企图以牺牲中国东北来维护美在中国的权益,这是美国在很长一段时间里实行的对中国政策方针。

绥靖政策有哪些内容?

绥靖政策,也称姑息政策,是一种对侵略不加抵制,姑息纵容,退让屈服,以牺牲别国为代价,同侵略者勾结和妥协的政策。第二次世界大战前,这一政策最积极的推行者是英国、法国、美国等国,他们试图维护自身的利益,求得一时苟安,谋求同侵略者妥协,妄图将"祸水东引"至苏联。20世纪30年代前,绥靖政策主要表现为扶植战败的德国、支持日本充当防范苏联的屏障和镇压人民革命的打手。这在凡尔赛-华盛顿体系中可以窥见端倪,在道威斯计划、杨格计划、洛迦诺公约中则更加具体化了。

苏联为什么会签订《苏德互不侵犯条约》?

《慕尼黑协议》签订以后,希特勒并没有恪守"这是对西方最后一次领土要求"的承诺,而是很快就占领了捷克斯洛伐克。后来,德国又想进攻波兰。

这时,欧洲的形势已经极度紧张,而希

特勒已经陈兵德波边境,战争一触即发。就在这种形势下,欧洲出现了一场惊心动魄的外交战。从1939年4月15日开始的苏、美、法之间的谈判,在持续了4个月之后终于破裂。在这种形势下,为了打破英、法怂恿德国法西斯进攻苏联的阴谋,推迟苏德战争的爆发,1939年8月23日,苏联与德国在莫斯科签订了《苏德互不侵犯条约》。

第二次世界大战

第二次世界大战是在什么时候全面爆发的?

1938年,德国法西斯轻而易举地拿下了奥地利,后来又强占了捷克斯洛伐克的苏台德地区,然后通过干涉西班牙内政,推翻了西班牙政府。一切就绪后,德国准备把魔爪伸向波兰,因为当时的波兰具有重要的战略地位。其实,早在1939年4月11日,德国就已经制定了侵略波兰的方案。8月23日,德国和苏联缔结了《苏德互不侵犯条约》后,希特勒就从外交上完成了入侵波兰的最后部署。

法西斯入侵波兰的消息震动了全世界,也打破了一贯奉行绥靖政策的英国首相张伯伦的和平美梦。9月3日,英、法相继对德宣战,第二次世界大战全面爆发。

希特勒为何首先进攻波兰?

1939年9月3日,英、法被迫对德宣战,第二次世界大战全面爆发。

法西斯德国之所以选择首先进攻波兰,其中很重要的原因是波兰的战略地位,占领波兰是希特勒称霸世界的战争总计划的一个重要组成部分。波兰位于欧洲东部,东接苏联,西邻德国,南接捷克斯洛伐克,北临波罗的海。除了重要的战略地位,波兰还是当时英、法在欧洲诸盟军中军事上最强大的一个国家。占领了波兰,德国不仅能获得大量的军事、经济援助,还能大大改善自己的战略地位;既可以消除进攻英、法的后顾之忧,又可以建立袭击苏联的基地。所以,希特勒在侵略的时候就把波兰当成了首选目标。

德国最大的"杀人工厂"在哪里?

在第二次世界大战中,法西斯建立了许多集中营。在这些集中营里,坐落在波兰南部的奥斯威辛集中营是德国法西斯一个最大的"杀人工厂"。1939年波兰被德国侵占后,一个布满杀人的毒气杀人工厂建立起来了。

奥斯威辛集中营,壁垒森严,四周电网密布,内设哨所看台、绞刑架、毒气杀人浴室和焚尸炉,由第一集中营和奥斯威辛—比克瑙集中营组成,用于消灭欧洲的犹太人,约有400万人,其中绝大部分是犹太人在此经受严刑拷打,惨遭杀戮。奥斯威辛是纳粹德国犯下滔天大罪的历史见证。

犹太人如何逃到上海?

从1933年到1941年,上海先后接纳了3万多名欧洲犹太难民。在这个特殊时期,上海成为第二次世界大战期间拯救欧洲犹太人的"诺亚方舟"。

那时欧洲犹太人的处境十分危急,一方面希特勒准备向他们大开杀戒,另一方面,英、美等国也借种种理由将他们拒之门外。而当时的上海正值日军占领后的特殊时期,日本占领军、公共租界和法租界当局三方在上海各自秉政。面临死亡威胁的犹太人为了保存性命,将绝望的目光投向遥远的东方,而上海人民在自己还是难民的情况下，接受了犹太人的避难请求。

丘吉尔为什么能顺利组阁？

丘吉尔在第二次世界大战时期显示了非凡的领导才能，并立下了赫赫战功。但是这些功劳仅是他一个人完成的吗？其实他成功的背后还有支持者。

1940年5月，张伯伦的内阁就要垮台了。丘吉尔想担任即将组织的联合政府的领导人。但是他并不知道张伯伦的底细，故不敢贸然行动。于是他就约见了张伯伦的亲信金斯利·伍德共进早餐。其间，他只请教问题，别的什么也不说。伍德告诉丘吉尔："只要我不说话，哈利法克斯就做不成首相，剩下的由我来帮你完成。如果张伯伦问你意见，你不要吭声。"

同日上午10时，金斯利·伍德告诉丘吉尔，张伯伦认为鉴于情况紧急，他应留任进行指挥；但金斯利·伍德认为恰恰相反，只有成立联合政府才能应付新的危机；张伯伦接受了这一看法。11时，丘吉尔再次应召来到首相官邸。应召而来的还有哈利法克斯和马杰森。张伯伦对他们说，鉴于工党的反应，他已不可能出面组织联合政府；同时他认为丘吉尔前一天的发言会妨碍丘吉尔得到工党的支持。现在张伯伦面临的问题是，在他提出辞职时，应向国王推荐谁来组阁。张伯伦问话的意图很明显，他希望由哈利法克斯出面组阁，但马杰森拒不在丘吉尔和哈利法克斯两人之间由谁继任的问题上表态。丘吉尔也长时间一言不发。最后哈利法克斯终于沉不住气了，他已明白丘吉尔不愿由他组阁。而得不到丘吉尔的支持，组成联合政府也是不可能的。就这样，组织联合政府的责任就落在了丘吉尔的肩上。于是丘吉尔说："我在国王命令我组阁以前，不准备和两个反对党中的任何一党交换意见。"他也巧妙地表明了自己同意组阁的意图。

丘吉尔像

丘吉尔就这样用沉默的战术取得了组阁的胜利，也以沉默开始了他第二次世界大战中轰轰烈烈的首相生涯。

第二次世界大战中被称为"殉难的城市"在哪里？

1940年11月14日，英国情报局破译了一份敌对的无线电报，获悉德国的大量飞机当晚将飞临英国中部城市考文垂，并进行另一轮轰炸。当情报人员把这一消息传达给首相丘吉尔时，丘吉尔的指令是不必向考文垂的居民发警报或者把他们疏散，只需命令防空部队做好作战准备。

当晚，德国的轰炸机就在考文垂上空轰鸣。晚上7点刚过，空袭的警报声突然拉响，5分钟之后，德国的飞机在考文垂的上空盘旋，发出刺耳的嗡嗡声。工作人员在听到空袭警报之后，立即开始采取预防措施。第一批炸弹落地了，整个城市的预防措施才算结束。在医院里很多病人来不及移走，被搬到了床下，有的则被搬到了楼下，还有一些人索性就不移动了。由于整个城市的发电系统被炸毁了，城市里除了燃烧的火光之外，几乎看不到其他东西。一时间，整个城市陷入一片混乱。一个德国的记者把这次空袭称作"历史上最大规模的袭击"。伦敦的《泰晤士报》则把考文垂称为"殉难的城市"。

英法联军为什么从敦刻尔克大撤退？

德国灭了波兰之后，又于1940年4月故技重演，用"闪电战"袭击了挪威、丹麦并获取了成功。1940年5月10日，德国无视荷兰、比利时、卢森堡的中立态度，不宣而战。5月24日，德军又攻占了布伦。几十万英法联军被逼到敦刻尔克周围的一块狭小的三角地带，前临强敌，背靠大海，英法联军陷入危机之中。长期推行绥靖政策而丧失民心的英国张伯伦内阁倒台，在危难时刻，丘吉尔出任英国首相。眼看几十万大军将遭遇灭顶之灾，丘吉尔果断下令撤退，以保存实力。

1940年5月，英法联军防线在德国机械化部队快速攻势下崩溃之后在敦刻尔克进行了当时历史上最大规模的军事撤退行动。最终，英国利用各种船只撤出大量的部队。

尽管这次大规模的撤退成功挽救了大量的人力，但英国派驻在法国的远征军的所有重型装备仍丢弃在欧洲大陆上，给英国本土地面防卫造成了很大的问题。

敦刻尔克大撤退败而不败的原因是什么？

敦刻尔克奇迹产生的原因主要有：

在撤退的几天中，敦刻尔克地区的天气大多是阴天，这样的天气不适合轰炸，使得德国空军只进行了两天半的大规模轰炸。

敦刻尔克的沙滩很松软，使得德国飞机投下的炸弹威力尽失，这些炸弹大部分陷入了海滩，杀伤力大大减低了。

后卫部队英勇地抗击着德军的进攻，尽全力掩护主力撤退；英国空军飞行员积极为部队提供掩护，敦刻尔克海滩上空从始到终都有英军的飞机，这些英国空军给了德军沉重的打击；撤退部队的官兵，在等待上船和登船的时间里，保持了严格的组织纪律，井然有序，没有争抢的混乱场面，这种英国式的绅士风度使得整个撤退过程都很顺利。

马其诺防线是怎么来的？

第二次世界大战爆发前，法国为防止德国进攻，从1928年开始到1936年，用了八九年的时间，在从瑞士到比利时之间的东部国境线上修筑了一道防御阵地体系。因为这道防线是在当时的陆军部长马其诺的倡导下修建的，因此，人们将其称为"马其诺防线"。1940年，德国军队经阿登山区，绕过马其诺防线攻入法国，这样，一直被法国人认为是牢不可破的马其诺防线就彻底失去了作用。

第二次世界大战初期法国为什么会失败投降？

1940年5月，德国大举进攻西欧。德军绕过马其诺防线，先后攻占了和法国北部相邻的荷兰、比利时等国，并从法国中部突破，将法国分割成南、北两部分，使北部的法军和前来支援的英军陷入包围之中。英法联军被迫退到敦刻尔克地区。

5月27日至6月4日，英法联军经过9个昼夜的苦战，把30多万军队撤到英国。但是这时他们的大批武器装备却落入德军手中。接着，德军由北向南发动总攻，100多万法军溃败。

法国只好向希特勒求和。6月22日，法军贝当政府签订了投降书，法兰西第三共和国灭亡。

德国"海狮计划"是怎么回事？

海狮计划，是第二次世界大战中德军对英国作战的计划。战争开始不久，纳粹德国就盯上了英伦三岛。为了尽快征服英国，纳粹头子希特勒亲自拟定了名为"海狮"的行动计划。该计划的内容是：用约25个师的兵力，在空军的支援下强渡英吉利海峡，然后向西、向北发起进攻，包围并占领英国。但是，当"先锋官"的德军战机飞临英国上空的时候，等待它们的却是一场以弱胜强的空中"游击战"。最终德军的海狮计划失利，使得英国得以保存军事上的优势，而后继续同德国抗争，将德军拖入了致命的长期持久战。此后，德国佯装为"海狮计划"进行准备，实际上是为侵略苏联做掩护。

德、意、日法西斯轴心国是怎样形成的？

第二次世界大战期间，德国、意大利和日本三个法西斯国家结成了联盟，被称为"轴心国"。轴心国的最初形成是由于德、意两国对西班牙内战的武装干涉。这次事件爆发伊始，希特勒就感觉有必要进一步拉拢意大利，以便共同对付英、法和苏联。于是1936年10月25日，德国和意大利达成协调外交政策的同盟条约，建立柏林－罗马轴心。1939年5月22日，两国又签订了《德意同盟条约》（又被称为"钢铁条约"）。此前日本已经在1936年11月25日同德国签署反共产国际协定（意大利于1937年11月6日加入）。

1940年9月27日，德国、日本和意大利三国外交代表在柏林签署《德意日三国同盟条约》（《三国公约》），成立以柏林－罗马－东京轴心为核心的军事集团，这个军事集团的成员被称为"轴心国"。与此同时，英、法、苏、美等和法西斯轴心国相对抗的国家，也自然地联合在一起，组成了反法西斯"同盟国"。

巴巴罗萨计划的内容是什么？

1940年7月，希特勒召集了一次高级军事会议，会上希特勒宣布了一个预谋已久的作战计划：突然袭击苏联，一举将苏维埃社会主义国家摧毁。尽管当时两国政府已经签署了《苏德互不侵犯条约》，但希特勒为了实施作战计划，命德军总参谋部立即着手拟订对苏联作战的具体行动方案。该方案于12月底完成，并命名为"巴巴罗萨计划"。该计划的主要内容有：在对英作战结束之前，以一次快速的战役，在一个半月到两个月的时间内打垮苏联；先以突袭的办法歼灭苏联西部各军区的部队，使其没有能力退往内地，然后以坦克部队为先导，并辅之以空军支援，分三路向苏联腹地进攻，占领莫斯科、列宁格勒和顿巴斯。希特勒不无得意地说："当巴巴罗萨计划开始实施时，全世界将大吃一惊，并感到难以置信！"

巴巴罗萨计划的空战战果如何？

战争狂人们一向好大喜功，纳粹头子希特勒就是典型代表，在公开巴巴罗萨计划的空战结果时，希特勒与斯大林唱起了对台戏。

1941年6月22日夜，希特勒一手制定的巴巴罗萨作战计划使苏联再也不能平静下去了。苏联空军遭受了巨大损失，究竟他们在这次计划中损失了多少呢？

据德军4个航空队向德国空军总司令赫尔曼·戈林报告：德国空军轰炸机炸毁了来不及起飞的苏军飞机1489架。此外，德军战斗机及高炮部队击落了升空的飞机322架，共计1811架。之后的一份秘密调查报告显示：巴巴罗萨计划的空战战果不止1811架，而是2000架以上。

因为戈林没有对此事展开深入的调查，因此人们对此战果的报道始终持怀疑态度。而且，在巴巴罗萨计划的空战以后，苏联空军并没有公布损失飞机的数字。

尽管在这场偷袭战里，被炸毁飞机的数量还不是很明确，但可以肯定的是，即使希特勒大获全胜，也不能逃脱最终失败的命运。

《大西洋宪章》的主要内容是什么？

《大西洋宪章》又称《罗斯福丘吉尔联合宣言》。苏德战争爆发后，第二次世界大战范围扩大，美、英迫切需要进一步协调反

1941年，英、美两国首脑在大西洋上的"威尔士亲王号"上举行会谈，签订了《大西洋宪章》。

法西斯的战略。两国首脑于1941年8月在大西洋北部纽芬兰阿金夏海湾的"奥古斯塔"号军舰上举行大西洋会议。8月13日签署大西洋宪章。《大西洋宪章》的主要内容是：两国不追求领土和其他方面的扩张；反对未经有关民族自由意志同意的领土变更；尊重各民族自由选择其政府形式的权利，设法恢复各民族被剥夺的主权和自治权；力求使一切国家，不论大小、胜败，在贸易和原料方面享受平等权利；国家之间要尽力加强经济上的合作，以促进经济进步和社会安全；希望在最终摧毁纳粹暴政之后重建和平，使各国都能在其疆土内稳定和平，使全体人类自由生活、无所恐惧、不虞匮乏；在公海上航行自由；世界各国必须放弃使用武力，在普遍安全制度建立前，必须解除侵略国家的武装；赞助并鼓励能够减轻各国人民军备负担的一切措施。

是谁烧了"诺曼底"号？

1941年的深秋，法国巨轮"诺曼底"号静静地停泊在纽约港的88号码头。1939年9月1日，当它在公海上航行时，德国发动了对波兰的进攻，但它还是安全地驶进了纽约港。

"诺曼底"号在港口停泊一天就要花掉1000美元，因此，船上只保留了极少数船员以保养马达等重要设备。没有人想到会有人对该船进行破坏或纵火。但是就是这艘被称为是有史以来防火性能最好的船最后是毁于大火。

事后，美国政府立即进行调查，联邦调查局和福兰克·霍根律师盘问了100多位证人。与此同时，海军也成立了以退休海军少将莱姆·雷黑为首的调查组。两个月后，国会海事委员会成立的调查组公布了调查的结果："起火的直接原因应归结于民工的疏忽和管理上的疏漏。"

然而，众多的美国人并不买政府的账。为什么一个如此巨大的海轮，在有大量防火设施的情况下，能够爆发大火且在几小时内变成一堆废墟？是不是有纳粹破坏分子渗透到船上，为了不可告人的目的，纵火烧毁了这条船？如果是这样的话，当时有1500名民工散布于船的每一个角落，为什么没有人发现有人纵火呢？或者是两个以上的纳粹或纳粹同情者共同完成了这项破坏性的工作？

"诺曼底"号的烧毁是不是纳粹所为，至今仍是一个巨大的谜团。

苏联卫国战争是怎么回事？

1941年6月22日，苏德战争爆发后，苏联军民在斯大林的领导下，开始了伟大的卫国战争。11月7日，莫斯科照常举行传统的盛大阅兵式，苏联红军在接受斯大林等领导人的检阅之后，意气风发地直接开往前线。经过莫斯科保卫战、斯大林格勒保卫战和库尔斯克会战等著名的战役后，苏联人民最后把侵略者赶了出去，赢得了卫国战争的伟大胜利，为世界反法西斯战争也做出了重要的贡献。

国际反法西斯统一大联盟是怎样成立的？

1941年9月29日，苏、美、英三国会

议在莫斯科召开。10月1日，三国签订议定书，规定美、英两国从1941年10月至1942年6月每月向苏联提供400架飞机、500辆坦克及其他武器装备；苏联向英、美提供原料。10月30日，罗斯福宣布向苏提供10亿美元贷款。11月7日，美国把《租借法案》扩大到苏联。

1941年12月7日，日本发动了珍珠港事件，第二天美国向日本开战，当天英国也对日宣战。加拿大、澳大利亚等20多个国家相继对日作战。至此，各国都已逐步认识到反法西斯的重要性，建立反法西斯联盟的条件已经成熟。

12月22日，美、英首脑倡议所有对轴心国家作战的国家签署一项同盟宣言。美国提出的宣言草案经与英、苏磋商修改后，用急电发给各盟国。经过协商，1942年1月，中、苏、美、英等26个国家在华盛顿签署《联合国家宣言》，表示赞成《大西洋宪章》的宗旨和原则。

这个联盟是法西斯国家以外的几乎所有国家和法西斯势力以外的一切力量的最广泛的联盟。他们在政治、经济和军事上全面合作，使得法西斯力量和反法西斯力量对比发生了根本性变化。从此，与法西斯对抗的，不再是单个的国家，而是一个强大的国家联盟。

"沙漠之鼠"对阵"沙漠之狐"结果如何？

在第二次世界大战的非洲战场上，"沙漠之鼠"和"沙漠之狐"是很有名气的两个绰号，前者是英国著名将领蒙哥马利，后者是纳粹德国著名的战将隆美尔。他们都是军事谋略家，可谓棋逢对手。

1941年2月，隆美尔奉希特勒之命到达北非，主动发起攻势。2月末，德军攻占了恩努菲利亚。3月，又向英军阵地挺进了450英里（合约724.2千米），给了对方突然的袭击。在接下来的几个月之内，德军又先后占领了马萨布莱加、阿吉达比亚、梅希里以及整个巴尔赛高原。在隆美尔的进攻下，英军损失惨重，就连理查德·奥康纳将军也成了德军的俘虏。

到1942年下半年，北非战局转向了不利于法西斯德国的方面。素有"沙漠之狐"称号的德军名将隆美尔所指挥的德国部队则陷入了前所未有的被动地位。而英国名将蒙哥马利率第8集团军向德军发起攻势。此后，蒙哥马利的声名大振，被称为"沙漠之鼠"。最后，"沙漠之鼠"和"沙漠之狐"的直接对话以蒙哥马利的胜利终结。

谁被称为"德国装甲兵之父"？

在第二次世界大战的欧非战场，德国装甲兵的坦克曾一度创下战绩。追溯这一战争往事，人们就会不禁想到一位被誉为"德国装甲兵之父"的人物，他是德国装甲兵总监海因茨·威廉·古德里安陆军一级上将。

1888年，古德里安出生于东普鲁士一个德国陆军军官世家。1908年，古德里安正式加入了德国陆军，曾参加第一次世界大战。他虽然接受过正规而系统的军校教育，但对于坦克战则是勇于创新、无师自通而远胜他人。

尽管现代坦克战理论不是古德里安发明的，但他却是最早将理论付诸实践的人。在德军中，古德里安是最早研究坦克战理论的。在实践中，他对坦克集群的通信联络协调、坦克和炮兵、工程兵、步兵混合编组及协调、空地配合等方面都有自己独到的看法。

古德里安提出的闪击战核心是："以具有强大突击和机动能力的快速机械化进攻部队，集结大量作战飞机和机械化程度较高的重炮，以向装甲兵提供迅速、致密的火力支援，形成一种无坚不摧的突击力量，并产生令人胆战心惊的震撼，使敌人在惊愕中丧失斗志，使敌崩溃而非全歼敌军，由后续部队完成清剿溃散敌军。"

希特勒的上台更是为古德里安的实践

提供了用武之地。1939年8月,他担任第19军军长(含第3装甲师),一个月后就参加了波兰战役。在这次战役中,古德里安打破了现代战争史上的进攻速度纪录,在不到6天的时间里他的装甲军长驱直入400多公里,即横贯法国,将坦克开到了大西洋岸边。若不是空军元帅戈林争功,希特勒下令就地停止追击,英法联军将在敦刻尔克全军覆没。

在德军中,古德里安绰号"火爆汉斯",是为数极少的敢于顶撞希特勒的将领之一。他能武也能文,著有《注意坦克》一书。1945年3月,他因力主停战而再次被解职,5月10日在慕尼黑家中被美军俘虏,1954年古德里安死于心脏病,终年68岁。

哪次战役粉碎了德军的"闪击战"计划?

1941年9月,德军全力准备攻占莫斯科。9月30日,德中央集团军群以"台风"为代号,发起了攻打莫斯科的战役。面对德军的攻打,苏军浴血奋战,迫使德军在10月下旬停止了对莫斯科的进攻而转入防御。经过半个月的休整后,德军于11月15日发动了对莫斯科的第二次大规模进攻。27日,占领了距莫斯科24公里的伊斯特拉。苏军迅速反击,将德军打回运河西岸。南翼攻打图拉的德军也在12月初受阻。12月5日,德军全线受阻。"台风"攻势破产了。在严寒笼罩下的莫斯科荒郊,德军陷入了困境,12月5日至6日,苏军发动了大反攻,到1942年初,将德军击退,收复了加里宁、克林、卡卢加等重要城市。苏军粉碎了德军的"闪击战"计划,极大地鼓舞了苏联和世界人民反法西斯的斗志。

日本为什么要偷袭珍珠港?

第二次世界大战中,法西斯德国的节节胜利和《德意志三国同盟条约》的签订,给日本注射了一剂强心针。为了摆脱困境,日本就企图以海洋政策的胜利来挽救大陆政策的失误,因而有了南下的战略。

珍珠港是美国海军在太平洋上经营已久的主要基地,也是美国和远东、西太平洋之间的海上交通枢纽,战略位置相当重要,已经成了日本南下的心腹之患。但是日本也认识到,如果以突然袭击的方式发起攻击,就可以使其在短时间内无法参战和恢复,日本就可以顺利掌握制海和制空权,从而为南下做好准备。就这样,日本开始了偷袭珍珠港的行动。

你知道"东京玫瑰"之谜吗?

日本偷袭珍珠港后,美国正式对其宣战。双方军队在太平洋海域展开了激烈的较量。与此同时,日本还大打"心理攻势",企图用广播宣传削弱美军士气。日本东京广播电台至少有13名女播音员承担着这项任务。她们每天都以充满诱惑的音调,喋喋不休地"开导"美国大兵。这些女播音员中,有一个人尤其引人注意。她讲一口流利、地道的美国英语,人称"东京玫瑰"。后来美国方面才进一步明确,此人名叫艾娃·托古利,是土生土长的美国公民。日本战败后,"落花"逐流水,"东京玫瑰"后来被美国方面判处叛国罪。但是人们对她有不同的评价。有人觉得她是一个叛国者,有人认为她其实是个受害者。因为毕竟她全部的"播音生涯"还不到3年,但却为此付出30年时间的沉重代价。"东京玫瑰"究竟为何背叛自己的祖国而为日本充当播音员呢?事实的真相还有待了解。

谁因为残暴而被称为"剃刀将军"?

东条英机(1884—1948年)是日本陆军大将,第40任首相。第二次世界大战日本法西斯之一,也是日本军国主义的代表人物。在关东军因独断专行、凶狠残暴,被部下称为"剃刀将军"。在其出任日本陆军大臣和内阁首相期间，发动了太平洋战争，偷袭夏威夷珍珠港，疯狂侵略、践踏亚洲10多个国家和地区，给亚洲人民带来了无尽的灾难。日本战败后，东条英机这个罪恶滔天的战争狂人被远东军事法庭处以绞刑。

谁被誉为"法国之父"？

夏尔·戴高乐（1890—1970年），法兰西第五共和国的创建者、法国军人、作家和政治家。1890年11月22日生于里尔市，1912年毕业于圣西尔陆军学校。1913年以少尉军衔服务于贝当将军麾下。

第二次世界大战爆发后，戴高乐主张抵抗纳粹德国的进攻，拒绝在德、法停战协定上签字。6月18日，第一次在伦敦向法国发表广播演说，呼吁同胞在他的领导下继续抗战。1943年把自由法国总部从伦敦移到阿尔及尔，并就任法国民族解放委员会主席。

1944年春，在盟军诺曼底登陆前十天，法兰西民族解放委员会抢先改称法兰西共和国临时政府，并争取美、英之外的若干盟国承认。盟军登陆后，戴高乐坚持派法国精锐部队参加解放巴黎的战役，尽量依靠本国力量解放祖国。

1959年1月，他就任法兰西第五共和国总统，为了推行自己的政策，他力排众议，镇压数次叛乱。此外，戴高乐还致力于维护法国的独立和大国地位，竭力谋求欧洲联合，成果显著。1970年，戴高乐因心脏病猝发去世。鉴于戴高乐做出的一系列功绩，人们将其称为"法国之父"。

斯大林之子缘何死在纳粹集中营？

苏联第14坦克师被击溃后，斯大林之子中尉军官雅科夫·朱加什维利成了德军的俘虏。

随着德国多线作战的开始，苏联逐步掌握了战争主动权，在斯大林格勒战役中的德军将领保卢斯失利被迫向苏军投降。希特勒希望苏方释放保卢斯将军，作为交换条件，德国方面愿意释放已关押了半年多的斯大林的儿子雅科夫·朱加什维利。然而斯大林却秉承着战争期间的价值观，不愿与其交换。但这对于雅科夫无疑是当头一棒。

得到这条消息后，雅科夫极其失望。但是雅科夫却不知道，斯大林没有一刻不在为营救他而努力。他曾经命人进行过两次营救行动，均未果。

被关押的集中营里的雅科夫更加失望了。终于他在同一名英国人打了一架后，突然向电网飞奔而去。当时，哨兵朝扑向电网的雅科夫开了枪。但有些历史学家认为，当时雅科夫已经在电网上自杀了。那么，他究竟是自杀还是他杀，可能将永远成为一个谜。

什么是太平洋战场的转折点？

中途岛战役，是世界海战史上以少胜多的典型战例。无论从双方投入总兵力，还是在中途岛局部战场的兵力，日军都占有明显优势，但最终日本却遭到了惨败。日军不仅损失了4艘大型航空母舰和322架飞机，更重要的是损失了一大批训练有素、技术高超、经验丰富的飞行员，这个损失是日军无法弥补的。与日本不同的是，美国把最优秀和最有经验的飞行员派到航空学校当教官，以便他们把先进技术和作战经验传授给年轻的飞行员。中途岛海战后，日本的飞行员大批丧失，海军不得不缩短飞行学员的训练时间，将其补入作战部队，而这些训练不充分的飞行员在战斗中的消耗又快又大，以至于形成了恶性的循环。此后，飞行员短缺的问题就成为困扰日本海军的最大难题，大大削弱了海军航空兵的战斗力。正因为此，日本丧失了战争的主动权。所以说中途岛战役是太平洋战争的转折点，对整个战争有着决定性的影响。

谁编制了神奇的"无敌密码"？

用印第安纳瓦霍语编制军事密码，是一

个叫菲利普·约翰逊的白人出的主意。约翰逊的父亲是传教士，曾到过纳瓦霍部落，能说一口流利的纳瓦霍语，而在当时，对部落外的人来说，纳瓦霍语无异于"鸟语"。极具军事头脑的约翰逊认为，如果用纳瓦霍语编制军事密码，将非常可靠而且无法破译。

1942年5月，有29名纳瓦霍人被征召入伍，并被安排在加利福尼亚一处海滨编制密码。他们根据纳瓦霍语共创建了有500个常用军事术语的词汇表。由于纳瓦霍语没有描述现代军事设备的词语，因此他们经常使用比喻说法和拟声词。

在太平洋战争期间，美国海军陆战队共征召了420名纳瓦霍族人充当密码通信员。这些纳瓦霍族人参加了美军在太平洋地区发动的每一场战役。他们用密码下达战斗命令，通报战情，战况危急时还参加战斗，在战争中起到了重要的作用。

攻占硫黄岛是美军在太平洋战争中打的一场经典战役。战役结束后，负责联络的霍华德·康纳上校曾感慨地说："如果不是因为纳瓦霍人，美国海军将永远攻占不了硫黄岛。"当时，康纳手下共有6名纳瓦霍密码员，在战斗开始的前两天，他们废寝忘食地投入了密码的编译工作中。整个战斗中，他们共接发了800多条消息，中间无任何差错。

什么是曼哈顿计划？

1939年9月，第二次世界大战在欧洲爆发。情报显示，德国已经在海森堡进行原子弹的研究。美国罗斯福总统下达总动员令，成立了最高机密的"曼哈顿计划"，目的是赶在德国之前制造原子弹。

1942年8月，奥本海默被任命为研制原子弹的"曼哈顿计划"的实验室主任，整个计划的经费是20亿美元，总工作人数15万。"氢弹之父"泰勒协助奥本海默组织在罗沙拉摩斯工作的团队，1943年有4000名科学家进驻罗沙拉摩斯，他们共同进行原子弹的研发工作。泰勒因执意研究"超级炸弹"，跟奥本海默发生了冲突，后来泰勒做证指控奥本海默同情共产党，使得奥本海默陷入艰难的处境。"曼哈顿计划"实施后，第一批原子弹就被成功地制造出来了，随后在阿拉摩高德沙漠上空引爆，并发出耀目闪光及冒起巨型蘑菇状云。1945年8月6日上午8时15分17秒，美国在太平洋蒂尼安岛上的空军基地朝日本广岛投下了第一枚原子弹。

哪次战役是北非战场的转折点？

1942年11月6日，第二次世界大战期间英国军队和轴心国军队在埃及进行的第二次阿拉曼战役结束。阿拉曼战役被称为是"第二次世界大战北非战场的转折点"，加速了德国法西斯的灭亡。

1940年7月，意大利乘英、法在西欧失败之机从埃塞俄比亚进犯东非英军。1941年1月，英军对意军发动进攻，收回了东非的部分领土，并在北非重创意军，俘敌13万。2月，德国隆美尔将军率德国非洲军团进入北非地区增援意大利军队。在德意联军的攻势下，英军开始从利比亚败退。1942年7月，德意联军自利比亚突入埃及，但因盟军控制了地中海的制空、制海权，驻北非德军只得被迫转入战略防御。

10月23日夜，英军向德意联军阵地南、北两翼发动进攻。25日，英军在战线北部突破敌军防御阵地。28日，英军调集主力在北部战线继续猛攻，并突破敌方防区，向西挺进。11月4日，隆美尔在战局不利的情况下命令向西撤退，4个师的意大利军队随即向英军投降。至此，阿拉曼战役以英军的胜利而告结束。

日本为什么会在中途岛大海战中失败？

珍珠港事件后，日本曾一度控制了中南太平洋的制海权和制空权。当时日本海军联

中途岛海战的失利，使日本失去了战争的主动权。

合舰队总司令的山本五十六将日本的联合舰队一分为三，以袭击前来增援的美国太平洋舰队。

但是，日本的密码早已被美军破译，美军对山本的动向了如指掌，美国太平洋舰队司令尼米兹调集了一切可供作战的舰只前往中途岛，并且在日本潜艇布防前通过了山本的警戒线。

1942年6月4日，原本打算袭击美军的日本舰队遭到了美军的突袭，损失惨重。日本海军从此元气大伤，而美军方面只有较少的损失。

哪次海战使日军的侵略锋芒首次受挫？

太平洋战争爆发后，日本为了控制制海权，决定攻占新几内亚的港口莫尔兹比和所罗门群岛的图拉吉岛等地。1942年3月5日，日军第四舰队和南海部队从腊包尔出发向新几内亚和所罗门方向航行，日本的作战密码被美军截获并破译，美军调动了由26艘舰只组成的机动舰队攻击日军。5月7日早晨，双方舰队到达珊瑚海海域，展开了珊瑚海海战。日本侦察机发现了美国飞机的位置，击沉了美国巡洋舰。后来，美军也发现了日本战机，双方进行了激烈的交火，海战的结果是日、美双方都遭受了巨大的损失，但是这使太平洋战争爆发以来日本侵略锋芒首次受创，日本的侵略企图被美国挫败，起到了振奋盟军士气的作用。

第二次世界大战时期的"邮票战"是怎么回事？

第二次世界大战中，德国法西斯为了向全世界炫耀自己的强大，专门印制了一批有希特勒头像的邮票发往世界各地。那时的英国情报部门也瞅准这一机会，印制了一批"换头邮票"，故意将原邮票上的希特勒换成德国党卫军头子希姆莱的头像，给人以希姆莱想取代希特勒的错觉。这些邮票流传到德国后，使得希特勒对希姆莱产生了质疑，希姆莱则有口难辩。

美国情报部门印制反法西斯邮票方面也不含糊。他们特制了一种12芬尼面值的邮票，故意把希特勒像画成了骷髅，而德意志帝国也被换成了毁灭的帝国。这种邮票一般贴在宣传信件上寄往德国。

苏联也仿制印刷了大量德国的明信片，它的正面与德国明信片的图案相同，背面却印有反法西斯的图案和口号，极大地鼓舞了生活在法西斯统治区的人们。

诸如此类的行为就是第二次世界大战期间的"邮票战"。

究竟是谁击毙了山本五十六？

1943年，日本海军将领、联合舰队总司令山本五十六（1884—1943年）的座机在飞越西南太平洋上空时被击落，山本五十六当场毙命。人们不禁要问：山本五十六究竟是被谁击毙的？

答案是托马斯·兰菲尔和里克斯·巴尔博，1943年4月18日，两人奉命前去击毙山本五十六。

根据各种流传的说法，首先向山本五十六乘坐的"贝蒂"开火的是巴尔博，而兰菲尔声称他也开了火。据非官方的军事史料记载，当时兰菲尔和巴尔博因各自击落一架轰炸机（一架系山本五十六乘坐，另一架由他的参谋乘坐），一人获得一枚勋章。

哪次战役使美军开始了全面战略反攻？

日军在 1942 年 5 月占领图拉吉岛后，发现了瓜岛可以修建机场，便进军该岛。美军认为日军此举直接威胁美澳交通线，故决定夺回该岛。1942 年 8 月，美军在所罗门群岛开始反攻，发动了争夺瓜岛的战役。8 月 7 日，美国海军陆战队第 1 师 1.9 万人在瓜岛和图拉吉岛登陆，双方展开了激烈的争夺战。随着岛上斗争的进展，双方的海空军也在瓜岛附近海域进行了 3 次较大规模的海战。海战中，日美各损失一艘航母，双方的其他舰船损失多达 30 艘以上。虚弱的日本难以迅速补充这样大的损失，战斗力消失殆尽。1943 年 1 月 1 日，日本下达了瓜岛撤退的命令，永远丧失了太平洋战场上的主动权，而美军也进入全面反攻阶段。

苏军何时完全掌握苏德战场的主动权？

斯大林格勒会战后，德军为夺取库尔斯克突出部，夺回战略的主动权，于 1943 年 7 月 5 日，从北、南两个方向对该地实施向心突击。苏军以约 16 个集团军 133 万人和战略预备队约 10 个集团军进行坚守防御。结果是德军战败，全线后退，遂转入防御。7 月 12 日，苏军的 7 个集团军在空军的支援下，首先对防守奥廖尔地区的德军发起突然进攻，收复了波尔霍夫等地，战线向西推进了 150 公里。8 月 3 日，苏军发动第二次进攻战役，重创德军，并收复哈尔科夫市，战线向南和西推进 140 公里。此役，德军损失 50 万人，苏军完全掌握了苏德战场的主动权。

日本为什么召开大东亚会议？

大东亚会议指的是 1943 年 11 月 5 日至 6 日在东条英机内阁主持下召开的旨在加强日本占领地区合作体制的会议。出席会议的除东条英机外，还有泰国内阁总理大臣銮披汶的代表汪瓦塔雅昆、菲律宾总统何塞·帕·拉乌雷尔、缅甸内阁总理大臣巴莫等。会议在东京国会会议大厅举行。5 日，各方代表就"完成战争与大东亚建设的方针"这一议题发表意见。6 日，会议通过以"共存共荣""尊重独立、互惠合作"等为内容的《大东亚宣言》后闭幕。宣言以反抗欧美列强为借口，号召与会各国东亚 10 亿人民向完成大东亚战争和建设大东亚的目标迈进。但会议内容未得到实质性的贯彻。

为什么丘吉尔迟迟不开辟第二战场？

1941 年 6 月 22 日，德国法西斯的军队以"闪电战"突袭苏联，苏德战争终于爆发了！

英国首相丘吉尔采取观望的态度，为了保存实力，不想介入到苏德战争中。因此，丘吉尔只是发表了一个支持苏联抗击德国的声明，却迟迟不采取具体的军事行动。尽管斯大林曾多次建议英、美开辟第二战场，但是英国一直以种种借口予以拒绝。

直到 1943 年，苏联的卫国战争度过了最困难的时期。这时，斯大林、罗斯福、丘吉尔参加了"德黑兰会议"。丘吉尔见德军被打败，才有了开辟第二战场的想法。

1944 年 6 月 6 日，英、美两国军队在法国的诺曼底登陆，开始了对德作战。

第二次世界大战期间三巨头为什么要召开德黑兰会议？

1943 年斯大林格勒会战的胜利从根本上改变了第二次世界大战的战略和政治形势，形势朝着有利于反法西斯阵营的方向转化。但会战结束后如何协调各战场的行动，共同对法西斯作战，成了摆在反法西斯同盟面前的重要问题。

美、英、苏三国同意举行一次首脑会

晤，在苏联的坚持下，第一次"三巨头"会议地点定在了德黑兰，原因是斯大林需要与苏军总参谋部保持直接联系，而连接莫斯科的电话电报线，最远通到德黑兰。11月28日下午4时，三国领导人会议正式开始。经过反复讨论，12月1日，三国达成协议：在1944年5月，英、美将实行"霸王"战役并进攻法国的南部，开辟第二战场；斯大林答应同时发动攻势，阻止东线德军西调。苏联还准备在打败德军后，对日本宣战。

德黑兰会议具有积极的作用，它有力地巩固了反法西斯同盟。

第二次世界大战期间有人睡着进战场吗？

1944年的6月5日，进攻前的英格兰正处于躁动中，显然，大家期盼已久的横渡海峡行动可能就在几天或几小时内发生。

在这一整天里，来自美国宾夕法尼亚州匹兹堡的二等兵查尔斯·施密兹在机场修理一架滑翔机，机场位于英格兰中部。这架没有引擎的飞机将送美国101空降师到战场。

英国当时实行的是夏时制，因此，当疲惫不堪的施密兹吃完晚饭，爬到滑翔机里去休息的时候，天还没有黑。于是施密兹就找了一块地方躺下，并很快进入梦乡。

几个小时后，来自密苏里州圣路易斯的巴格梅耶斯中尉爬进了这架滑翔机，驾机将机上所有的人运到了诺曼底。而此时，诺曼底战场上正在激战。与施密兹同机的其他战士以为这位空勤技术员也想去战场，就没叫他醒来。就这样，二等兵施密兹睡着觉进入了历史上最大的一场战斗的战场。

什么是诺曼底登陆？

诺曼底登陆战役，20世纪最大的登陆战役，也是战争史上最有影响的登陆战役之一。这次战役发生在1944年6月6日6时30分，是第二次世界大战中盟军在欧洲西线战场发起的一场大规模攻势。盟军先后调集了36个师，总兵力达288万人，其中陆军有153万人，相当于20世纪末美国的全部军队。为了保密，登陆时间被称为"D日"。原定的时间为6月5日，但由于天气原因推迟了24个小时。6月6日，美英联军越过英吉利海峡，在法国诺曼底的多个海滩同时展开登陆作战行动。仅48小时，就有25万盟军涌上海岸，在控制海岸、阵地的同时，迅速向法国纵深地带挺进。

虽然这场战役已过去80年，但诺曼底战役仍然是目前为止世界上最大的一次海上登陆作战，大大加速了希特勒第三帝国的灭亡。美、英军队重返欧洲大陆，使第二次世界大战的战略形势发生了根本性变化。

诺曼底登陆成功的背后英雄有多少？

丘吉尔曾说过这样的话："战争中真理是如此宝贵，要用谎言来保卫。"这句话就泄露了第二次世界大战期间盟军诺曼底登陆计划取得成功的又一"天机"。让我们看看这些战场上的幕后英雄吧！

其中一位是代号为"宝贝"的双重女间谍，她的本名叫纳萨莉·萨久依安。第二次世界大战爆发后，她成为德国情报部门的一员，获得了纳粹德国的大量情报。

还有一个酷似英国陆军元帅蒙哥马利的人。他去了德国，之后又去了阿尔及尔，并带来印有他名字缩写的手绢。然而这其实是由英国情报部门在诺曼底登陆战前夕进行的一场秘密情报战。其内容是在诺曼底登陆作战之前，找一个与英国陆军元帅蒙哥马利长相相像的人冒充他进行一系列掩人耳目的活动。

与此同时，假戏真做的布律蒂斯也在盟军登陆诺曼底计划顺利实施过程中扮演了重要的角色。他可以假传情报，迷惑德军。

当然，除了这几位已知的幕后英雄外，还有许多不为人知的地下英雄都为这次登陆做出了巨大的贡献。正是因为有了他们，才实现了诺曼底的成功登陆。

人类历史上规模最大的海战是哪一次战役?

1944年10月10日,一场史无前例的大海战揭开了序幕。莱特湾大海战,是人类历史上规模最大的海战。从作战地域来看,南北长1000海里,东西宽600海里。从作战时间来讲,持续三天四夜。从作战方式来说,海战、空战、潜艇战,无所不用。从投入兵力来看,双方参战军舰多达500余艘,飞机数千架。从损失上来看,全天共出动1396架次,击毁日机45架,击沉22艘军舰和4艘商船,排水量34.2万吨,美军仅损失21架飞机。无论从哪方面看,都堪称世界海战之最。

你知道误击"海狼"号潜艇之谜吗?

第二次世界大战的太平洋战争期间,日本使用了借刀杀人的战法,使"海狼"号潜艇成了无辜的深海冤鬼。

1944年10月3日凌晨,美国海军的"中途岛"号航空母舰和其他各型战舰组成一支特混编队,正在吕宋岛东面的海域执行巡航任务时,突然,从海面下猛地钻出了数条鱼雷,直逼特混编队中的一艘驱逐舰"谢尔顿"号,使其遭受重创。特混编队总指挥很快判断这是日本潜艇的进攻,迅速展开了严密的搜寻。"罗亚尔"号驱逐舰很快发现在不远处有潜艇发动机的工作噪声,凭直觉估计这是刚刚来袭击的日本潜艇,编队即下令对潜艇攻击。经过一系列猛烈的攻击,海面漂起了片片污油和残存的破布、烂肉。

正当整个特混编队沉浸在胜利的喜悦中时,上级指挥部通报,正在此海域游弋的美国久经疆场、功绩累累的"海狼"号潜艇突然失踪了。此海域未见其他战斗,"海浪"号怎么会失踪呢?直到战后,经过美国联邦调查局的调查,才揭开"海浪"号被误伤之谜。原来,日本潜艇在探得美国特混舰队在吕宋岛以东海域巡逻的消息后,开赴战区,在即将接近特混编队时,发现了美国的"海狼"号潜艇正在该水域游弋。日本人就想出了引敌互杀的战法。当日本潜艇攻击美国的特混编队之后,很快撤离了战区,悄悄地潜伏下来。而全然不知战事的"海狼"号潜艇正在此航行。它既没有控制噪声,也未想到回避声呐的搜索,直到大难临头,还没察觉。

然而,给人们留下的思考是,美国海军特混舰队和"海狼"号潜艇都在同一海域活动,双方为什么都未获得上级有关通报呢?这一指挥常识上的疑问,至今还没有确切的答案。

"女神计划"是什么?

1944年7月20日,在德国法西斯头目希特勒的大本营里,有人实施了一个震惊世界的"女神计划"。如果这个计划成功,第二次世界大战就有可能结束。所谓"女神计划"就是德军中一批反对派密谋暗杀希特勒。

然而这次计划并不是之前预想的那样。第二天,一批反对派将领被希特勒下令枪决。接着又进行了大清洗,对反对派的将领也斩尽杀绝。因为德军陆军元帅隆美尔是知情人,被盖世太保逼迫服毒身亡,清洗运动一直持续到德国彻底失败的那天。

隆美尔是怎么死的?

虽然隆美尔被视为德国的英雄,但也是希特勒的敌人。1944年10月4日,他被迫自杀身亡。隆美尔自杀的原因是他被控企图谋杀元首,2名希特勒麾下的将军那天来到隆美尔家中,他们给了隆美尔两种选择:服毒自杀,享尽"英雄"式的葬礼,可以使家人免受牵连;在柏林接受审判,妻子遭逮捕。结果隆美尔选择了前者。他跟着2名将军乘坐汽车,在途中服毒。希特勒下令为他举行国葬,以隐瞒他自杀的真相。

美国对日使用原子弹的经过是怎么样的？

1945 年 7 月 24 日，杜鲁门总统决定在日本投掷原子弹。8 月 6 日凌晨 1 时 45 分，三架气象飞机首先起飞，以判定当天的天气。2 时 45 分，一架运载原子弹的 B—29 型超级空中堡垒"埃诺拉·盖伊"号，由两架观察机护航，从太平洋的提尼安岛起飞。它以每小时 285 英里（合约 458.7 千米）的速度在 32000 英尺（合约 9753.6 米）的高空飞行。9 时 15 分，"埃诺拉·盖伊"号顺利飞临广岛上空，投下第一颗用于战争的原子弹。仅几秒钟的工夫，广岛便变为废墟。这时广岛人口估计为 343000 人，当日死者为 78150 人，负伤和失踪者为 51408 人。

伯尔尼事件是怎么回事？

第二次世界大战后期，法西斯德国企图挑拨盟国的关系，以便从盟国关系中获利。1945 年 3 月至 4 月间，驻意大利的德军指挥部派出代表沃尔夫将军前往瑞士的伯尔尼，会见了美国驻欧洲情报局代表艾伦·杜勒斯，要求和美方协商停止在意大利的军事行动。德方提出保证不破坏意大利北部的工业设施，并要求盟国不阻止驻意德军平安返回德国。德国提这个要求的目的是把意大利北部撤出的德军送到东线抵抗苏军。苏联的谍报人员侦查了此事，斯大林对美国和法西斯单独媾和的行为大为不满，于是便产生了大战期间美苏关系最严重的冲突——伯尔尼事件。事发之后，美国总统罗斯福向苏方保证这一事件纯属造谣，才将事态平息下来。

苏联红军是怎样攻克柏林的？

1943 年 2 月，斯大林格勒战役的胜利使德军遭到致命的打击。从此，苏联红军在斯大林领导下开始了战略反攻，迫使希特勒转入战略防御。1944 年，苏联红军对德军发动了 10 次歼灭性打击，苏联红军开始越境作战。1945 年初，苏联红军又发动了几次战役，打到德国边境奥得河与尼斯河一线。希特勒负隅顽抗，但仍挡不住苏联红军强大的攻势。

1945 年 4 月 16 日早晨 5 时整，苏联红军开始攻克柏林战役。红军数千架飞机、数万门大炮、火箭炮猛攻德军，只经过 30 分钟的轰击，就压制住了敌人的火力。4 月 18 日，红军突破通往柏林的三道防线。19 日，红军强渡奥得河和尼斯河，占领了泽劳弗高地。21 日，红军突入柏林市区，双方展开激烈巷战。25 日，两路红军在柏林的波茨坦会师。同一天，红军进抵易北河西岸，占领托尔高城，与英美联军会师。4 月 30 日，苏联红军战士在德国国会大厦的主楼圆顶上升起了胜利的红旗。同日，希特勒自杀。5 月 1 日，柏林市区 95% 已被苏联红军控制。1945 年 5 月 2 日，斯大林宣布苏联红军完全占领柏林。

什么是"橡树计划"？

1943 年 7 月 25 日，意大利国王在法西斯党内保皇派的支持下，解除了墨索里尼的一切职务，并将他囚禁在亚平宁山脉高峰——大萨索山顶上。希特勒为了营救他，迅速派出一支精锐的突击队，实施名为"橡树计划"的营救行动。突击队以迅雷不及掩耳之势，制服了意大利宪兵警卫队，然后用一架小型飞机将墨索里尼营救出来。

希特勒尸骸是如何被处理的？

1945 年苏军士兵在帝国总统府花园内的一个弹坑里发现了被严重烧焦的希特勒的尸体残骸，他的尸体残骸后来被重新埋葬了八次，并最终被火化。

第一次尸体掩埋发生在 1945 年 4 月 30 日，希特勒、他的新婚妻子爱娃和他的两条狗被埋在帝国总理府花园内。俄罗斯士兵楚拉科夫 5 月 4 日在一个弹坑内发现了两具不明身份的尸体。俄罗斯士兵将其搬走，但又于同日将尸体掩埋，因为当时苏军认为已经找到了希特勒的尸体。5月5日，尸体又被挖出，并被送往布赫镇的一个诊所，进行了医学检查。尸体残骸在苏军反谍部门的监视下在费诺夫镇第四次下葬。5月17日尸体残骸被再次挖出，从莫科斯赶来的米什克将军对尸体残骸进行了重新检查。米什克将军亲自将重检报告和据称是希特勒和爱娃的下巴骨带回了莫斯科。

后来考虑到工程建设或者其他土方开挖工程可能会使埋葬地被发现，有人建议将挖出的尸体进行火化。1970年4月5日，希特勒、爱娃等人的骨灰被撒入比德里兹河。

墨索里尼的下场如何？

贝尼托·墨索里尼（1883—1945年），意大利独裁者，法西斯主义的创始人，第二次世界大战的元凶。1922至1943年期间任意大利王国首相。墨索里尼在1925年1月宣布国家法西斯党为意大利唯一合法政党，从而建立了意大利法西斯主义独裁的统治。

1945年，轴心国崩溃，墨索里尼携情妇逃亡中，被意大利游击队俘获，不久被枪决。死后，墨索里尼的尸体被倒挂在米兰大广场上示众。愤怒的人群不停地往墨索里尼的尸体上吐唾沫，有的妇女甚至在墨索里尼的身体上撒尿。人们给墨索里尼僵硬的手上插了一个类似国王节杖的法兰西三角旗，讽刺他死了割舍不下早已没有的权力。后来，他们的尸体又被倒挂在广场上的加油站旁边。据说，墨索里尼的脑浆不断从头部右侧的伤口里流出。

后来尸体被运到米兰大学的医院，美国军方的医生从墨索里尼的头里取走了一些脑组织。美国人觉得墨索里尼简直是一个疯子，因此他的脑组织被放在华盛顿的伊丽莎白精神病医院研究保存。而墨索里尼尸体的其他部分则被迅速埋葬在米兰城外的穆索科墓地。

1946年，莱西奇等三名法西斯分子溜进墓地，偷走了墨索里尼的尸体。据莱西奇交代，当他撬开棺材的时候，看见墨索里尼的脸呈苦笑状。他们费了很大的劲才把裹在尸体上的被单撕开。不过，意大利政府很快找到了盗墓人，并把墨索里尼重新葬在普雷达皮奥的圣卡西亚诺墓地。

德国何时无条件投降？

1945年5月7日早晨，整个欧洲获得了解放。5月8日24时，在柏林卡尔斯霍尔斯特举行了德国无条件投降仪式。仪式由朱可夫元帅主持，英国空军上将泰德、美国战略空军司令斯巴兹将军和法军总司令德·塔西尼出席仪式。凌晨2点41分，德国按照盟国的要求，在一个仪式上宣布投降。朱可夫元帅，这位带领苏联红军战胜纳粹德国的总指挥，首先签字。然后其他盟军代表也依次签了字，代表各自政府接受了德国的投降。陆军元帅凯特尔、海军上将弗里德堡和空军上将施通普夫代表德国在投降书上签了字。

至此，第二次世界大战的欧洲战场宣告结束！

日本无条件投降的内幕是怎样的？

1945年8月15日，日本宣布向盟国无条件投降。在此前一周内，主战与主和两派各执一词，数次会议争论不休，议而不决。虽经天皇的圣裁，主战派仍阳奉阴违。其追随者发动"起义"，追杀大臣，包围皇宫，搜查天皇录音，使得《终战诏书》不得广播。

后来由于迫于军方压力，铃木代表日本政府，向新闻界发表谈话：政府的态度是默杀《波茨坦公告》，也就是不予理睬，是另一种形式的拒绝。以后几天中，日本急切地等待苏联的答复，把希望寄托于苏联的斡旋。然而此时，美国向日本的广岛和长崎投下两颗原子弹；苏联也开始对在中国东北的日军发动攻击。几经打击的日本最后只得在投降协议书上签字。

什么是纽伦堡大审判？

第二次世界大战期间，希特勒及其爪牙疯狂肆虐，任意胡为，全世界人民有强烈的呼声严惩这些罪犯。1943年苏、美、英三国《莫斯科宣言》规定，战争胜利的时候就把希特勒押到犯罪地点，由受害国的法庭根据国内法进行审判。1945年11月20日，国际军事法庭在德国南部城市纽伦堡开始审判。法庭进行了403次公审，以大量确凿的证据揭露了被告的种种滔天罪行。1946年10月1日，法庭对一名战犯进行了判决。这次审判反映了世界人民的愿望，是世界反法西斯力量的胜利。

"东京大轰炸"造成了哪些严重的后果？

东京大轰炸是第二次世界大战期间1945年美国陆军航空队对日本首都东京的一系列大规模战略轰炸（主要指1945年3月10日、5月25日两次轰炸）。这一空袭史称"李梅火攻"。

这一次轰炸称得上是人类历史上最具破坏性的非核武空袭，比二次大战中任何一次军事行动造成的伤亡都大，破坏力可以和后来的原子弹爆炸相媲美。轰炸之后日本政府花了25天的时间才将烧焦的尸体清除完毕。

火攻东京后不到30小时，317架B-29轰炸机又夜袭名古屋，使该市的飞机制造中心变为一团火焰。13日，日本第二大城市大阪也遭到了300架B-29的轰炸，使用了1700吨燃烧弹，约20.7平方千米的市区在3小时内焚毁。16日，美军又轰炸神户，使其造船中心被摧毁。4至6月美军又大举空袭日本各大中小城市。4月13日，皇宫与宫殿一部分被焚烧，明治神宫焚毁。7月4日时美军宣布当时日本已遭受10万吨炸弹的轰炸。

美军轰炸过程中许多东京市民逃离出城。李梅派美机投下警告传单，通知下一步轰炸的目标，这就使日本人更加惊惧。仅东京就有上百万人逃往农村，工厂工人的出勤率不到从前的一半。轰炸东京及其他城市使日本战时经济陷入瘫痪。

雅尔塔会议又称克里米亚会议。1945年初，在德国法西斯濒临灭亡、反法西斯战争就要取得胜利之际，美、英、苏之间的矛盾日益暴露出来。为了加强相互之间的信赖，协调战略计划，尽快结束战争，安排战后国际事务，维护战后和平秩序，三国首脑富兰克林·德拉诺·罗斯福、温斯顿·伦纳德·斯宾塞·丘吉尔和约瑟夫·维萨里昂诺维奇·斯大林在雅尔塔举行会议，时间为1945年2月4日至11日。

雅尔塔会议商定了什么内容？

三国首脑在雅尔塔会议上商定了若干内容，主要如下：

战后处置德国问题。规定由美、英、法、苏四国分区占领德国，德国必须交付战争赔偿以及彻底消灭德国军国主义和纳粹主义的一般原则。

波兰问题。三国决定大致以寇松线为准划分波兰东部边界，在若干区域做出对波兰有利的5至8公里的逸出，同意波兰在北部和西部可以获得新的领土，其最后定界留待和会解决；关于波兰政府的组成，三国同意以卢布林的波兰临时政府为基础进行改组，容纳国内外其他民主人士。

远东问题，苏联承诺在欧洲战争结束后2至3个月内参加对日作战，附加条件是：维持外蒙古现状，将库页岛南部及邻近岛屿交还苏联，大连商港国际化，苏联租用旅顺港为海军基地，苏、中联合经营中东铁路和南满铁路，千岛群岛归苏联管辖。

联合国问题。同意苏联的乌克兰和白俄罗斯加盟共和国为联合国创始会员国,确定美、英、法、苏、中五国为安理会常任理事国,规定实质性问题常任理事国一致同意的原则。

此外,会议还讨论了有关希腊、南斯拉夫、意大利等欧洲国家的问题并且签署了《雅尔塔协定》,通过了《被解放的欧洲的宣言》。

波茨坦会议商定了什么内容?

1945年5月,德国无条件投降,欧洲反法西斯战争胜利结束,但远东对日作战仍在激烈地进行。为了商讨对德国的处置问题和解决战后欧洲问题的安排,以及争取苏联尽早对日作战,美、英、苏三国首脑杜鲁门、丘吉尔(7月28日以后是新任首相艾德礼)和斯大林于1945年7月17日到8月2日在柏林近郊的波茨坦举行战时第三次会晤,史称"波茨坦会议"或"柏林会议"。经过争论与协商,商定了一些内容。

关于苏、美、英、法四国占领德国的基本原则是:应使德国非军国主义化、肃清纳粹主义,消灭垄断集团,恢复德国经济。关于德国战争赔偿问题,最后商定赔偿应由每个占领国从自己的占领区征收。

会议承认了新成立的波兰全国统一临时政府,并确定了波兰的边界问题,会议决定设立苏、美、英、法、中五国外长会议,负责准备同欧洲战败国的和约。此外会议还讨论了对意、罗、保、匈、芬等国的政策及其加入联合国组织的问题。

美国为何没有元帅?

"元帅"是众多国家军队中具有很大权力和很高荣誉的军衔,但是在美国却没有这个衔。在美国历史上只有两个人获得过元帅的特别军衔,他们是华盛顿和潘兴。后来,美国《公法》第415条规定,潘兴将军逝世后,军衔就停止使用。而后来,"五星上将"便是美国军队的最高军衔。

虽然第二次世界大战期间,美国国会又决定恢复使用"元帅"制,但当国会审议这一案件时,发现了这样一个问题,"元帅"一词的英文是MARSHAL。而当时身为美国陆军参谋长的马歇尔的姓氏英文拼写恰好与此相同,这样就可能会造成一种误解。因此,设立"元帅"军衔的议案就没有获得通过。也正因为此,连鼎鼎大名的麦克阿瑟和艾森豪威尔也都没有获得"元帅"的殊荣,他们只获得了"五星上将"的军衔。

第五篇
多极化与全球化趋势
——当代史

"二战"后的政治经济形势

联合国总部为什么设在纽约?

1945年6月26日,50多个国家的代表在旧金山签署了《联合国宪章》。此后,联合国就开始了各项工作的准备。在筹备过程中,有一个很棘手的问题:联合国总部到底设在哪里?为此,成员国代表之间展开了长时间的辩论。而美国代表团更注重幕后的活动。苏联考虑到继续巩固与美国在第二次世界大战中建立的联盟关系,就同意了美国的主张。这样,在表决前,大局已定。1945年12月中旬,经过投票表决,筹委会宣布总部将设在美国,几天后又表决设在美国东海岸。第二年年初,美国代表在联合国第一届大会上建议把总部设在纽约,大会接受了这项建议。至此,联合国总部就永久地定在了美国纽约。

国际货币基金组织是怎样成立的?

根据1944年7月在布雷顿森林会议签订的《国际货币基金协定》,国际货币基金组织于1945年12月27日在华盛顿成立。

第二次世界大战后,英、美等国为了稳定战后的国际货币金融体系,决定成立一个国际性的常设金融机构,国际货币基金组织应运而生。1947年11月15日,国际货币基金组织成为联合国的专门机构之一。

国际货币基金的主要任务是:促进国际货币合作,方便国际贸易的扩大与平衡发展;促进汇兑稳定,维持有程序的汇兑安排,避免竞争性的外汇贬值;协助建立关于成员国之间货币交易的多边支付制度和消除阻碍世界贸易的外汇限制。国际货币基金组织的最高权力机构是理事会,由各成员国委派理事和副理事各一人组成。执行董事会负责日常工作,董事会之下按地区和职能设置许多业务部门。

1980年4月,国际货币基金组织恢复了中国的合法席位。

苏、美、英、法是如何分区占领德国的?

第二次世界大战结束后,苏、美、英、法一致主张对德国实行分区占领。为了维护自身利益,经过几番考虑和协商,各国提出了一系列分割德国的想法。最终于1946年6月5日,四国驻德占领军总司令在柏林正式声明把德国分为四部分:东区归苏、西北区归英、西南区归美、西区归法。"大柏林区"由四国共同占领。声明还规定由总司令正式组成盟国管制委员会。7月中旬起,四大国在德国和柏林按划定区域实行占领和管制。在7月底召开的波茨坦会议上,四国又通过了对德管制的政治经济原则。至此,苏、美、英、法分区占领的局面正式形成。

什么是东京审判?

日本在第二次世界大战中犯下了滔天的罪行,世界人民一致要求对战犯进行审判。1946年1月19日,同盟国授权远东盟军最高统帅部颁布特别公告,宣布在东京成立远东军事法庭,对日本的28名战犯进行审判。1946年5月3日,远东国际军事法庭宣布开庭。这个法庭由中、美、英、苏等11个国家的 11 名法官组成，庭长由澳大利亚法官威廉·维普担任。因为这次审判在日本东京进行，因而称为"东京审判"。这次审判历时两年半，公开庭 818 次，有证人 419 人，证据 4300 多件，堪称历史上最大的审判。

战后日本为何仍保留天皇制？

1945 年 9 月 2 日，日本签署投降书，第二次世界大战宣告结束，日本处于美国的军事占领之下。战后，国际上要求追究天皇裕仁战争责任的呼声日益高涨，美国曾一度想过要废除天皇制，但随着战后形势的发展，从维护美国远东利益出发，盟军总司令麦克阿瑟认为天皇在日本具有较强大的号召力，"天皇是胜过 20 个机械化师团的力量"。如果废除天皇制，并将天皇作为战犯起诉，美国就需投入约 100 万军队来对付日本的游击活动。美国政府综合权衡后，将天皇制保留了下来。

作为日本的象征，天皇已不再拥有实际的权力。图为裕仁天皇在 1947 年接见民众的场面。

"新东方政策"是怎么回事？

20 世纪 50 年代，联邦德国执行以外交部国务秘书之名命名的哈尔斯坦主义，也就是坚持让联邦德国作为整个国家的国际代表，拒不承认第二次世界大战后的欧洲边界和民主德国，除苏联外不与任何与民主德国建交的国家建立和保持外交关系。这一政策导致了联邦德国与苏联东欧的长期对立。

这个时候，"新东方政策"应运而生，它缓和了东西方关系。在本质上，它以联邦德国的地位和利益为出发点，以实现德国统一为目标，是联邦德国凭借其经济实力向东欧和苏联推行自己战略的具体体现。新东方政策虽然立足于西方，却自主地发展了同苏联、东欧国家的关系，使得联邦德国在国际政治舞台上能更好地发挥作用，也是当时条件下的一种现实选择。

西班牙的大独裁者佛朗哥是什么样的人？

弗朗西斯科·佛朗哥，西班牙前国家元首（1939—1975 年），长枪党首领，法西斯军人独裁者。1892 年 12 月 4 日生于埃尔费罗尔军官家庭，1975 年 11 月 20 日卒于马德里。

佛朗哥是靠镇压人民起义起家的，第二次世界大战中，他更是把这种独裁手段运用到了极致。他把世界上最后一个法西斯独裁政权维持了近 40 年，除了实行暴政以外，还采取一些安抚措施。他往往在血腥镇压了民众反独裁运动之后，会做出一些让步。比如，禁止解雇固定工人，建立较发达的社会保险制度，禁止把小佃农从土地上赶走，对政治犯减刑或特赦等。佛朗哥实行的这种软硬兼施的法西斯独裁统治一直持续到 1975 年。

1975 年 11 月 20 日，83 岁的佛朗哥因冠心病发作而撒手人寰。

佛朗哥死后，国内很多人用香槟酒庆祝，大街上空荡荡的，悄无声息，人们长期的积怨倾泻在这种空荡和安谧之中。西班牙当代最著名的诗人之一阿尔维蒂说："西班牙史上最大的刽子手死了，地狱的烈火烧他，也不足解恨。"

"铁托元帅"是谁？

约瑟普·布罗兹·铁托（1892—1980 年），出生于克罗地亚，南斯拉夫总统、南斯拉夫共产主义者联盟主席。

铁托是南斯拉夫著名的反法西斯领袖，1920年就参加了共产党。1941年，德意法西斯入侵后，铁托任人民解放游击队总司令，领导游击队开展反侵略武装斗争。1943年11月，被授予南斯拉夫元帅称号。解放后，铁托先后出任联邦政府总理兼国防部长、南共联盟总书记、总统兼武装部队最高统帅，也是不结盟运动的创始人之一。1980年5月4日，铁托病逝于卢布尔雅那，他的著作有《铁托选集》和《言论集》等。

美国第一起原子弹间谍案的主犯是谁？

美国第一起原子弹间谍案的主角是罗森堡，32岁，是美国陆军通信兵电气工程师。1951年3月30日，罗森堡夫妇被判有罪。尽管罗森堡极力为自己开脱，坚持说无罪，但法庭还是认定他们夫妇二人犯有窃取美国原子弹秘密并将其交给苏联的罪行。这起案件的重要证人是罗森堡妻子的弟弟，他做证承认参与了这起阴谋活动。

"三环外交"是哪国的对外政策？

三环外交是英国在战后初期推行的对外政策。为了维护英国殖民利益和在西欧的盟主地位，在第二次世界大战即将结束时，丘吉尔就提出了"三环外交"的战略构想：一环是凭借英国自身和英联邦国家的力量；二环是强调英美的特殊关系，在政治、经济和军事上追随、依赖美国；三环是一个联合的欧洲，英国企图以"二号盟主"自居，执掌西方联盟的牛耳。

三环外交的主旨是：企图通过英国在与美国、英联邦和联合起来的欧洲这三个环节中的特殊联系，充当三者的联结点和纽带，以维护英国的传统利益和大国地位。撒切尔夫人受三环外交的影响较深，她上台后采取了立足西欧、联合美国、防范苏联、维系英联邦、力争大国地位的方针。

麦克阿瑟为什么被解职？

1942年，麦克阿瑟出任西南太平洋军总司令，在对日作战中颇有名气，1944年晋升为陆军五星上将，1945年任驻日"盟军"司令官。

朝鲜战争爆发后，麦克阿瑟担任"联合国军"总司令，他刚率部由日本来到朝鲜半岛，属下的第24师就被北朝鲜击溃，师长被俘。因此他大为恼火。竭力主张扩大侵朝战争，实行一项更冒险的行动。

这使杜鲁门大为恼火，事实也确实证明，麦克阿瑟完全错估了形势。而麦克阿瑟还一味地责备杜鲁门没有给他足够的兵力和权力。麦克阿瑟原本的计划失败后，也便从权倾一方的风云人物跌落了下来。

什么是"麦卡锡主义"？

麦卡锡主义是1950至1954年间美国国内反共、反民主逆流的典型代表，它恶意诽谤、肆意迫害共产党和民主进步人士甚至有不同意见的人。从1950年，国会通过了《国内安全法》，矛头针对以共产党为首的进步组织，对共产主义进行了极尽能事的污蔑诽谤，在反共主义的叫嚣中，麦卡锡主义应运而生。

此后，"麦卡锡"在美国开始了为期多年的反法西斯政治迫害，俨然成了白色恐怖的化身，这就遭到了国内外舆论的谴责，许多城市爆发了抗议示威行动。

到1954年，在麦卡锡彻底破产的前后五年里，它的影响波及美国政治、外交和社会生活的方方面面。"麦卡锡主义"作为一个专有名词，也成为"政治迫害"的同义词。

战后日本自卫队是怎样建立起来的？

日本投降后，在本土和境外有201个师团、150个旅团和20支舰队。为了清除日本发动战争的根源，1945年10月15日，盟军占领当局撤销了原日军的参谋本部和军令部；之后又撤销了原日本陆军省和海军省，令原日军所有人员就地待命，等候复员转业安置。

1947年3月12日，美国总统杜鲁门推行对社会主义国家的"遏制"战略。美国对日占领的方针也发生了动摇。

1950年元旦，为重新武装日本制造舆论和法律依据，驻日盟军总司令麦克阿瑟发表《告日本国民的声明》。朝鲜战争爆发后，为了加强作战能力，驻日美军除保留一个师3000人之外，把全部兵力都投入了朝鲜战场。由于兵力不足，为强化日本政府的统治能力，美国于7月8日向日本首相吉田茂递交了一封信件，指令日本在50天内，组建7.5万人的警察预备队，增加8000名海上保安人员。7月18日，日本政府成立警察预备队，通过了《关于创立警察预备队大纲》。预备队的建制参照美国陆军的师级编制，并效仿美军的军司令部，成立了预备队本部"总队部监部"。8月10日，日本政府任命增原惠吉为警察预备队本部长官，使其进行军队的组建工作。为募集骨干力量，日本政府解除了对太平洋战争开始入伍的5.2万名军校学员的"整肃"，允许他们参加预备队。1951年1月，美国派杜勒斯大使为首的代表团赴东京订立对日和约。1月29日至2月7日，麦克阿瑟又和吉田茂单独就媾和问题进行密谈，答应由美国负担日本重整军备的部分费用。

1952年7月10日，日本政府向国会提出保安法案，设置保安厅，吉田茂兼任厅长。10月，警察预备队改称保安队，同日编成保安队北部方面队，兵力增加至11万人。1954年6月，日本政府又公布防卫二法，即《防卫厅设置法》和《自卫队法》，保安厅改为防卫厅，保安队改为陆上自卫队（即陆军）。

1950年10月20日，根据吉田茂的指示，以前海军少将山本亲雄为首的一些前海军高级将领和部分政界人士，从第二复员局挑选了10名前海军将领组成了一个委员会，专门研究如何复活日本海军；同时，选派30名旧军人去美国驻横须贺基地，接受军事训练。1952年4月26日，海上保安厅将初次录用的旧海军人员6038名和43艘旧海军舰艇，编成海上警备队。1953年4月，吉田茂致电美国政府，要求租借美国的炮艇和登陆艇。1953年11月12日，日美签订《船舶租借协定》，美国租借给日本18艘护航炮艇和50艘支持登陆艇。之后，日本政府又拨款116亿日元建造作战舰艇和后勤支援船只。至此，一个以旧海军人员为核心，有指挥机构和作战兵力的日本军事力量实际上已经重建。

空军方面，麦克阿瑟担任驻日最高统帅后，出于发展日本经济和为美军提供战略运输的目的，组建了日本航空保安部。1954年1月，日本将保安队编成航空队。7月1日，日本航空自卫队正式成立。

戴高乐主义的内容是什么？

从本质上讲，戴高乐主义可称为法兰西民族主义，它包括三方面思想：民族主义思想、集权主义思想和独立自主思想。

具体措施有：撤出北约军事一体化组织，改变法国在联盟中对美国的从属地位，维护民族独立；建立法国独立的核威慑力量，打破美国的核垄断；同苏联及其他社会主义国家建立"缓和、谅解、合作"的关系，在东西方关系中发挥作用。建立一个摆脱美、苏控制，以法国为中心的"大欧洲联合"；实行非殖民化，在第三世界推行"积极存在"的政策。

戴高乐主义的实施对于维护法国的主权和独立，提高法国国际地位，加快欧洲联合和世界多极化发展有积极的作用。

蒙哥马利黑人为什么抵制乘坐公共汽车？

尽管战后的美国经济发展很快，强大的政治、军事力量使它坐稳了"自由世界"盟主的交椅。可国内黑人却在经济和政治上受到歧视与压迫。马丁·路德·金立志做一名牧师，来争取社会平等与正义。

1955年12月，蒙哥马利市警察当局以违反公共汽车座位隔离条令为由，逮捕了黑人妇女罗莎·帕克斯。马丁·路德·金遂同几位黑人积极分子组织起"蒙哥马利市政改进协会"，号召全市近5万名黑人对公交车进行长达1年的抵制，迫使法院判决取消地方运输工具上的座位隔离。这次斗争是美国南部黑人第一次以自己的力量摧毁种族隔离的运动，马丁·路德·金也成为民权运动的领袖。

非洲"卡萨布兰卡集团"是如何形成的？

1961年1月，加纳、几内亚、马里、阿联（今埃及）、摩洛哥和阿尔及利亚6国领导人在卡萨布兰卡举行会议，讨论了非洲各国人民维护民族主权、消灭各种形式的殖民主义问题。通过了《卡萨布兰卡非洲宪章》，简称《非洲宪章》。宪章强调：与会各国决心促进非洲各地自由的胜利和实现团结一致；在国际事务中维护和巩固各国观点的一致和行动的统一，保障独立、主权和领土完整；通过提供援助来解放仍然处于外国统治下的非洲领土，消除各种形式的殖民主义和新殖民主义；加强非洲国家间经济、社会和文化等方面的合作。但在非洲统一问题上，他们的观点与"布拉柴维尔集团"存在分歧，被称为"卡萨布兰卡集团"。他们主张奉行和平中立和不结盟的外交政策，主张在条件许可的情况下加速非洲统一进程。

你知道阿波罗登月计划吗？

阿波罗计划，又称阿波罗工程，是美国从1961年到1972年从事的一系列载人登月飞行任务。20世纪60年代至70年代初，美国组织实施了载人登月工程，它是世界航天史上具有划时代意义的一项成就。工程开始于1961年5月，至1972年12月第6次登月成功结束，历时约11年，耗资255亿美元。在计划进行的高峰时期，参加工程的有2万家企业、200多所大学和80多个科研机构，总人数超过30万人。

《禁止核试验条约》的主要内容有哪些？

《禁止在大气层、外层空间和水下进行核试验条约》由美国、英国、苏联于1963年8月5日在莫斯科签订。其主要内容是缔约各国保证在其管辖或控制下的大气层、外层空间和水下或其他任何环境中，如果核试验爆炸的放射性尘埃出现在本国领土范围以内，则禁止、防止并不进行这样的试验。条约中还规定，缔约各国保证不引导、不鼓励或不参加上述核试验；任何缔约国可以对条约提出修正案，但必须得到大多数缔约国的赞同；各国在提前3个月通知缔约国的情况下，有权退出条约。但是条约并不禁止地下试验。1963年10月10日，这个条约正式生效。

"水门事件"是怎么回事？

在1972年的总统大选中，为了取得民主党内部竞选策略的情报，1972年6月17日，以美国共和党尼克松竞选班子的首席安全问题顾问詹姆斯·麦科德为首的5人闯入位于华盛顿水门大厦的民主党全国委员会办公室，安装窃听器并偷拍有关文件，当场被抓获。

事情发生后，尼克松曾极力为自己开脱，但是经过一系列的调查，尼克松政府里的许多人被陆续揭发出来，并且矛头直指尼克松本人，由此引发了严重的宪法危机。1973年10月23日，美国众议院为弹劾尼克松做好了相关准备，证据确凿，尼克松宣布辞职，成为美国历史上首位辞职的总统。

水门事件是美国历史上最不光彩的政治丑闻之一。这一事件发生后，每当国家领导人遭遇执政危机或执政丑闻时，通常会被国际新闻界冠之以"门"的名称，比如"伊朗门""情报门""虐囚门"等。

在第四次中东战争中阿拉伯国家为什么实行石油禁运？

第四次中东战争爆发后，阿拉伯国家除了在军事上进攻以色列外，又试图用石油作为武器，发起石油战争。在第四次中东战争爆发的后两周，阿拉伯石油输出国组织10国召开会议，决定对于那些在军事经济上援助以色列以及同情以色列的国家，实行石油禁运政策。这时，欧洲和日本等依赖中东石油的国家，尤其是日本，对中东石油的依赖程度很高，于是转而支持阿拉伯国家。

虽然最初的石油禁运产生了一些效果，但由于多数阿拉伯国家的产业单一，几乎全是清一色的石油工业，阿拉伯各国难以为继，就不得不重新开始对美国和欧洲进行石油出口。但这也给第三世界发展中国家以沉重的打击，非产油发展中国家不得不借债购买昂贵的石油，由此便造成了很严重的债务问题。

什么是"裁军谈判会议"？

裁军谈判会议又称"日内瓦裁军谈判会议"，是目前唯一的全球性多边裁军谈判机构。它的前身是1962年成立的18国裁军委员会。1969年7月，该委员会的成员国增至26个，更名为"裁军委员会会议"。1975年3月又扩大到31国。1978年又改名为"裁军谈判委员会"，其成员国增至40个，并于1979年召开第一次会议。1984年又改称裁军谈判会议（简称裁谈会）。总部设在日内瓦。裁军谈判会议每年举行三期会议，第一期约10周，后两期各7周。议程有：禁止核试验、防止核战争、禁止化学武器、对无核国家的安全保证、综合裁军方案、禁止放射性武器、禁止外空军备竞赛。

埃及总统萨达特是怎样遇刺身亡的？

1981年10月6日上午当地时间12时58分，在阅兵式进行了两个小时的时候，埃及总统安瓦尔·萨达特遇刺身亡。

这场阅兵式是专为庆祝中东十月战争胜利8周年而举行的。6架幻影式喷气战斗机正在空中翻滚，做特技表演，地面上受检阅的部队正在行进。似乎谁都不曾注意，受检阅的炮车经过主席台时，一辆130毫米加农炮车离开车队，突然停在主席台前。车上跳下一名士兵，迅速奔向主席台。他先向主席台投掷手榴弹，紧接着又用冲锋枪向主席台一阵猛烈扫射。此时，车上的两名士兵也向主席台袭击，其中一枚手榴弹在离萨达特仅5米处爆炸，萨达特应声倒在主席台座椅下，鲜血直流。后来，一架直升机将其送往医院，但抢救无效，萨达特不幸去世。

法国总统密特朗有什么政治主张？

密特朗，1916年10月26日出生于法国夏朗德省雅尔纳克市的一个铁路职工家庭。他曾在巴黎大学攻读法律、政治学和文学，当过记者和律师。第二次世界大战期间结识了共产党人，开始走上左翼道路。

1971年他当选为社会党第一书记。后来经过不断努力终于在1981年第三次竞选总统获得成功，当上了法兰西第五共和国的首任社会党总统。

当政后，密特朗坚持独立自主的对外政策，加强同第三世界国家的关系，主张西欧联合，保持同美国的结盟，赞成美苏中导协议。在政治上，他主张用社会主义改造法国的政治体制。在经济上，他主张通过"社会合作"增加对巨富的征税，以缩小社会中的不公平现象。他提出的旨在加强西欧科技合作的"尤里卡"计划，得到西欧绝大多数国家的支持。

国际民主联盟的宗旨是什么?

民主联盟是国际保守党及其他中右翼政党的世界性联合组织,1983年6月24日成立于伦敦。它是欧洲民主联盟和太平洋民主联盟的政治联盟。主要发起者包括英国首相撒切尔夫人、西德总理科尔以及美国副总统布什等人。

该联盟的宗旨是:维护资本主义制度和秩序,遵循传统的保守主义,抵消社会党国际和社会民主党的影响,反对社会主义和共产主义,反对任何形式的极权主义,支持建立自由、民主和开放的社会制度。

1983年成立时,国际民主联盟有28个成员党,是一个松散的联盟。按照规定,该联盟每两年召开一次成员党领袖会议。此外,由联盟执行委员会负责日常工作,其秘书处等办事机构设在伦敦,主要出版物为《国际民主联盟通讯》。

为什么要建立联合国维持和平部队?

人类一直有呼唤和平的声音和不懈追求和平的愿望,因此才有了联合国维和部队。它是一支没有国籍、奔赴战场却不能参加战斗的武装力量。1988年,它以和平战士的身份,走上了诺贝尔和平奖的领奖台。

目前,联合国维和部队来自30多个国家,任何时候他们都要服从联合国的统一管理。指挥官要在征得安理会同意后,由联合国秘书长任命。所有被征集的部队人员,都要在北欧四国设立的和平部队训练中心培训。在执行任务时,他们头戴蓝色钢盔、身佩联合国特别标志,配备轻型武器。他们的任务就是尽可能制止战争和冲突。联合国维持和平部队的另一部分是军事观察员部队,其主要职能是监督停火和分离区。

国与国之间建交的三个级别是什么?

主权国家在建交的国家设立的外交代表机构有大使馆、公使馆、代办处和领事馆。它们分别代表了建交的三个级别。大使馆是大使级外交关系的标志,公使馆是公使级外交关系的象征,代表外交关系的是代办处。19世纪,只有大国之间才能建立大使级外交关系。随着不分国家大小、一律平等的观念的逐步深入,现在世界上建立的一般都是大使级外交关系,大使馆负责处理两国间的一切事宜。

领事馆是一国驻在他国某个城市的领事代表机关的总称,负责管理当地本国侨民和其他相关事务,现在有总领事馆、领事馆、副领事馆及代理处等几种。

"伊朗门事件"是怎么回事?

"伊朗门事件"指的是里根政府于1985年至1986年间违反国会规定秘密向伊朗出售武器做人质交易,并将一部分所得款项秘密援助尼加拉瓜反政府武装的事件。因为之前发生过"水门事件",人们便将两者相提并论,称为"伊朗门事件"。

该事件发生后,经历了长时间的争执和调查。美国国会联合特别调查委员会于1987年11月18日发表了长达690页的最后调查报告,认为里根对"伊朗门事件"负有根本责任。1989年7月8日,"伊朗门事件"核心人物、前国家安全事务委员会官员诺思被判处三年缓刑及15万美元的罚款。1990年2月16日至17日,里根就"伊朗门事件"做了为时两天的录像做证,回答了相关的问题,共计154个。最终,"伊朗门事件"的法庭审理以波因德克斯特的被判刑而告结束,历时三年四个月,耗资2000万美元,9名被告受审。

瑞典首相帕尔梅是怎么死的?

奥洛夫·帕尔梅(1927—1986)是国际知名的政治活动家、瑞典首相。

1986年2月28日深夜,当瑞典首相奥

洛夫·帕尔梅和妻子来到斯韦亚瓦根大街和通内加尔坦胡同的交叉路口时，他们的背后突然响了一枪。稍停，又是一枪。只见帕尔梅跟跟跄跄地向前走了几步，然后便一头栽倒在雪地上。后因失血过多，帕尔梅经抢救无效，死在手术台上。

帕尔梅遇害的消息传来，全世界人民都为之震惊，瑞典人民更是沉浸在难以抑制的悲痛之中。成千上万的男女老少来到帕尔梅遇难的现场，为死去的首相献上一束鲜花，然后肃立默哀。这位为世界和平做出贡献的首相一直为瑞典人称颂。

"铁娘子"是怎么进行改革的？

在政坛上，英国首相撒切尔夫人有"铁娘子"的称号，她在位期间，做了一系列的改革。

为挽回英国经济衰落的颓势，重新振兴英国经济，撒切尔夫人一反传统的凯恩斯主义的崇拜，转而信奉货币主义理论。撒切尔夫人复兴英国经济的新政策包括：严格控制政府的财政支出；改革社会福利制度，削减福利开支；紧缩银根，提高利率；大规模推行国有企业的私有化。宏观经济政策方面，撒切尔政府把对付通货膨胀、改善宏观经济环境作为其政策的核心目标，而把控制货币供应量作为对付通货膨胀的有效工具。另外，国有企业的私有化也是撒切尔夫人大力推行的改革措施之一，她还致力于社会福利制度的改革。

撒切尔夫人的改革取得了很大的成就。1982至1989年，英国出现了前所未有的经济持续增长势头，然而撒切尔夫人的改革并没有解决所有问题。到了撒切尔夫人执政的后期，菲利普斯曲线中通货膨胀率和失业率互换问题成了英国经济的主要问题。

欧洲联盟的宗旨是什么？

欧洲联盟，简称欧盟，是由欧洲共同体发展而来的。它是一个集政治实体和经济实体于一身、在世界上具有重要影响的区域一体化组织。1991年12月，欧洲共同体马斯特里赫特首脑会议通过《欧洲联盟条约》，通称《马斯特里赫特条约》。1993年11月1日，《马斯特里赫特条约》生效，欧盟正式成立，总部设在比利时首都布鲁塞尔，它标志着欧共体从经济实体向经济政治实体的过渡。

欧盟的宗旨是：通过建立无内部边界的空间，加强经济、社会的协调发展和建立最终实行统一货币的经济货币联盟，促进成员国经济和社会的均衡发展，通过实行共同外交和安全政策，在国际舞台上弘扬联盟的个性。

欧洲统一的货币为欧元，1999年1月1日正式启用。2002年1月1日零时，欧元正式流通，欧盟的成立加快了欧洲一体化的步伐。

东、西德是怎么统一的？

第二次世界大战后，苏、美、英三国首脑在雅尔塔召开会议，商讨最后战胜并占领纳粹德国的计划。1945年5月8日，德国宣布投降。根据《雅尔塔协定》，苏、美、英、法四国军队分区占领战败后的德国。

1948年6月20日，美、英、法三国占领区合并，随后建立了德意志联邦共和国，

德国分裂，柏林被一分为二，驻守在柏林墙两侧的士兵只能隔墙相对。

即西德；与此同时，苏联在其占领区建立了德意志民主共和国，即东德，德意志从此分裂为东、西两个国家。1973年9月18日，东、西德同时加入联合国。1990年5月5日，苏、美、英、法和两德外长在波恩就两德统一问题举行第一轮谈判，也就是通常所说的"2+4"会议。5月18日，两德财政部长签署了关于建立货币、经济和社会联盟的国家条约。7月12日起，东、西柏林的边界卡全部撤销，柏林墙被拆毁。9月12日，双方在莫斯科举行的最后一次"2+4"会议上签署了条约，批准两德统一并恢复其全部主权。10月3日，两德最终实现了统一。

为什么德国国旗是三色旗？

1990年10月3日，统一后的德国国旗是黑、红、金三色旗。人民不禁要问：为什么德国国旗是黑、红、金三色旗，而不是其他颜色呢？

原来，黑、红、金这三种颜色最开始是19世纪初反抗法国拿破仑占领军的一个德国志愿军团的制服颜色。19世纪40年代，德国人民为了争取德国统一，反对封建压迫，展开了轰轰烈烈的革命斗争。1848年3月，柏林工人发动武装起义，迫使普鲁士国王改组政府，并在法兰克福开了国民大会。会上，黑、红、金三色第一次成为德国国旗的颜色。此后，德国就一直沿用这个传统，将德国国旗定为三色旗。

什么事件后戈尔巴乔夫被迫下台？

1987年10月21日，叶利钦在苏共中央全会上发表了事先没有安排的讲话，就一系列问题表明了自己的立场。此外，会议还对苏共"第二号人物"中央政治局委员利加乔夫提出严厉的批评。叶利钦和戈尔巴乔夫产生了严重的意见分歧，随后关系进一步恶化。叶利钦提出了辞去苏共中央总书记的职务，由此引发了"叶利钦事件"，这一事件使得叶利钦名声大振。1990年5月，叶利钦当选为俄罗斯最高苏维埃主席。6月10日，他又当选为俄罗斯联邦首任总统。12月，戈尔巴乔夫被迫下台。

亚太经济合作组织是怎么回事？

"亚太经济合作组织"（简称APEC）是亚洲和环太平洋部分国家和地区，为促进本区域的经济交流与合作而成立的国际组织。1989年1月，澳大利亚总理霍克访问韩国时建议召开部长级会议，讨论加强亚太经济合作问题。1989年11月5日至7日，澳大利亚、美国、加拿大、日本、韩国、新西兰和东南亚国家联盟六国在澳大利亚首都堪培拉举行亚太经济合作会议首届部长级会议，这标志着亚太经济合作会议的成立。1993年6月改名为亚太经济合作组织。

美苏争霸

"三八线"是怎样形成的？

第二次世界大战期间，中、美、英在《开罗宣言》和《波茨坦公告》中都声明，要在战争结束之后，使朝鲜自由独立。1945年8月8日，结束了欧洲战争的苏联对日宣战，并派兵进入朝鲜半岛北部。

当美国军队正在日本南部列岛与日军激战时，苏联军队已经大举进入了朝鲜半岛。由于日本在美国投下原子弹和苏联出兵后很快就无条件投降，结果在朝鲜半岛造成了一种真空局面。在这种紧急情况下，美国方面迫不及待地提出了以三八线为界美苏双方分别占领朝鲜和接受日军投降的问题，这就形成了朝鲜北部和南部的分界线。

"杜鲁门主义"是怎么出台的？

第二次世界大战结束后，国际舞台风云变幻，国际局势发生了空前的大变化。为了推行冷战政策，美国进行了一系列的舆论准备和具体措施，"杜鲁门主义"的出台，拉开了美、苏冷战的序幕。

1947年3月12日，杜鲁门在美国国会特别联席会议上做了关于援助希腊、土耳其的演说，要求国会向希腊和土耳其提供4亿美元的紧急援助，使希、土重建经济生活，以抵制极权政体强加于它们的种种侵犯行动，遏制共产主义的扩张。后来，人们把杜鲁门提出的这项政策称为"杜鲁门主义"，它是美国对外政策的一大转折点。

第二次世界大战后为什么会出现"冷战"的局面？

所谓"冷战"，就是指战后两大阵营之间在政治、经济、军事、外交、意识形态等方面进行紧张激烈的对抗，但是这样的对抗又不是爆发直接的武装冲突，简单地讲就是不用枪炮的战争。

冷战产生的原因是复杂的，但也有其必然性。战后美、苏冷战局面来源于战争结束时的形势，"导火索"是战后西方对东欧的政策。第二次世界大战结束后，东欧国家相继走上社会主义道路，建立了社会主义制度。西方不能容忍此事，他们妄图在这个地区重建亲西方的政权，恢复资本主义制度，但是这都遭到苏联和东欧国家人民的反对，于是东西方形成对峙之势，冷战终于爆发了。

什么是"北约"？

1949年4月4日，美国、加拿大、英国、法国、比利时、荷兰、卢森堡、丹麦、挪威、冰岛、葡萄牙和意大利等12国在美国首都华盛顿签订了北大西洋公约，宣布北大西洋公约组织正式成立，简称北约。北约的最高决策机构是北约理事会。理事会由成员国国家元首及政府首脑、外长、国防部长组成，常设理事会由全体成员国大使组成，总部设在布鲁塞尔。

北约最初的成员国有：美国、加拿大、比利时、法国、卢森堡、荷兰、英国、丹麦、挪威、冰岛、葡萄牙和意大利。北大西洋公约共14条，其宗旨是缔约国实行"集体防御"，任何缔约国同他国发生战争时，成员国必须给予帮助，包括使用武力。

20世纪90年代，随着1955年5月成立的华沙条约组织（华约）的解散和苏联的解体，欧洲的政治与安全形势发生了巨大变化，北约开始向政治军事组织转变。

华沙条约组织是什么？

1955年5月14日，为应对美、英、法联邦德国加入北约的行为，苏联、匈牙利、民主德国、波兰、罗马尼亚、捷克斯洛伐克、保加利亚、阿尔巴尼亚8国，在华沙签订了《友好互助合作条约》，同年6月，这个条约生效的时候，这些国家正式成立了军事政治同盟——华沙条约组织，简称华约。华约的总部设在莫斯科。

华沙条约中有互助规定："若在欧洲发生了任何国家或国家集团对一个或几个缔约国的武装进攻，每一个缔约国应以一切它认为必要的方式，包括武装使用武装部队。立即对遭受这种进攻的某一个国家或几个国家给予援助。"

1991年，华沙条约停止生效，从此华沙条约便不复存在了。

什么是"厨房辩论"？

"厨房辩论"指的是美国副总统理查德·尼克松和苏联部长会议主席尼基塔·赫鲁晓夫之间的一场关于东西方意识形态和核

战争的论战。1959年7月，赫鲁晓夫出席了在莫斯科举行的美国国家博览会开幕式。美国副总统尼克松和赫鲁晓夫共同参观了一个六间一套的美国牧场住宅景展。期间，赫鲁晓夫说："在美国，得到这所房子必须有钱；而在苏联，只要是苏联的公民就行了。"对此，尼克松马上强调了美国生活方式的多样性和可选择性。赫鲁晓夫接着宣称："苏联是强大的，能够打败美国。"对此，尼克松则认为，在某些方面，苏联确实比美国强大，但是另一方面，美国更强大。说着说着，两人便走出了厨房。这就是后来新闻界所说的"厨房辩论"。

什么是"古巴导弹危机"？

古巴导弹危机，又称加勒比海导弹危机，是1962年冷战时期在美国、苏联与古巴之间爆发的一场极其严重的政治、军事危机。

美国于1961年策动的对古巴猪湾的入侵遭到失败。与此同时，古巴同苏联的关系已是越来越密切，而美、苏之间的摩擦却日趋严重。

当时，美、苏两国导弹数量的比例是5∶1，美国具有明显的力量对比，苏联政府对此担忧不已。为了迫使美国从土耳其或靠近苏联的其他地区撤除导弹，赫鲁晓夫决定在古巴部署苏式导弹，并借口说是捍卫古巴革命成果。

1962年7月，古巴副总理造访了苏联，不久后，苏联就开始向古巴运送导弹。同年10月，美国的U-2侦察机发现了古巴境内的导弹基地，肯尼迪总统立即向苏联提出强烈抗议，要求马上拆除古巴境内的导弹发射设施，否则，美国将毫不犹豫地消灭这些直接威胁美国安全的导弹设施。苏联方面对此的答复是：这些导弹基地纯粹是防御性质的。然而美国认为这损害了自身的利益。

1962年10月16日，肯尼迪总统组成了国家安全委员会执行委员会，研究如何对付苏联的行动对策。肯尼迪总统主张对古巴实行封锁，因为这样必定给赫鲁晓夫带来巨大的压力，还能有效地控制事态发展。

10月22日，肯尼迪总统发表电视演说，宣布美国将对古巴实行封锁。此后，大批美国海军军舰和2万名海军士兵开始执行封锁行动。美国在世界各地的军队也进入戒备状态。美国强硬的态度着实让赫鲁晓夫吃惊不小，于是他下令加快向古巴运送导弹及苏式轰炸机的速度。美国组成了庞大的登陆部队。当然肯尼迪并不打算真的发动一场战争，他只不过是想迫使赫鲁晓夫从古巴撤除导弹基地。而赫鲁晓夫也不想让事态一再扩大。鉴于肯尼迪的强硬态度，赫鲁晓夫最后宣布，从古巴撤走导弹，而美国也做出了不再入侵古巴的承诺，一场战争危机终于过去了。

美苏之间为什么要建立热线？

"热线"是美苏之间的直接通信联系。美苏"热线"是1963年美国总统肯尼迪和苏联部长会议主席赫鲁晓夫在古巴导弹危机之后达成协议建立的。该热线建立的目的是在紧急情况下给两国首脑提供可靠的快速通信联络，从而减少因偶发事件或错误估计而导致战争的危险。

"热线"有两个终端，一个设在美国五角大楼国家军事指挥中心，另一个在莫斯科的克里姆林宫办公室内。"热线"每小时检查一次，有一个俄语翻译组昼夜值班。双方交替发出非挑衅性的、不带政治色彩的信息。从莫斯科发出的信息，经常有俄国妇女发式等方面的资料，而美国发出的信息，则选自农场主年鉴和专业高尔夫协会规则。

苏联为什么要镇压"布拉格之春"？

第二次世界大战后，捷克斯洛伐克成立了社会主义国家，但自20世纪60年代以来，捷克斯洛伐克的经济陷入了停滞的状态，社会矛盾日益激化，社会上要求改革的呼声越来越高。

1968年1月，捷共中央召开全会，改革派领导人杜布切克当选为捷共中央第一书记。他上台后公开向苏联模式发起挑战，大胆进行改革，拉开了"布拉格之春"的序幕。4月，捷共中央通过了推行政治、经济全面改革的《行动纲领》，提出了"改革党的领导体制，实行有计划的市场经济"的主张。这一纲领得到了捷克斯洛伐克人民群众的广泛支持，然而，苏联却极为不满，生怕触动了自己在社会主义阵营中的领导地位。后来勃列日涅夫要求捷克斯洛伐克停止改革的措施，但遭到拒绝。于是，苏联就开始了镇压"布拉格之春"的行动。

尼克松主义的内容是什么？

20世纪60年代中期，美、苏冷战加剧，第二世界力量增长，尤其是第三世界崛起，美国陷入越南战争，而且国内外危机重重，于是尼克松总统就制定了收缩美国战略防线，调整国际关系的外交新方针。"尼克松主义"的主要内容：主张亚洲国家自己处理本国事务，自己对自己负责；承认国际战略格局已发生变化，不再仅仅有美、苏两个超级大国，而是有美国、西欧、苏联、中国和日本五大力量中心。"尼克松主义"是尼克松政府多极军事外交的指南，它的实质是调整全球军事部署，收缩亚洲兵力，加强欧洲战略重点和中东地区，集中力量遏制苏联扩张，争取主动权。这一主义也成为整个20世纪70年代美国外交的出发点。

"三和路线"是谁提出的外交路线？

"三和路线"是赫鲁晓夫在苏共"二十大"上提出的外交政策，即和平共处、和平竞争、和平过渡，主张东西方缓和等。其基本构想是与西方国家和平共处，避免战争；在和平的竞争中超越美国；西方发达资本主义国家的工人阶级可以通过议会道路取得政权，和平过渡到社会主义制度；对亚、非、拉尚未或未完全实现民族独立的第三世界国家则积极渗透共产主义思想，以便使这些国家和平过渡到自己的战略轨道内，使自己不断扩大国际影响力。

"超越遏制"战略是谁提出的？

"超越遏制"战略是美国总统老布什制定的新的对苏政策。1989年5月12日，布什总统在得克萨斯农业大学毕业典礼上发表讲话，提出了"超越遏制"战略，宣称它是美国战后对苏政策的彻底改变，是美国外交政策将进行哲学思想的变革的重要标志。

"超越遏制"的主旨是积极同苏联发展关系，加强美苏合作，使苏联逐渐实现"自由化"，将苏联纳入"国际大家庭"的行列，使其融合到国际社会中来。该战略是鉴于国际格局发生新变化而做出的政策调整。这一战略强调，今后美国和北约组织对苏政策的重点将更多地转向同苏联的公开性和经济改革打交道。在对苏保持警惕的同时，美国充分利用当前缓和的国际形势，进行"和平演变"，以改变苏联制度的基础，达到苏联同过去的政策彻底决裂的目的。

"东欧剧变"是怎么回事？

东欧剧变，也叫苏东剧变、东欧大革命、东欧民主化，西方社会也称为1989年革命。指从20世纪80年代末到90年代初，东欧各个社会主义国家的政治经济制度发生根本性的改变，是斯大林模式的社会主义制度最终演变为西方欧美资本主义制度的剧烈动荡。最早出现在波兰，后来扩散到东德、捷克斯洛伐克、匈牙利、保加利亚、罗马尼亚等前华沙条约组织国家。这一事件以苏联解体宣告结束，通常认为这是冷战结束的标志。东欧剧变的实质是东欧各国的政治体制和社会性质发生的重大变化。

"柏林墙"什么时候被拆毁的？

柏林墙，正式名称是"反法西斯防卫墙"，是德国首都柏林在第二次世界大战以后，德意志民主共和国（简称民主德国或东德）在己方领土上建立的围墙。建立该墙的目的是隔离东德（含东德的首都东柏林）和德意志联邦共和国（简称联邦德国或西德），从而阻止东西柏林之间市民的往来。柏林墙的建立，是第二次世界大战以后德国分裂和冷战的重要标志性建筑。柏林墙于1961年建造，1989年开始拆除，两德统一后完全拆毁。

苏联是如何解体的？

1990年3月以后，波罗的海沿岸三个共和国立陶宛、爱沙尼亚和拉脱维亚先后宣布独立，在苏联出现第一次民族独立浪潮。1991年8月24日，乌克兰宣布独立，波罗的海三国完全脱离苏联，其他各共和国也相继宣布独立，苏联掀起第二次独立浪潮。1991年12月17日，苏联总统和俄罗斯联邦总统商定，苏联全联盟机构在1991年底前停止一切活动，苏联国旗将于1992年1月1日降下。1991年12月21日，苏联11个加盟共和国：阿塞拜疆、亚美尼亚、白俄罗斯、哈萨克斯坦、吉尔吉斯斯坦、摩尔多瓦、俄罗斯、土库曼斯坦、塔吉克斯坦、乌兹别克斯坦和乌克兰在哈萨克斯坦的阿拉木图共同签署了《关于建立独立国家联合体协议的议定书》和《阿拉木图宣言》，宣布苏联将不再存在。

12月25日，戈尔巴乔夫发表电视讲话，宣布辞去苏联总统职务，红、白、蓝三色俄罗斯国旗升起，代替了原来红色的苏联国旗。12月26日，苏联最高苏维埃共和国院举行了最后一次会议，代表们一致举手表决同意苏联解体。这样，一个存在了69年的世界大国——苏维埃社会主义共和国联盟彻底瓦解了。

安理会为什么向索马里派出多国部队？

自1991年初索马里前总统西亚德·巴雷被推翻以来，索马里一直处于无政府状态，各派武装力量的冲突不断。据统计，有30万索马里人死于战乱和旱灾，还有400多万人面临饥饿的威胁。1992年12月3日，安理会通过一致决议，决定组成并派遣一支多国部队前往索马里，以确保人道主义援助物资的运送和分发。根据联合国安理会12月3日的授权，美国和法国向索马里派遣总数为3.5万人的部队，其中美军2.8万人，英国和意大利也将派出人员或采取有关行动。联合国多国部队中的第一批美国海军陆战队共1800人于12月9日凌晨在摩加迪沙海滩登陆，也没有同当地武装人员发生冲突。他们的主要任务是确保机场、港口以及公路的安全，保护重要设施并保证国际救援食品运送到索马里灾民手中。到1993年1月中旬，已有2.5万名美军以及其他20个国家的1.2万名军人为救济索马里提供武装保护。

"二战"后的革命与战争

危地马拉政府为何被美国推翻？

中美洲的危地马拉长期以来都是军人执掌政权。

1951年，阿本斯在大选中获胜，锐意推行经济和政治改革。1952年，新政府制定了《土地改革纲领》，阿本斯土地改革的主旨是重新分配土地。阿本斯政府征用了联合果品公司几十万英亩的闲置土地。

联合果品公司要求美国政府采取行动，以保护自己的利益。而这时，美国也发现捷克斯洛伐克生产的军火已通过瑞典商船"阿尔芙汉姆"号运往危地马拉。

美国得到消息后立即做出强烈反应。国务卿约翰·杜勒斯宣布：美国将对危地马拉实行封锁，对危地马拉的邻国尼加拉瓜和洪都拉斯提供紧急军事援助。之后，中央情报局提出的隐蔽行动计划也得到了艾森豪威尔总统的批准。

1952年6月30日，约翰·杜勒斯发表广播演说称："现在，危地马拉的命运已经掌握在危地马拉人民手中了。"就这样，一个政府被推翻了。

哪一场战役是越南抗法战争的转折点？

1954年3月，越南西北战略要地奠边府陷入越南人民军的包围之中，法国总司令纳瓦尔企图进行顽强抵抗，他调集5000多名精兵空降奠边府，并在奠边府周围建起坚固的碉堡群。经过50天的激烈战斗，1.6万的法军被越南人民军全部歼灭，法军司令官德卡斯特利被俘，奠边府获得了解放。

奠边府战役的胜利，消灭了法国侵略军的有生力量，成为越南抗法战争的转折点。1954年7月，法国被迫在日内瓦和越南、老挝、柬埔寨三国签订了《日内瓦协议》，保证尊重这三国的独立主权、统一和领土完整。法国从印度支那撤军，恢复了印度支那的和平。

纳赛尔是如何当选为埃及共和国总统的？

1952年7月22日，以贝伊和纳赛尔为首的埃及"自由军官组织"发动"七月革命"，这次革命具有反帝反封建的性质。

起义取得胜利后，自由军官组织领导的军队逮捕了反动的高级军官，包围了王宫，7月26日，法鲁克国王迫于形势，签署退位声明，并离开埃及，流亡国外。虽然法鲁克未成年的儿子继承了王位，但政权已实际上转移到自由军官组织手里。1953年6月埃及共和国成立，纳赛尔任副总理兼内政部长。1954年4月任总理。同年11月接替纳吉布出任总统及革命指导委员会主席职务。1956年6月埃及颁布宪法，通过公民选举，纳赛尔再次当选总统并兼任总理。

古巴革命胜利的纪念日是哪一天？

巴蒂斯坦统治时期，古巴政治腐败，经济凋敝，各界爱国人士纷纷起来反抗巴蒂斯坦的独裁统治。1957年3月13日以何塞·安东尼奥·埃切维里亚为首的革命指导委员会联合其他革命组织准备对古巴政府发动正面进攻，但是起义失败了。

1958年8月，卡斯特罗领导的游击队转入反攻阶段。与此同时，在古巴的其他城市，"七二六运动"的地方武装也都接管了当地的军事政要，起义军实际上已经解放了全古巴。1959年1月2日，"七二六运动"号召全国停止工作一天，作为旧政权结束和新政权诞生的标志。

"猪湾事件"是美国中情局策划的吗？

一个静悄悄的黎明，1400名装备精良的古巴流亡分子，从猪湾的吉隆滩和长滩登陆，向古巴发起了猛烈的攻击，制造了"猪湾事件"。有人这样猜测："猪湾事件"是美国中情局策划的。

据美国与古巴双方的解密档案显示，猪湾事件完全由美国中情局一手策划。中情局为了干涉古巴事务，故意制造借口并故技重演，借鉴1954年颠覆危地马拉政府时的经验，有意识地阻止古巴与苏联结盟。

有人不禁要问，既然这一事件是策划好的，又为什么会失败呢？关于这点，长期以来众说纷纭。在美国国内，有些人把失败归因于中情局犯了轻敌的毛病,他们有点盲目乐观。

中情局一向做事谨慎,在准备不周的情况下,为何会匆匆策划这次入侵?况且肯尼迪曾在战斗爆发的第二天表示,"我们的克制是有限度的","如果必要,就单独行动",以"保卫自己的安全"。缘何肯尼迪政府又食言撤回空中支援呢?这些我们都不得而知。

首任刚果总理卢蒙巴为何被杀?

帕特里斯·埃梅里·卢蒙巴是刚果著名的民族英雄,刚果民主共和国首任总理。1960年9月,刚果陆军参谋长蒙博托发动军事政变。10月10日,刚果国民军和联合国军以"保护"为名,将卢蒙巴软禁在总理官邸。

为什么他们如此痛恨卢蒙巴?首先,他们痛恨卢蒙巴使刚果军队实现本土化,加快比利时人离开刚果的进程。其次,他们认为自己的利益遭受了威胁,原因是卢蒙巴在冷战时期为了捍卫本国领土完整,利用苏联援助,反对把加丹加分裂出去,这就损害了比利时工商业者的利益。因此,那些蓄意谋杀的人认为杀死他是最痛快的手段。

对于卢蒙巴的死,当时众说纷纭。有的说被枪杀;也有的说被扔在硫酸桶里活活烧死的;还有些人说他是被活埋的。总之,卢蒙巴的死因仍是个未解之谜。

切·格瓦拉是什么人?

切·格瓦拉(1928—1967年),出生于阿根廷的罗萨里奥的一个庄园主家族。他参与了卡斯特罗领导的古巴革命,推翻了亲美的巴蒂斯塔独裁政权。在古巴新政府担任要职期间,切·格瓦拉根据自己参加古巴革命的经验,提出了"游击中心"理论。1965年,切·格瓦拉离开古巴,在其他国家继续发动共产革命。

1967年,游击中心理论被玻利维亚政府发现,切·格瓦拉的队伍开始与政府军交战。10月8日,切·格瓦拉被捕。在军事行动中,切·格瓦拉被玻利维亚军队杀害。死后,他成为第三世界共产革命运动中的英雄和西方左翼运动的象征,大量文艺作品就以他的名字命名。

"老虎部队"越战期间犯了什么罪?

2003年,美国的一家报纸披露,一支被称为"老虎部队"的美国陆军部队在越南战争期间曾犯下无数战争罪。

他们屠杀数十名手无寸铁的平民,杀害妇女和儿童,折磨俘虏,残忍地切下俘虏的耳朵,剥去俘虏头皮。他们还把耳朵和头皮当作战争的纪念品。在那些美国士兵看来,从越南死者头上切下耳朵在当时是很普遍的现象。"老虎部队"还戴着用耳朵穿成的项链吓唬越南平民。此外,在一些被美国陆军宣布为"自由开火区"的地方,士兵被允许在没有指挥官命令的情况下袭击敌军部队。一名"老虎部队"的士兵回忆当时的情形说:"我们过一天算一天,并没有指望活下去,为了生存,我们为所欲为。存活的唯一途径是杀戮,因为你不用担心死人会对你怎么样。"当时有两名试图制止"老虎部队"残暴行为的士兵受到了他们指挥官的制止和警告。

苏联为什么要入侵阿富汗?

阿富汗是一个中亚内陆国家,从战略地理位置上看,具有极重要的作用。从1973年至1979年9月,苏联在阿富汗先后发动了3次政变,扶植傀儡政权。但是,1979年第三次政变后上台的阿明政府仍是一个风雨飘摇的政权。为巩固自己的统治,阿明政府对人民民主党内更为亲苏的旗帜派人士进行了大清洗,这就使得苏联统治集团认为自己对阿富汗的控制受到了严重威胁。9月底,勃列日涅夫决定对阿富汗进行武装干涉。

从20世纪60年代开始,苏联加快了

全球扩张的步伐,在勃列日涅夫执政时期,这种扩张更是达到了史无前例的地步。1979年12月27日,苏联直接出兵阿富汗。

马岛的烈焰是怎么回事?

1982年4月5日,"铁娘子"撒切尔夫人在英国国会慷慨激昂的演说中痛哭流涕:"大英帝国的旗帜一定要在马岛重新升起!"整个国会此时群情激愤,以反对票为零的奇迹全体通过,立即向阿根廷宣战,收复马岛。三天后,一支以两艘航空母舰为旗舰,由100多艘舰船组成的庞大远征队,浩浩荡荡开赴地球的另一端,双方进行了大规模的空战,其间,火光四射,浓烟滚滚,直至将马岛收复。"铁娘子"向全世界宣称:自保卫伦敦空战以来,我们伟大的空军再次为英国立下了新功!

这场战争已过去40多年了,对于这场战争的性质,至今众说纷纭,但战争中的空战场面——马岛的烈焰,却给我们留下了不可磨灭的印象。

关于纳尔逊·曼德拉你了解多少?

纳尔逊·罗利赫拉赫拉·曼德拉,1918年7月18日出生于南非特兰斯凯一个大酋长家庭,先后获南非大学文学学士学位和威特沃特斯兰德大学律师资格,做过律师。曾任非国大青年联盟全国书记、主席,非国大执委、德兰士瓦省主席、国家副主席。他成功地组织并领导了"蔑视不公正法令运动",赢得了全体黑人的尊敬。曼德拉于1994年至1999年间任南非总统,被尊称为"南非国父"。为了推翻南非白人种族主义统治,他进行了长达50年(1944—1994年)艰苦卓绝的斗争。曼德拉还曾在牢中服刑了27年,在其40年的政治生涯中获得了超过100项奖项,其中最显著的便是1993年的诺贝尔和平奖,他为新南非开创了一个民主统一的局面。

伊拉克入侵科威特的过程和结果是怎样的?

1990年8月2日凌晨1时(科威特时间),经过了周密准备之后的伊拉克共和国卫队三个师越过伊科边界,向科威特发起突然进攻。与此同时,一支特种作战部队从海上发起对科威特市的直升机突击。拂晓时分,东西对进的两支部队开始攻打市内目标。上午9时,伊军基本上掌握了对科威特市的控制权。下午4时,伊军占领了科威特全境,海湾危机就此爆发。

海湾危机发生后,国际社会给予了伊拉克强烈的谴责,于是,1990年11月29日,联合国安理会通过678号决议,规定1991年1月15日为伊拉克从科威特撤军的最后期限,否则国际社会有权采取一切必要措施。1991年1月17日凌晨,多国部队发动"沙漠风暴"行动。2月27日,伊拉克宣布无条件接受安理会关于海湾危机的12项决议,至此,海湾战争宣告结束。

什么是"沙漠军刀"行动?

"沙漠军刀"军事行动是伊拉克战争中多国部队发动的一场陆上战斗,时间为1991年2月24日,其目的是摧毁伊拉克的精锐部队——共和国卫队。

在"沙漠军刀"军事行动中,多国部队集中了3700辆坦克,绝大多数是新一代主战坦克。多国部队采用的是声东击西战术,主力部队出其不意地从西线突入伊拉克本土。如美国的M1系列、德国的"豹2"、法国的"勒克莱尔"、英国的"挑战者"冲在最前面,用来掩护步兵,打破沙特阿拉伯与伊拉克的边界线。

"沙漠军刀"的战术几乎是"一边倒",也就是多国部队的主战坦克将伊军的坦克团团围住,利用新型主战坦克战斗性能的优势和灵活的战术,将伊军的坦克一一消灭。在持续了100多小时的地面战斗中,1500辆伊军坦克被击毁。

第三世界的兴起

何谓"南北关系"?

"南北关系"指的是发展中国家与发达国家之间的关系。从一定意义上讲,这种关系其实对发展中国家不利,发展中国家会经受沉重的负债、国际贸易中的剪刀差、保护主义、经济制裁、经济压力及干涉等。但不可否认,南北关系在充满矛盾的同时,也有依存与合作关系,其实质在于打破发达国家对发展中国家的控制与剥削。发展中国家只有经过斗争,才能获得与发达国家的合作。尽管发展中国家间的发展程度不同,利益也出现分散化趋向,但在面对西方大国干涉和欺辱时,表现出的团结、协调的态度是一致的。

何谓"南南合作"?

第二次世界大战后,亚、非、拉国家不断涌现,他们既不属于以美国为首的西方世界,也不属于以苏联为首的东方世界,于是"第三世界"就被广泛使用。第三世界中的大部分亚、非、拉国家分布在南半球或北半球的南部,因而发展中国家间的经济技术合作被称为"南南合作"。它是促进发展的国际多边合作不可或缺的重要组成部分,是发展中国家自力更生、谋求进步的重要渠道,也是确保发展中国家有效融入和参与世界经济的有效手段。当今世界南北差距进一步拉大,南南合作伙伴关系及内容多样化将进一步发展,南方国家合作领域正在由经济领域向政治、禁毒和环境保护等方面发展。

什么是"安第斯集团"?

1966年8月到1969年11月,南美洲安第斯地区的几个国家多次聚会,对地区合作的问题进行了讨论,通过了《小地区一体化协定》,成立了安第斯集团。

到1987年,秘鲁、玻利维亚、厄瓜多尔、哥伦比亚、委内瑞拉五个国家也加入了这个集团,此外,还有一批派驻观察员的国家。这个组织设有最高权力机构,由成员的全权代表组成,每年召开三次例会。该组织还设有技术委员会、总秘书处、外交部长理事会等机构。总部设在秘鲁首都利马。该组织成立的目的是:充分利用安第斯地区的资源,促进各成员国之间平衡协调地发展,加快地区经济一体化进程。

什么是"东盟"?

东盟是东南亚国家联盟的简称。1967年8月8日,泰国、菲律宾、印度尼西亚、马来西亚和新加坡等五国外长发表《东南亚国家联盟成立宣言》,正式宣告东盟成立。1984年,独立后的文莱加入东盟,时称"东盟六国"。

东盟本着平等和合作的精神,通过共同努力来加速本地区经济增长、社会进步和文化发展,为建立繁荣、和平的东南亚共同体奠定基础,促进地区和平与稳定,增进地区的组织合作和相互援助,同国际组织保持紧密和有益的合作。

东盟的最高决策机构是每年召开的成员国外长会议,东盟还下设常务委员会,在外长休会期间,负责处理日常事务。此外,东盟还不定期召开成员国首脑会议，共商大计。

"小球推动大球"指的是什么？

"小球推动大球"指的是中美建交史上的一段佳话，即乒乓外交。1971年3月，中国和美国同时参加了在日本举行的第31届世界乒乓球锦标赛。比赛期间，有这样一幕：一天，美国球员科恩在慌乱中误上了中国运动员的专车，在即将到达比赛场馆时，中国运动员庄则栋把一块杭州织锦送给他，并和他热情地握手。比赛的最后一天，中方正式邀请美国乒乓球队访问中国，中国总理在北京接见了美国乒乓球队代表团的全体成员。此后，中美交往的大门打开了。

什么是"拉美经济体系"？

"拉美经济体系"是墨西哥总统埃切维里亚提出的建立拉美经济合作和协调机构的设想。1975年10月17日，拉美23国政府代表签署《巴拿马协议》，宣告了拉丁美洲经济体系的正式建立。

该体系本着平等、独立、团结，互不干涉内政，互相尊重各国政治、经济和社会制度差异的原则，促进拉美地区合作，推动地区一体化进程，制定和执行经济、社会发展规划与项目，协调拉美各国有关经济和社会问题的立场与战略，切实维护拉美国家的合法权益，为建立公正、合理的国际经济新秩序而努力。

该体系的最高权力机构是拉丁美洲理事会，行政机构是常设秘书处，设在委内瑞拉首都加拉加斯。该体系成立后，多次举行部长级理事会和专家会议，制订了一系列重要的合作项目和合作计划。

东盟第一次首脑会议的主要内容是什么？

1976年2月23日至24日，印度尼西亚的巴厘岛召开了东南亚国家联盟第一次首脑会议。会议签署了《东南亚友好合作条约》和《东南亚国家联盟协调一致宣言》。文件的主要内容：《东南亚友好合作条约》旨在工农业领域进行区域合作；扩大贸易和改善经济基础结构。《东南亚国家联盟协调一致宣言》则概述了经济合作的相关范畴等事项。各成员国承诺进行合作的方面有：满足基本商品的供应和购买，建立大型的区域性工厂，稳定物价并增强本区域的政治合作。巴厘岛首脑会议的重要性在于它标志着东盟各国必须消除内部分歧，正式承认一定程度的政治合作。此后，东盟合作有了更好的发展，这次会议在东盟发展史上具有重要的意义。

维也纳世界人权大会是什么时候召开的？

1993年6月14日至25日，在维也纳举行世界人权大会，出席会议的有160多个国家的代表。大会在西方强调的普遍人权概念与第三世界国家强调的发展权之间保持了平衡。会议上，亚洲的许多国家，对西方的人权概念提出了挑战，并成功地维护了自己的观点：反对借口人权问题干涉别国内政，要尊重和确保各国根据本国国情制定保护人权政策的权利。